海西求是文库

中共福建省委党校、福建行政学院
《海西求是文库》编辑委员会

主　任： 胡忠昭

副主任： 姜　华　刘大可　徐小佶　魏良文　杜丕谦　温敬元
　　　　　林　红　顾越利　黄训美

委　员：（以姓氏笔画为序）
　　　　　马郁葱　王海英　叶志坚　田恒国　刘大可　许　宁
　　　　　杜丕谦　李海星　肖文涛　吴贵明　何建津　何福平
　　　　　陈丽华　陈辉庭　林　红　林　怡　林默彪　罗海成
　　　　　周　玉　胡　熠　胡忠昭　姜　华　顾越利　徐小佶
　　　　　郭为桂　郭若平　黄训美　曹敏华　程丽香　温敬元
　　　　　魏良文　魏绍珠

总　序

党校和行政学院是一个可以接地气、望星空的舞台。在这个舞台上的学人，坚守和弘扬理论联系实际的求是学风。他们既要敏锐地感知脚下这块土地发出的回响和社会跳动的脉搏，又要懂得用理论的望远镜高瞻远瞩、运筹帷幄。他们潜心钻研理论，但书斋里装的是丰富鲜活的社会现实；他们着眼于实际，但言说中彰显的是理论逻辑的魅力；他们既"力求让思想成为现实"，又"力求让现实趋向思想"。

求是，既是学风、文风，也包含着责任和使命。他们追求理论与现实的联系，不是用理论为现实作注，而是为了丰富观察现实的角度、加深理解现实的深度、提升把握现实的高度，最终让解释世界的理论转变为推动现实进步的物质力量，以理论的方式参与历史的创造。

中共福建省委党校、福建行政学院地处台湾海峡西岸。这里的学人的学术追求和理论探索除了延续着秉承多年的求是学风，还寄托着一份更深的海峡情怀。多年来，他们殚精竭虑所取得的学术业绩，既体现了马克思主义及其中国化成果实事求是、与时俱进的理论品格，又体现了海峡西岸这一地域特色和独特视角。为了鼓励中共福建省委党校、福建行政学院的广大学人继续传承和弘扬求是学风，扶持精品力作，经校院委研究，决定编辑出版《海西求是文库》，以泽被科研先进，沾溉学术翘楚。

秉持"求是"精神，本文库坚持以学术为衡准，以创新为灵魂，要求入选著作能够发现新问题、运用新方法、使用新资料、提出新观点、进行新描述、形成新对策、构建新理论，并体现党校、行政学院学人坚持和发展中国特色社会主义的学术使命。

中国特色社会主义既无现成的书本作指导，也无现成的模式可遵循。

思想与实际结合，实践与理论互动，是继续开创中国特色社会主义新局面的必然选择。党校和行政学院是实践经验与理论规律的交换站、转换器。希望本文库的设立，能展示出中共福建省委党校和福建行政学院广大学人弘扬求是精神所取得的理论创新成果、决策咨询成果、课堂教学成果，以期成为党委政府的智库，又成为学术文化的武库。

马克思说："理论在一个国家实现的程度，总是取决于理论满足这个国家的需要的程度。"中共福建省委党校和福建行政学院的广大学人应树立"为天地立心、为生民立命、为往圣继绝学，为万世开太平"的人生境界和崇高使命，以学术为志业，以创新为己任，直面当代中国社会发展进步中所遇到的前所未有的现实问题、理论难题，直面福建实现科学发展跨越发展的种种现实课题，让现实因理论的指引而变得更美丽，让理论因观照现实而变得更美好，让生命因学术的魅力而变得更精彩。

中共福建省委党校 福建行政学院
《海西求是文库》编委会

摘　要

　　政党特别是先进政党的权威是其获得政治向心力和号召力的标志，反映了政党强大的民意基础和广泛的社会认同。在革命、建设和改革的不同时期，中国共产党取得的伟大成就和业绩赋予其在民众中强大的社会威望。但是，政党权威又是随着执政环境的变迁和执政时间的推移而动态演进的，它意味着权威确立之后还将面临如何持久巩固的客观现实。特别是在长期执政的历史背景下，中国共产党政党权威直接关联着执政地位的巩固、执政基础的夯实乃至执政使命的达成。从这一逻辑推演和分析出发，中国共产党政党权威问题则是一个有着学术生命力和现实必要性的研究命题。

　　对马克思主义经典作家以及中国共产党历届领导集体政党权威思想的文本挖掘和系统梳理，不难发现贯穿其中的是一脉相承的思想延续和创新发展，它奠定了中国共产党维系和巩固政党权威的基本遵循，其行动逻辑既来自经验总结也源于教训追问。以此为视角反观和透视新的执政环境和执政条件，中国共产党的权威巩固则需要直面来自党内外甚至国际上各种因素的影响。破除执政党权威削弱的潜在可能，本书将从战略层面、策略层面以及现实途径三个维度寻求中国共产党政党权威巩固的合理化解释，以期推进执政党建设理论研究的纵深发展，也借此给予执政党建设实践以学理支撑和现实导引。

　　关键词： 长期执政　　中国共产党　　政党权威　　巩固

Abstract

The authority of the advanced party is the sign of the party's political solidarity and appeal. It reflects that the party has a wide support of public opinion and social identity. The Communist Party of China has made great achievements in different stages of revolution, construction and reform, which has gained itself a strong social prestige among the people. However, the authority of the party is in a dynamic evolution process with the changes of the ruling environment and the ruling cycles, which means that even after the establishment and acquisition of authority, the party still has to face the objective reality of consolidating authority. Especially when the party is transforming from the revolutionary party to the ruling party, the authority of the Communist Party of China is directly related to the consolidation of the ruling status, the strengthening of the ruling foundation and the achievement of the ruling mission. From this logical deduction and analysis, the authority of the Communist Party of China is a research topic with academic vitality and realistic necessity.

Through a text mining and systematic combing of the thoughts of classical Marxism writers and the previous leading groups of the Communist Party of China, it is not difficult to find the coherent thought of inheritance and innovation. This builds the basic principle of the Communist Party of China to maintain and consolidate its authority. The CPC's logic of action comes not only from the experience but also from the lessons learned. Based on this perspective, the consolidating of the authority of the Communist Party of China needs to face challenges home and abroad under new ruling environment and conditions. In order to avoid the potential possibility of the weakening of the Party's authority , this article seeks a rational explanation for consolidating the authority of the Communist Party of China from three dimensions, namely, the strategic, tactical and practical levels, hoping to promote the development of the theoretical research on the ruling party and to give the academic support and practical guidance to the construction of the ruling party.

Keywords: Long-term Ruling; The Communist Party of China; Party Authority; Consolidation

目 录 Contents

绪　论 / 001

第一章　中国共产党政党权威思想的理论基础 / 036

　　第一节　马克思恩格斯政党权威的主要思想 / 036

　　第二节　列宁政党权威的主要思想 / 046

　　本章小结 / 056

第二章　中国共产党政党权威思想的历史发展和实践的经验教训 / 058

　　第一节　中国共产党政党权威思想的历史发展 / 059

　　第二节　中国共产党政党权威建立维护的经验教训 / 076

　　本章小结 / 089

第三章　中国共产党政党权威巩固的比较视野 / 091

　　第一节　苏联共产党丧失政党权威的主要教训 / 092

　　第二节　新加坡人民行动党保持政党权威的基本经验 / 106

　　本章小结 / 121

第四章　当前中国共产党政党权威巩固面临的挑战和考验 / 125

　　第一节　党自身建设存在的问题 / 126

第二节 党所处的复杂执政环境的考验 / 136

第三节 国际各种因素的影响 / 148

本章小结 / 153

第五章 中国共产党政党权威巩固的必要性、重要性和可能性 / 155

第一节 中国共产党政党权威巩固的必要性 / 156

第二节 中国共产党政党权威巩固的重要性 / 161

第三节 中国共产党政党权威巩固的可能性 / 167

本章小结 / 170

第六章 中国共产党政党权威巩固的战略考量和策略分析 / 172

第一节 巩固党的权威的战略考量 / 173

第二节 巩固党的权威的策略分析 / 183

本章小结 / 194

第七章 中国共产党政党权威巩固的现实路径 / 196

第一节 意识形态的先进性——巩固党的权威的价值认同 / 197

第二节 执政党的纯洁性——巩固党的权威的形象认同 / 205

第三节 长期执政能力的提升——巩固党的权威的本领认同 / 217

第四节 制度法规的完备性——巩固党的权威的法理认同 / 226

第五节 执政效果的良好——巩固党的权威的目标认同 / 233

本章小结 / 240

结束语 / 242

参考文献 / 246

后　记 / 262

绪　论

一　选题的缘起与意义

政党权威特别是执政党的权威是一个十分重要且有研究价值的问题，一个政党过去获得权威并不代表现在一定能守住权威，更不意味着未来能延续权威，所以政党权威形成和巩固是一个动态演进的过程，并不是一劳永逸的。而且，不同的历史条件和不同的境遇下，政党权威更有其自身内在的规定性和特殊性。因此，对中国共产党政党权威问题的研究也是一个与时俱进、不断深化的过程。新形势下，尤其在党由革命党向执政党转型的条件下，当打江山那一代随着时间的推移慢慢离我们远去的时候，除了不断挖掘和动员历史传统资源之外，中国共产党如何通过整合新的执政资源来维系党的威信，实现执政的正当性和有效性，是一个值得深入探讨的问题。2017年在省部级主要领导干部专题研讨班上，习近平总书记指出："一个政党，一个政权，其前途命运取决于人心向背。"① 与此同时，在中国共产党领导和执政的现行框架下，绝不再是一些人所认为的那种多党能占领的空间我们执政党一党就能够占领，所以不存在竞争的情形。这也意味着没有党派之间的竞争，也有来自其他领域的竞争，并由此引发挑战而影响到党的权威的巩固。可以说，由于政党的性质不同、能力不同，对党

---

① 《高举中国特色社会主义伟大旗帜　为决胜全面小康社会实现中国梦而奋斗》，《光明日报》2017年7月28日，第1版。

的建设问题思考有深有浅，执政方式有殊有同。但是，无论对哪一类性质的执政党来说，都不可能回避赢得权威以期获得民众持续认同这个根本问题。在此背景下，对于唯一且长期执政的中国共产党来说，达成上述的目标意义则更为重大。所以，无论从哪一个视角来看，研究这个命题都特别重要而又有必要，有着很强的学术使命感和责任感。

(一) 理论意义

理论意义主要表现在以下三方面。

1. 对政党权威巩固问题的研究，有助于拓宽政党理论问题的研究视野

对党的权威问题研究意味着超越既定的党的建设理论研究的话语系统或分析框架来思考问题。跳出传统党的建设理论研究范式绝对不意味着对其否定，恰恰是在继承原来的基础上进行创新性发展。过去党的建设研究习惯上按照党委部门的工作特点分工、分领域考察，例如党的基层组织建设研究、干部人事制度研究等。对执政条件下党的权威问题的研究更侧重从党的执政理论的视角、从执政党建设的普遍性和共性来探讨政党问题。例如，执政党的活动到底有哪些特点？有哪些是不以人的意志为转移的？执政党自身又有哪些功能？这些问题对于研究政党权威的加强和巩固都十分有必要。显然，依照执政理论的文本分析方法跳出了传统党建理论研究思维，拓宽了研究视野，将建构一种研究政党问题较为新颖的方法。

2. 对政党权威巩固问题的研究，有助于深化对政党执政规律的认识

"什么是执政党，怎样建设执政党"是学术界长期以来需要厘清和深入研究的问题，是反映着执政党建设的规律性问题。过去特别是改革开放之前人们对执政党的角色定位或作用的认识是相对模糊的，甚至常常陷入革命党建设的思维定式中，束缚党的执政实践。对长期执政条件下党的权威巩固研究是基于革命党向执政党方位转型的事实来考察党的自身建设和完善的，是考察以掌权而不再是以夺权为主要目标的党的社会认同度和公信度的建构和固化问题。对于这样一个命题的考量必然涉及执政党执政理念如何更好地向法治思维转变、从依靠主观意志向诉诸制度规范转变的问题，涉及"四个全面"战略布局下党如何更加科学、更加民主、更加合法地执好政，实现执政方式有效化、规范化以及现代化的问题。从一定意义上说，对党的权威问题的研究将能深化对党的建设规律的认识。

3. 对政党权威巩固问题的研究，有助于深刻阐释巩固党的权威的战略和策略

从重要性上分析，巩固党的权威的战略和策略将直接决定党的权威的持久与否。从巩固党的权威的战略考量上，本书认为要着力落实管党治党的党建战略、坚持依法治国的治理方略、推行提高执政绩效的发展战略、实施利民惠民的民生战略。而在巩固党的权威的策略分析上，本书也将进行深入探讨。策略是指谋略、方法的集合，对待问题所采取的方法。本书提出要正确把握四个关系，即政党权威与人民民主的关系、政党权威与党内民主的关系、政党权威与领袖权威的关系、政党权威与政党监督的关系。这四个关系是巩固党的权威无法回避且必须正视的关系范畴。这样，战略考量、策略分析以及现实路径就构成巩固党的权威的宏观、中观和微观三个层面的应对举措。中国共产党的权威巩固离不开这些目标的达成，它们在持续保持和扩大执政党的影响力的同时，也将有力地规避和防止执政党号召力的衰减困境。

（二）现实意义

现实意义主要表现在以下三方面。

1. 对政党权威巩固问题的研究，有助于党在实践中成功获取民众的心理认同

执政党的权威形成不是靠强制力，不是来自权力的威压，而是对民众心理状态的调适或心理过程的引导，是一种意志认同或观念服从。因此对权威问题的研究意味着，在现实的执政实践中党不可能总是诉诸强力来维持政权稳定和推动社会发展，而应当更多地依靠自身行为扩大党在民众中的向心力，以威望的凝聚来实现党的有效领导。改革开放不断推进，人们的各种意识普遍增强，执政党更应当注意且重视社会民众的心理变化和思维活跃的特点，以协商民主、良性互动的方式科学施政。只有实现被动服从到主动认可的心理演化，党才能长期执政。

2. 对政党权威巩固问题的研究，有助于党在实践中顺利实现执政正当性和有效性的维系

长期执政条件下党的权威一旦生成，党的执政行动便有稳固坚实的道义支撑和情感趋同。说到底，党的执政有充分且合理的民意基础。因此，对权威问题的研究说明，执政党需要采取合乎民意的执政行为千方百计地

赢得公信力。这种执政信任的获取，不但是对党的执政正当性的认同，而且也是对执政党所领导的社会制度的信仰。这和西方两党制或多党制国家政党执政或在野却较少质疑国家制度的情况有明显区别。另外，权威的建立意味着党承接了民众赋予的权力，这使党有调配资源的动员能力，更加低成本化地履行执政承诺，高效地提升执政行为的有效性。

3. 对政党权威巩固问题的研究，有助于党在异质化环境下实现权威的可持续性维持

政党权威是随着时空环境变迁而动态演进的，并不是时时处在恒定的状态。党在战争年代所形成的革命权威固然为党执政奠定了强大的民意基础，尽管党在和平年代、执政时期也总是不断挖掘革命传统资源延续威望，但随着时间的流逝，革命权威所带来的影响力将会一定程度地递减。更为重要的是，环境的变更也表明执政党除了倚重传统的社会认同资源外，还需要开发新的认同资源。例如在社会分化、利益多元多样的当下，存续党的权威的一个重要支点便是需要代表和回应多数人的利益诉求。对权威问题的研究表明：中国共产党必须分清革命环境与执政环境的区别、社会阶层的同质化与异质化的不同。从最根本的现实意义上来说，研究权威的维系和巩固的意义就在于，它涉及党的执政基础的夯实和执政地位的牢固问题。因此，对党的权威永续存留问题的深入思考成为非常有现实指向性的重要课题。

二 相关的概念界定

本书所要研究的核心概念是政党权威，要对政党权威作一个概念的界定，我们有必要先来分析一下权威的内涵和基本特点。

（一）权威的概念界定

对权威的理解可能因人而异，因此便呈现出相异的内涵判定，同时中外学界也必然有差异化的理解。对这些观点的细致梳理，我们可以看到，人们对权威的界定可以总结为四种观点。第一种观点，把权威看成权力或权利。这是一种相对普遍的认识。例如美国的帕森斯在其著作中，对权威的定义近似于权利，科尔曼也持这种观点。而法国的迪韦尔热以及我国的

孙钱章、于显洋等学者均认为权威是一种权力。可以说，用权力或权利解释权威是较为普遍的现象。第二种观点，把权威看成一种特殊的影响力。持这种观点的人如美国的罗伯特·达尔、我国的叶富春等。客观地说，权威的建立和加强与影响力的形成和传播是相关联的。第三种观点，认为权威是权力与威信的结合。持这种观点和以此观点行文的人不在少数，主要原因在于从字面上会很自然形成这样一种认知。第四种观点，则把权威看成命令与服从的关系结合。美国的丹尼斯·朗在其著作《权力论》中就持这种观点。陈新汉也分析了自愿服从和强制服从的两种不同情况，特别指出内在服从表明"意志施加者所具有的权威性是积极的"。[①]

应当说，学界对权威的不同理解表明了各自的态度和各自思考问题的视角，也强调了不同的侧重点以及意思表达的区别。总的来看，这些观点大都涉及了权威的某些特征，如影响力、支配力量以及服从与强制等，甚至也提出权威构成的制度化因素等。此外，汉语词典和辞海中对权威的理解，可归结为有威望或令人信服的力量、有威望的人或物。

恩格斯在《论权威》中作了明确表述，他指出权威包含意志强加与服从两层意思。在这篇文章中，他反复论证这样一个基本道理，权威是组织起来的关键，而服从也是必要的，因为"这两者都是我们不得不接受的"。[②]在恩格斯看来，权威的形成首先需要意志的主动施加者，其次还需要遵从意志的接受者。也就是说，只有客体接受和认可主体，权威才能建立。这指明了权威的重要特征，即双方之间是一种信任服从关系。恩格斯对权威的解释为我们理解权威的概念提供了一个非常科学、客观的视角。基于此，笔者认为，权威应当是指对主体意志的客体服从关系，即指主体对客体建立起强大的心理支配地位和客体对主体形成的情感认同和自觉遵从。需要强调的是，权威的建立既可以是强制性的，也可以是非强制性的。但是，笔者所要指出的是强制性所形成的权威从长期来看不可能持久，也不可能形成真正的权威，甚至会促使逆反心理的产生，也就谈不上权威的巩固。权威的真正建立和巩固更多的是依靠自觉的认同和服从。在具体实践当中，权威可以和"威信""威望""认同"等词语在同一个意

[①] 陈新汉：《权威评价论》，上海人民出版社，2006，第28页。
[②] 《马克思恩格斯选集》第3卷，人民出版社，2012，第276页。

思上使用。

(二) 政党权威的概念界定及与相关概念的区分

通过上述的详尽分析梳理,我们有了研究本课题核心概念的基础,对政党权威的理解将会更加透彻、到位。

1. 政党权威的内涵

笔者认为,政党权威是指政党特别是先进政党在与民众的互动实践中建立起来的凝聚和感召的心理效应。一方面对政党来说,它是指其在广大民众(当然也包括全体党员)当中形成强大的向心力;另一方面是指广大民众对政党形成高度认同。对政党权威的分析一定不能离开这两个方面。那么,长期执政条件下中国共产党的政党权威,则是指中国共产党在执政背景下在广大党员和人民群众中建立起来的凝聚和感召的心理效应,当然也指广大党员和人民群众对党的心理认同。它包括党的能力高超、思想主张的先进、运作方式的规范化等要素,即可通过制度化和非制度化要素来巩固。从长远的视角来看,中国共产党政党权威的巩固更多地是以人们自愿、自觉的认同来体现的,而不是依靠强权和威压,尤其是在执政的历史条件下。当然,对中国共产党的八千九百多万党员而言,要求会更高。除了对执政党的自觉心理认同外,广大党员的言行还需接受严明的党纪、严格的党内法规来约束和规范,进而坚定政治立场和政治方向,以实现政党团结,达成一致的凝聚力。

2. 政党权威与政党威权的区分

政党权威与政党威权是一对极易使人相互混淆、相互转换甚至相互替代的概念。无论是在理论研究还是在实践探索中,政党权威与政党威权之间被主观地认定为互为贯通、互为因果的关系的情况并不少见。这从另一侧面告诉我们,两者之间的确存在某些看似相近、实则相左的情况。严格意义上说,政党权威与政党威权不存在太多的、直接的关联,文字描述之上的细微差别并不使之特别具有普遍联想意义之上的比较价值。深入分析两者各自不同的属性特征,才能有助于正确把握好两者之间的关系,才能更加有效地巩固党的权威。

政党威权作为一种政党政治形态,其前提条件是政党能够完整行使和驾驭权力,没有有效的权力制约,集权成为其最大的特点。执政党希望独享权力而限制分权，即不愿意社会民众来监督或制约权力，以权力的充分占有来确保执政根基的不动摇。这种排斥性的统治策略实际上预示着政党威权可能的风险，因为限制社会的诉求表达只会造成政党与民众的隔离，最终是不利于执政党长期执政的。在这种情况下，民众的参与是低度的、有前提的、不确定的。有学者指出了该体制的特点："试图以行政机构、政党等组织力量去控制社会。"[①] 在这样一种政党执政方式中，强制或威压成为政党处理问题最常见的方式。几乎和所有其他政权一样，政党威权体制也要社会民众的服从。然而，有所不同的是，这种民众服从更多的是顺从而不能是质疑，也不能是挑战，更不可能是抗议和阻挠。政党可能会采取一些特殊手段，例如诉诸军事力量或严刑酷法，强迫社会民众政治遵从。当然，上述手段方式有的间接有的直接，有的温和有的强烈，有的含蓄有的公开，但无条件的顺从是政党威权想要达到的基本目的。在这样的政权体制下，政党对经济社会的牵引也往往带有自身的显著特点，如采取超常规的发展模式推进经济增长，政党及其政府全面介入市场经济发展过程中成为一种常态。而权力一旦与市场形成捆绑，腐败便随之而来。

政党威权更多地涉及政党体制，而政党权威则更多地指向政党认同。更进一步地分析，不难看出，政党权威主要是指社会民众对执政党的意志服从和情感认同而自然建立起来的威望，这种遵从更多地是自愿的而非外在强制的，是发自内心的而非被迫顺从的，是由于执政党在领导党内党外事务中都取得令人信服的业绩，从而形成对党的认可和敬仰的。假如依靠强力赢得人们的服从，政党不可能真正树立起权威，更不可能长久地巩固权威，最终损害的仍然是政党在民众心中的公共形象。由此可知，强制与自愿或许是上述两变量所折射出来的最大属性差异。与威权体制排斥性的统治策略不同，执政党要真正获得权威并巩固权威，恰恰需要吸纳来自社会方方面面的呼声。排斥或压制不仅会引起不满，更会导致猜忌和质疑并引发矛盾。唯一行之有效的办法就是政党尽可能地充分吸纳、反映他们的多样化诉求以及意见、建议，并在条件、资源、能力许可的情况予以逐步解决，并因此获得政党权威的巩固与拓展。政党权威正是在对民意的吸取、反馈和落实中得到保证。

---

① 孙关宏、胡雨春、任军锋主编《政治学概论》，复旦大学出版社，2008，第74页。

此外，在政党威权形态中，强人政治氛围较为浓厚，突出个人力量等。当然它也并不是我们通常所认为的政党集权，与传统专制主义也有所不同。但不管如何，政党威权的体制性特征决定了在该体制下的执政党，无论在推动政党建设还是在领导国家治理方面都带有强权色彩。显然，政党威权所表现出的本质特征与政党权威有很大区别。

（三）长期执政的概念界定

政党权威问题的研究视角是长期执政。党的十九大报告指出："以加强党的长期执政能力建设、先进性和纯洁性建设为主线。"① 什么是长期执政？理论界常常涉及这样一个基本概念，但对这个概念的解释实际上并不多见。或许它并不是一个难懂和有争议的学术问题。但从学术研究的严谨性来看，笔者认为有必要对其做出一个合理的阐释。首先，对概念所涉及的外延进行简单分析。从当今世界政党政治的实践来看，有许多执政党在位时间相对较长（见表0-1）。例如墨西哥革命制度党，执政时间七十余年；瑞典社会民主工党，也执政七十多年。当然，由于政党制度不同及政党执政周期性的规定，这些国家的政党不一定是连续执政。然而，这可以属于政党长期执政的一种类型。还有一种情况，有些国家的政党上台之后便连续执政。例如，苏联共产党尽管最终衰败，但它连续执政七十多年，可以算这种类型的执政党。相似的是，新加坡人民行动党也接近这种类型。虽然新加坡也存在多个政党，但是由于其本国的政党制度和政党法的设定，人民行动党成为事实上长期执政的政党。因此，我们侧重考察的是后一种情况，即不间断地连续执政。

表0-1 部分执政时间较长的政党

执政党	执政时间
苏联共产党	1917~1991年
墨西哥革命制度党	1929~2000年
瑞典社会民主党	1921~2006年

---

① 习近平：《决胜全面建成小康社会 夺取新时代中国特色社会主义伟大胜利》，人民出版社，2017，第62页。

续表

执政党	执政时间
新加坡人民行动党	1959~
古巴共产党	1961~
朝鲜劳动党	1948~
老挝人民革命党	1975~
越南共产党	1976~

注：表中反映的只是部分有代表性的执政党。

从上面的分析出发，笔者认为，长期执政是指一个执政党获得政权后依靠自身的能力始终保持执政地位，执政资格有效，执政基础牢固，执政认同持续。该概念延伸意义是指执政党执政身份不容许有可逆性，否则就可能垮台。长期执政的主要特征是执政党政治向心力始终如一地被有效维系和持续保持。本书正是基于长期执政条件来考察中国共产党政党权威的一系列相关问题。可以说，长期执政既是一个研究视角，也是一个研究背景。本书在行文当中将围绕长期执政的历史方位给党的权威巩固究竟带来哪些挑战、哪些考验以及采取何种对策等展开深度探讨。中国共产党执政六十余年，实际上已处于一种长期执政的状态。可以发现，长期执政对中国共产党有相当高的能力要求。为什么？我们从苏联共产党和新加坡人民行动党执政历程来看，不难发现，一党长期执政条件下将会遇到一些普遍性的问题。例如，脱离群众，不顾实际；沉迷权力，干部腐化；精神萎靡，信念缺失；等等。这些问题在上述两党执政实践中曾经存在，根本原因就是处于一党长期执政的环境。它们同样可能在中国共产党执政实践当中出现，或者说它们已经存在并影响到党的权威了。所以，本书对执政党权威相关问题的分析和研究，均是基于这样一个背景。

三 研究现状述评

执政党是否有权威或者在人民群众内心是否建立起崇高的威望，关系到其社会影响力和向心力的有效传播，进而影响到党的执政基础的巩固、执政地位的安全以及执政承诺的兑现。任何一个成熟且负责任的执政党都会把形塑政治威信作为执政实践的重要任务，并且贯穿于整个执政时期。

因此，无论对于多党制架构下谋求执掌政权的政党，抑或是对于长期执政条件下的中国共产党来说，政党权威与政党建设、政党发展关联度的重要性是没有区别的。中国共产党是中国特色社会主义事业的领导核心，其威望是逐步形成和确立起来的。新民主主义革命胜利的历史逻辑赋予中国共产党在国家建设和国家治理中的绝对话语权，也构筑了执政党强大的资源配给能力。中国共产党依靠人民群众的支持，在完成对旧政权变革的使命后实现对自己能力的再次超越，即向为民谋福祉的目标坚实迈进。而在新的历史阶段，尤其是在历史方位由革命党向执政党转型的条件下，中国共产党如何在承接已有传统资源的同时，继续寻求维系和巩固权威的新的生长点是值得关注和思考的重要命题。也只有将执政党的自我完善与自我提升放在上述背景中进行理论思考和实践探索，才能为执政党赢取民众的持久广泛认同提供建设性的内在分析理路。

（一）国外研究现状述评

以政党权威为研究起点，国内外学界对该问题均做出了自己的学术理解和现实回应。本文研究的是中国共产党政党权威的相关问题。就该问题而言，学界的研究关切主要聚焦于党的权威的历史生成、变换以及与中国社会发展的相互呼应等方面，既实现对该问题的定域关注，也为后人奠定了进一步深化拓展的研究基础。

国外对中国共产党政党权威的研究，主要集中在对中国问题的分析上，并在党的领导集体核心人物的传记中反映出来。对唯一且长期执政的中国共产党来说，中国问题的治理演进必然是与伟人的生平起伏联系在一起的，与党的整个执政轨迹和行动逻辑紧密相连。与此相关的代表作有美国亨利·基辛格（Henry Kissinger）的《论中国》、约翰·布莱恩·斯塔尔（John Bryan Starr）的《毛泽东的政治哲学》、雷蒙德·F. 怀利（Raymond F. Wylie）的《毛主义的崛起》、傅高义（Ezra Feivel Vogel）的《邓小平时代》、费正清（Fairbank）的《伟大的中国革命》和《剑桥中华人民共和国史》（上下册）以及英国学者马丁·雅克（Martin Jacques）的《当中国统治世界》等。此外，还有长期关注中国问题和中国共产党执政的新加坡学者郑永年的一些著作和文章，如《中国模式经验与挑战》《未来三十年改革新常态下的关键问题》等。一些国外学者的研究成果汇编，也收集了西欧、东欧、印尼、丹麦等学者研究中国问题以及党的权威问题的观点。上述国外学者从各自的学术旨趣和研究维度对中国共产党政党权威问题进行了研究和思考，主要从以下层面展开对问题的论证和阐述。

1. 以意识形态建设为切入点来考察政党权威问题

例如，詹姆斯等人承认："中国共产党人在向普通民众和精英灌输意识形态方面的态度十分坚决。"① 他们强调："使权威合法化的意识形态的正道是学习的结果。"② 沈大伟从苏联解体的原因之一意识形态教条化出发，分析和思考了我们在该问题上的做法。他认为："如果中国共产党在思想战中失败，那么它在民心战中的失败将会为期不远。"③ 在沈大伟看来，加强意识形态教育特别是以"三个代表"重要思想、科学发展观等为主要内容的新意识形态的社会动员，是除了经济增长之外中国共产党实现政党权威巩固的另一个关键要素。斯米尔诺夫从现代社会日益变迁分化的事实出发，突出强调了意识形态建设对于培育执政党的认同和向往的价值，他指出："面临'执政党威信的严重挑战'，……就是要'完善思想体系'，要求善于'准确无误地'保持在开放社会价值体系中主流意识形态的一致。"④ 当然，国外学者也承认当代中国将不会再陷入类似"文化大革命"期间"以阶级斗争为纲"或"姓资姓社"之类问题的无休止思想争斗中。正如亨利·基辛格指出的："中国领导人不会让意识形态束缚改革。"⑤ 所以，推进意识形态的适应性变革或思想理论的创新成为党巩固权威的重要方式。对此，何必指出："通过这种方式以阐述政府功能和对政治权威进行规范性的说明。"⑥ 应当肯定或赞成，把党的权威的维护与意识形态的适应性调整联合起来考察，从中分析两者之间因变量与自变量的线性关系是研究中国共产党政党权威的重要切入点。有相当大一部分学者注

---

① 〔美〕詹姆斯·R. 汤森、布兰特利·沃马克：《中国政治》，董方等译，江苏人民出版社，2010，第 33 页。
② 〔美〕詹姆斯·R. 汤森、布兰特利·沃马克：《中国政治》，董方等译，江苏人民出版社，2010，第 32 页。
③ 〔美〕沈大伟：《中国共产党：收缩与调适》，中央编译出版社，2012，第 160 页。
④ 吕增奎主编《执政的转型：海外学者论中国共产党的建设》，中央编译出版社，2011，第 56 页。
⑤ 〔美〕亨利·基辛格：《论中国》，胡利平等译，中信出版社，2012，第 397 页。
⑥ 俞可平、〔德〕托马斯·海贝勒、〔德〕安晓波主编《中共的治理与适应：比较的视野》，中央编译出版社，2015，第 105 页。

意到了意识形态领域的改革与创新在中国共产党维护和巩固政党权威当中发挥着关键性的作用。学界普遍达成一致共识,即认为意识形态建设自始至终都被执政党视为非常重要的工作,并有意识地吸取世界上其他国家政党在该问题上的成功经验,规避潜在风险。

2. 聚焦党组织的纪律性、统一性和纯洁性来反观政党权威问题

维护党组织的团结,进而形成步调一致、运转有序的整体,党的领导力、凝聚力将就此提升,而党的权威的获取和巩固常常因此得以实现。国外学者通过观察和梳理党的建设史、发展史,把研究视角放在了这一对辩证关系上。罗兹曼等人认为,新中国成立后党在维护权威问题上有所不同。他们指出:"共产党领导人开始改变权威的砝码:增加国家(和共产党)的直接影响……"① 在党的自身形象的优化和塑造方面,纪律建构是一个重要途径。沈大伟说:"无论是个别党员还是党组织,维护党的纪律都至关重要。"② 傅高义则进一步指出了改革开放后中国共产党对纪律建设的重视和加强。在谈到邓小平在维护中国共产党权威方面的自信时,傅高义说:"他坚持共产党的权威……在他看来,只有中共能够提供在中国进行稳定统治所需要的忠诚、纪律和信念。"③ 他强调了邓小平不采取极端的办法而使执政党面临分裂的可能。除了党的纪律,傅高义也指出依靠党内法规保持党组织的统一是邓小平十分倚重的治理方式,尽管在"十年动乱"之后重新启动有些困难。换句话说,学者们承认纪律性的增强与政党权威的生成、巩固互为因果关系。应当说,强调纪律建构以维护或巩固党的权威的观点是可取的。关于这一方面问题的探讨,上述学者的观察思考相对理性,也符合事实。同时,许多学者指出党组织的纯洁对于树立和巩固党的权威的必要。裴敏欣从政治组织贪腐的危害角度出发论述了执政党权威在人民群众中面临削弱的现实挑战;菲利普·德拉朗德也指出:"腐败会改变公共行政的有效性……正因如此,反腐斗争的迫切任务是政治领导人的所有讲话必然会谈到的话题。"④ 基辛格则盛赞了新一届党中央改革

---

① 〔美〕吉尔伯特·罗兹曼主编《中国的现代化》,江苏人民出版社,2010,第350页。
② 〔美〕沈大伟:《中国共产党:收缩与调适》,中央编译出版社,2012,第187页。
③ 〔美〕傅高义:《邓小平时代》,冯克利译,三联书店,2013,第461页。
④ 吕增奎主编《执政的转型:海外学者论中国共产党的建设》,中央编译出版社,2011,第283页。

和反腐败的工作，认为它有利于扩大党的群众基础。他指出，企业管理者、党政官员的腐败，"都是改革的对象"。①郑永年在考察当前反腐的政治意义时说："反腐败运动不仅仅是要解决执政党和政府的合法性问题，更是重建政治生态的问题。"②总的来看，在遏制贪腐、保持党组织纯洁性与政党权威的相关性上，国外学者的观点基本一致，但同时也呈现出两种有细微差别的看法：一种观点认为党内腐败是可控的，中国共产党有足够的智慧和能力确保执政安全和政党权威；另一种观点比较乐观，认为要遏制腐败维护党的政治威信，有许多艰巨任务依然摆在党的面前，任重道远。可以非常自信地说，即就防腐的前景预期而言，笔者认为中国共产党完全有能力祛除这一顽疾，保持组织肌体的纯洁，进而巩固党的权威。

3. 关注领袖权威来研究政党权威问题

从国外研究的情况来看，不少学者对这一范畴的论证形成了有一定价值的成果。例如，杨炳章在举例毛泽东领导游击战争胜利后对其影响力的塑造时指出："通过率领部队在外成功作战，倒能加强本人在党内的权威。"③涉及毛泽东在长期革命斗争中形成的党内领袖地位时，费正清指出："权威总是自上而下的……而且一旦中共取得政权，它的领袖就神圣不可侵犯。"④ 20 世纪 40 年代初，当时党内出现王明"左"倾主义倾向，雷蒙德·F. 怀利指出："毛泽东还将在 1940 年大部分时间和 1941 年一部分时间里面对一系列对其权威的挑战。"⑤ 1945 年延安整风运动对毛泽东在党内威望的巩固起到明显的促进作用。对此，怀利在文中也承认了这一结果。约翰·布莱恩·斯塔尔则认为，在"文化大革命"期间当党的权威遭受威胁时，的确需要寻求有效办法来解决。他指出了毛泽东的想法，"在中国的制度中就需要有一种新的、暂时的权威支点"。⑥斯塔尔认为，

---

① 〔美〕亨利·基辛格：《世界秩序》，中信出版社，2015，第 296 页。
② 郑永年：《未来三十年改革新常态下的关键问题》，中信出版社，2016，第 104 页。
③ 〔美〕杨炳章：《从革命到政治：长征与毛泽东的崛起》，郭伟译，中国人民大学出版社，2013，第 188 页。
④ 〔美〕费正清：《伟大的中国革命（1800-1985）》，刘尊棋译，世界知识出版社，2000，第 380 页。
⑤ 〔美〕雷蒙德·F. 怀利：《毛主义的崛起》，杨悦译，萧延中校，中国人民大学出版社，2013，第 111 页。
⑥ 〔美〕约翰·布莱恩·斯塔尔：《毛泽东的政治哲学》，曾志为等译，中国人民大学出版社，2013，第 67 页。

毛泽东希望以己之力来应对执政党权威所面临的挑战，试图通过强调他的思想高远来减少因个人盲从而产生的对政党乃至对国家、社会的负面影响。斯塔尔实际上阐述了一个基本事实：毛泽东是反对个人崇拜的，在当时的历史境遇中当他发现执政党违背列宁主义政党的特质时，他"只是有条件地承认党的权威"①，并希望通过发挥领袖威望的影响力来塑造和恢复执政党的权威。应当说，国外学者从研究党的领袖核心的权威开始进而观察党的权威，也是值得肯定的。领袖权威本身是政党权威问题研究的重要内容或重要组成部分。分析领袖权威生成、发展的演绎路径，是了解和洞察政党权威的一个直接窗口。一方面摆脱臣民心理和对个人迷信盲从是当代中国社会愈发成熟的显著特征之一；另一方面社会民众在享受国家繁荣发展所带来的普惠时会迅速凝聚起对执掌政权的政党领袖的尊崇，对整个政党的向往和追随，政党权威由此得到进一步确立和巩固。领袖权威与政党权威的互动关系值得关注，维护领袖权威有助于巩固党的权威。

此外，国外学界在探求党的权威问题时，还会依托时序更迭和背景转换来继续跟踪和延伸对该问题的认识。盖得纳（John Gardner）、泰伟斯（Frederick C. Teiwes）等人则基于党的历史方位转型的现实场景，从党自身的制度化调整和党与市场经济的调适中探究了后毛泽东时代中国共产党的执政理性成长以及守护权威的历程。

总的来看，国外学者对中国共产党权威问题的关注呈现出由单一到多维、由肤浅到深刻、由主观到客观的研究趋势。他们从各自的学科背景出发，对影响党的权威生成、巩固的要素作了较为系统的分析，同时也对新形势新任务新背景下尤其在执政环境中中国共产党怎样才能保持和守护权威表明自己的看法。这些成果的形成或许首先应当得益于日益全球化下不同国度间学术层面交流交往的深入，同时也和国外学界政党政治研究范式有关，更来自执政的中国共产党在引领和推动国家进步中取得的显著成就以及对世界发展的巨大贡献的事实而成为国外学界关注的焦点密不可分。国外学者就该问题的研究显然是卓有成效的，甚至有的还有着独到的视

---

① 〔美〕约翰·布莱恩·斯塔尔：《毛泽东的政治哲学》，曾志为等译，中国人民大学出版社，2013，第64页。

角。思考党的权威巩固问题不能不去关注和梳理这些研究动态,它给我们呈现了不一样的研究参照。

然而,国外学者对党的权威问题的研究也存在明显不足。他们对中国共产党和中国问题的研究,习惯沿用西方的理论分析架构。尽管学者研究的国际视域具有启示价值,但仍然避免不了存在偏见和局限的事实。这主要体现在以下几个方面。第一,意识形态问题研究上纵深不够。例如,许多学者把关注点放在意识形态问题上,意在以此为窗口研究党的权威问题。但是意识形态建设究竟需要如何来加强,在整个市场经济的背景下如何进行适应性的调整,在社会阶层结构分化的条件下如何增强整合功能,又如何进一步承接传统、发展创新,进而保持意识形态的先进性,巩固党的权威等问题上,国外学者并没有就此做出很细致的回答,现有的成果不是很充裕或者较少涉及。同时,笔者不赞同有的学者提出的意识形态建设能力遭遇经济改革而弱化的一种所谓的事实判断。实际上,中国共产党一直高度重视意识形态的建设和调整,重视思想理论的创新与发展。党的威望的凝聚首先就是来自先进的主流意识形态的建构。可以说,这是中国共产党一直赖以传播社会影响力的成功之道。所以,在上述问题的判断上还有待进一步商榷和辨识。第二,对影响政党权威要素之一的腐败问题的分析不够客观。许多学者提到了组织纪律性与党的权威的关系问题,特别指出了党内腐败对党的权威的影响等。但是,一个很明显的事实是对腐败问题的分析存在扩大化倾向,总是不经意或者有意地放大其社会效应。有的学者把腐败原因归结为中国共产党是列宁主义政党,缺乏外界的监督,所以反腐不可能成功,有局限性,甚至不看好其结果。这样一来,党的权威的巩固不容易推进。按照这样一个逻辑,不是列宁主义的政党就一定能够遏制腐败?那又如何解释资本主义国家政党腐败丑闻频出的事实?这种把腐败问题处理的好坏与政治系统的性质联系在一起的做法,难免会得出不客观的结论。从深层次原因来看,一个执政党要保持纯洁,防止贪腐,需要观察的是权力的根本走向,即是政党更喜欢权力还是政党更贴近民众。这是判断政党是否权力腐败的重要视角,而不是在社会制度性质上打转。第三,在与政党权威相关的范畴之一党内民主问题的认识上相对简单。国外学者对中国共产党发展党内民主,推进党的成熟与党的成长上有着较为浓厚的学术关注。但是总体而言,论证推演大于事实描述,主观臆想多于客观分析。尽管看到中国共产党推进政党治理的努力,但还是对其在党内党外所产生的效果存疑。有的学者基于政党的性质,不太认可党内民主的成效即认为其是不充分的。有的学者甚至从分权角度研究党内民主,这就与党的权威对立起来,研究进展就此被阻滞。客观地说,任何政党在走向理性化、现代化的过程中都会存在些许不足或遗憾。中国共产党在完善自我过程中当然也不例外。但是,不能就此认定党内民主的发展仅是一种实验或是一种危机应对的策略而已。党内民主和党的权威难道就是权力分享与权力集中如此简单?依照该逻辑,权威巩固不再需要发展党内民主,发展党内民主将影响党的权威的巩固?就此而言,我们可以发现学者的观点未免片面、单一、不准确。事实上,党的十八大以来,提升党内选举的竞争性、充分反映选举人的意志、健全完善党代会制度、保障党员民主权利等体现党内民主的诸多改革被强调和深化。而维护党中央权威,巩固政党权威则在另一层面继续推进,两者之间的关系值得深入研究。

此外,对于其他影响党的权威的要素如党群关系、党法关系、党政关系等也有着不太准确的判定和描述。

产生上述研究缺陷或研究局限,原因可能包括以下几个。首先,思维定式。就某一问题的阐释往往易于陷入非此即彼、非黑即白的单向思维定式,把研究过程等值于解析数量关系,忽视了不断变化发展的客观环境和条件。其次,意识形态的影响。社会性质和价值观念干扰国外学者研究的判断力使结论预期出现偏离。甚至有些西方学者以本国标准来衡量和评判中国共产党的执政能力,并据此怀疑作为领导党和执政党双重身份的中国共产党的权威巩固前景。最后,资料运用不够完整。资料残缺不全,不衔接、不配套以及更新滞后,制约着权威问题研究的严谨性和论证的严密性,也造成对权威问题的梳理欠缺一个较为清晰的整体脉络,偏好性地撷取或舍弃都不足以反映问题的全貌和实质,这也是国外学者在该问题研究上的明显弱点。这些不足或缺点,恰恰为本课题进一步深化探讨提供了方向和空间。从解决学者们未能解决或解决得不好的问题出发,党的权威巩固问题研究将进一步向前推进。

(二) 国内研究现状述评

对中国学者,特别是从事政党问题、党史党建问题研究的学者来说,党的权威问题、党的认同问题、党的公信力问题等是近年来研究的重点。许多学者从各自不同的学科背景和学术视野出发对党的权威问题进行深入思考和初步探索，形成了一些较有影响力和价值的观点。执政党执政理论的研究既需要强烈的问题意识，又依赖于敦厚的学术积累。正因为同时具备现实感和学理性，对党的权威问题的跟踪自然成为学界持续研究的常态。特别是在当前执政党建设研究动向中，实践的推进有的甚至走在了理论发展的前头，这就更要求对该问题的探讨兼具理论逻辑和问题导向。目前国内学界对党的权威问题的研究充分体现了上述特点。

在国内学界成果累积上，主要以罗峰的《嵌入、整合与政党权威的重塑》为代表。更多的国内学者对政党权威问题的见解则散见于其著作的一些章节中，如吴家庆的《中国共产党公信力建设研究》、刘玉瑛的《领导者公信力》和《中国共产党执政公信力建设研究》、蒯正明和杨新宇的《中国共产党执政资源建设研究》、王邦佐的《执政党与社会整合》、王冠中的《社会资源与中国共产党执政》等。在科研文章上，比较有代表性的有隋学礼的《马克思恩格斯论权威本质及其现实意义》、常士闿和韩正明的《政党权威与制度建设：当代中国的族际政治整合》、张浩的《社会资本、政党权威与现代国家构建》、李庆刚的《邓小平关于维护中央权威的思想》、全黎燕和石碧球的《执政权威与社会主义和谐社会的构建》、汪云生的《党的第三代领导集体构建执政权威的实践与特点》、牛余庆的《提高执政能力与维护执政权威》、彭正德的《论马克思恩格斯的政党公信力思想》等。应当说，上述成果反映着国内学者在中国共产党政党权威问题上的研究现状。目前国内学界对党的权威的研究主要围绕以下几个层次展开。

1. 基于变动的时代背景、社会条件等不同维度考察党的权威问题

基于变换的执政条件和执政环境来解读和分析问题是学术研究和学术创作常见的形态。国内相当大一部分学者正是选取这种方法对党的权威问题展开研究。立足在社会转型和结构变迁背景下考察党的权威是一个主要研究倾向。例如，王邦佐认为："由于社会转型所带来的环境的置换……这些变化和转变是政党权威转型的表征。"[①] 他详尽界定了自改革开放以来

---

① 王邦佐：《执政党与社会整合》，上海人民出版社，2007，第144页。

中国社会转型的特点，特别指出对党的权威建构逻辑的审视应当放在转型社会条件下。唯有如此，才可科学标定中国共产党加强自身建设的根本路径。刘勇的观点也较类似，突出强调保持党的权威的重要价值："转型时期维护政治社会稳定的根本保证。"[1] 从社会资本、社会资源的整合和集聚来确保党的权威的恒久也是学者研究的重点。张浩强调，政党应当"嵌入"社会资本中，否则，"其权威地位是不可能形成的"。[2] 从防止党执政的社会资源流失的重要性出发，王冠中对党的社会资源的保护以及合理化调配作了详细的论述。他提出："及时地将社会资源科学地转化为自身执政的权威。"[3] 关于这方面的内容，相当大一部分学者有过重要阐述和强调。这实际上阐明中国共产党如何借社会力量建构政党权威的内在关系。郭国祥和郭曙岩则从全球化的视角出发指出中国共产党需要顺应新形势，"创新自己的政治权威"。[4] 同时，洪向华则从现代政党的新变化、新趋势、新特点的角度出发，反观和透视政党权威形成、演进的过程。他从政党建设和政党发展的比较视野中强调维护政党权威所倚重的力量和所规避的困境。洪向华认为："不研究政党及政党政治，我们对政党权威的研究就无从谈起。"[5] 还有的学者从社会主义和谐社会的建设、深度推进的现代化进程以及全球化发展等不同的角度演绎和概括党的权威的相关问题。应当说，上述研究方法更能反映在限定景观中的问题特性，而避免一般性、宽泛地来研究问题，有助于促成对党的权威问题更加精细化的观察，更加针对性的研究，因此这是较为可取的研究路径。

2. 把握组织整体或党员个体等不同对象层次研究党的权威问题

正如对政党问题的研究不能离开一定的时代条件一样，中国共产党政党权威的维系和巩固也必然会受到其周围政治生态的影响。这些影响既有来自执政党各级组织层面的，也有来自执政党党员个体层面的。对这些要素的分析，成为许多学者研究党的权威的基本范式。吴家庆等从党员、组

---

[1] 刘勇：《社会转型进程中的政党权威：分析与建构》，《南京政治学报学报》2012年第2期，第41页。
[2] 张浩：《社会资本、政党权威与现代国家构建》，《天府新论》2010年第6期，第12页。
[3] 王冠中：《社会资源与中国共产党执政》，首都师范大学出版社，2011，第139页。
[4] 郭国祥、郭曙岩：《全球化视野下中国共产党政治权威的转型与发展》，《理论探讨》2007年第3期，第119页。
[5] 洪向华：《变动社会中的政党权威》，国家行政学院出版社，2014，第8页。

织以及政治体系三个层面研究党的公信力。他认为："考察执政党的公信力不仅要考察政党成员公信力，更要考察党内组织的公信力。"① 在这里，政党公信力的追问实际上就是对政党权威的考究。就执政党的组织层级而言，存在党的基层组织、党的地方组织以及党的中央组织三级架构的相互关联。任何一个层级的权威直接影响党的组织的整体权威。钱广荣强调："要正确看待个人勇于负责与服从组织权威的关系。"② 洪向华从政党与成员之间约束与被约束的关系出发，对政党权威的组成进行分类。他提出"内生权威"③的概念。王晓荣从考察农村社会的转型变迁的角度提出了夯实党在基层的权威的紧迫性和重要性。他指出："党组织在社会转型中陷入了边缘化的困境。"④ 这是其权威需要进一步加强的根本原因。同样，关于党在基层权威或威信的塑造，吴新叶则指出："执政党要获得社会的信任，必须首先信任群众。"⑤ 有的学者从党员干部能力水平、道德修养高低的角度，分析了党员个体素质对执政党形象乃至权威构成的正负效应。例如，王其辉从部分党员干部道德失范的事实出发，强调党的权威维护的必要性。他指出："以遏制党内道德失范现象的产生和蔓延、重塑党的执政权威。"⑥ 当然，执政党面临的最大挑战依然是党员领导干部如何能够有效地驾驭公共权力而不致引发腐败的问题。这个问题假如解决得不好，便如李晖指出的："执政党在人民群众中的信任度就会下降。"⑦ 在这一方面问题的交流上，大家的思考并未产生明显差异，都认为执政党要有效树立权威就必然克制贪腐。有的学者甚至从政党性质的定位上撇清了执政党天然与腐败绝缘的可能。在他们看来，任何政党特别是执政党只要执掌政权都面临同样的考验，而且并不因政党性质的先进与否而天然豁免。通过对政党的组织层级进行划分来研究政党权威问题，又把党员干部个体的从政行为与政党权威的巩固联系起来考察，表明学者抓住了影响政党权威的关键

---

① 吴家庆：《中国共产党公信力建设研究》，人民出版社，2013，第107页。
② 钱广荣：《自觉维护党的执政权威》，《红旗文稿》2014年第2期，第18页。
③ 洪向华：《变动社会中的政党权威》，国家行政学院出版社，2014，第49页。
④ 王晓荣：《农村基层党组织边缘化及其权威重建》，《理论探索》2014年第5期，第13页。
⑤ 吴新叶：《党在基层的执政绩效研究》，东方出版中心，2011，第50页。
⑥ 王其辉：《党的执政权威重塑——从党内部分党员道德失范论起》，《理论月刊》2013年第6期，第42页。
⑦ 李晖：《政治的根本问题——执政党的群众基础研究》，湖南人民出版社，2009，第80页。

性要素，有利于对权威问题分析的进一步深化。

3. 围绕优化领导方式执政方式梳理党的权威问题

权威意味着认同。政党威望的树立和凝聚至少说明其领导方式执政方式得到大多数人的认可和支持。党的领导方式执政方式的优化首先来自执政的价值理念的先进。例如，有学者就认为，党的领导的权威性，首先来自其思想领导的影响力。换句话说，执政党的思想体系的先进与否决定其领导行为、执政行为的成功与否，进而再次影响着民众的信任与否。党的领导方式执政方式的优化是党政关系合理完善的重要内容，也一直是学界研究的焦点和重点，更是加强党的权威的关键所在。在这方面，学者罗峰在其著作中进行了深入探讨和分析，认为党的权威塑造的一个结果就是要达到政党与政权关系的和谐、规范。他指出："党政关系的规范化是政党权威重塑的关键。"① 由于理顺党政关系牵扯到主体的权力边界的厘清、调整、配置以及归属问题，因而不论是理论上考察还是实践中探索都显得相对复杂。例如，张志明认为，关于党政关系实现有机衔接、良性互动的机理，大家思想上取得一致需要一个过程。他坦言："对于在中国人民心目中具有崇高威望的政党来说，全党达成这样的共识并不容易。"② 如果党政关系不融洽，党的执政方式不科学，对党的权威影响一定不小。就历史上曾经存在的党政不分工而使党的权威弱化的情况，李良栋等人强调了党的权威的必要。他们从坚持科学执政、民主执政、依法执政的重要性出发，指出党的权威不能忽视，并且认为："党就必须有强大的领导权威和领导能力。"③ 蔡志强也指出："对政府的领导，即指通过权威分配权力。"④ 还有其他学者从党法关系的合理化视角来进一步研究执政党的权威问题，指出必须恰当处理执政党、人民、国家治理的关系问题，因此受到大家的普遍关注。总之，党的领导方式执政方式科学化、现代化与政党权威的存续与拓展必然呈正向关联的态势，可以说，对这些问题的探索需要费些心思，但其价值绝对不容置疑。抓住党的领导方式执政方式问题，也就抓住

---

① 罗峰：《嵌入、整合与政党权威的重塑》，上海人民出版社，2009，第179页。
② 张志明：《中共执政方式科学化的历史突破》，《学习时报》2013年11月18日，第A5版。
③ 李良栋等：《改革和完善党的领导方式执政方式问题研究》，中共中央党校出版社，2013，第188页。
④ 蔡志强：《价值引导制度：社会和谐与党的执政能力建设》，江苏人民出版社，2013，第332页。

了研究党的权威的关键要素，这一研究方向是正确的。当然，学者们的持续关注也印证一个基本事实，即对党政关系与党的权威关联问题的研究依然处在不断深化之中。

我们把国内学界与国外学界就中国共产党政党权威问题的研究现状进行比较，不难看出，两者既有相似或相近的地方，也各有侧重。共同点具体表现在以下三个方面。一是都比较关注中国共产党自身建设的状况，并以此来判定党的权威的强化或者弱化。就这一点而言，任何政党尤其是执政党要想执好政，赢得民众的信任，都得重视政党内部的良性运行和有效运转。所以，它也自然成为学者共同的研究焦点。二是对中国共产党执政价值观的关注。由于政党的价值观、政党的思想理念折射出的是执政党的行动纲领或执政方略，反映着执政党与民众之间的代表与被代表的依存关系。党的执政价值观的传播和发布，其意义就在于说服和动员民众认同且永远跟随执政党。三是对中国共产党的执政生命力和执政持久力的聚焦。权威说到底是心理上的自愿认可而不依赖于外在的强制力驱使。政党权威应当是执政过程中逐步在民众中建立起来的公信力。党的执政地位与执政基础不断得以巩固，则表明执政党具备相当强的公信力、号召力。国内外学者大都敏锐地把握到上述问题的实质，进行了较为系统、深入的研究。除此之外，对世界上一些老党、大党丧失权威的经验教训的分析，反观和比较中国共产党执政的成功之道也是国内外学者较为喜好和常见的研究方法。

较之国外学界而言，中国大陆地区的学者基于地理区位、学术专长、人文背景以及语言习惯等特点，对党的权威问题的研究又有明显的中国特色，具体包括以下内容。一是在对党情、国情、世情以及社情客观分析的基础上来研究问题。毫无疑问，对中国共产党权威的研究，国内学者有诸多优势。本土的优势使得学术研究视角更加多维，研究切入点也更加多样。学者们可以多维多元地、全方位地考察政党权威生成、发展、延续和巩固的过程，既从总体上考察党的权威的本质特征等一系列基本理论问题，也在限定的场景或视域下具体观察党的权威适应性转型问题。就这一点而言，国外学者的研究稍显不够细致。二是与传统党建研究模式产生互动融合，拓宽党的建设理论研究的学术空间。国内对党的建设问题的研究以往仅局限在传统分析模式上，如按照传统的思想建设等五大建设分类逐个探讨（当然它仍旧是党建研究的一种重要倾向）。权威问题的介入和引进打开了党的建设问题研究的新视野。它涉及党的执政实践的方方面面，如执政根基、执政取向、执政形象等。而这些方面与传统五大建设之间是相互贯通、互为补充、互为给养的。国内相当大一部分学者在两种研究模式的结合上做了很好的尝试。三是在研究方法上，学理分析与问题导向相衔接。许多学者已不再满足于简单地停留在对权威问题的文本阐释，不只停留在理论推演层面，不完全满足于媒体宣传报道等信息或其他二手资料的收集上，而是组建团队采取个别访谈、问卷调查、区域比较等更加严谨的科学方法，把党的权威问题的研究建构在实证基础上，实事求是地对党的执政环境作科学描述，进而为铺垫政党权威的路径提供有建设性的深度思考。

当然，综观国内学者在政党权威问题上的研究现状，尽管对党的权威问题的研究累积了一定的学术成果，也初步形成党的建设研究的一个专门方向，但就整体而言还是存在许多不足之处或需要进一步解决和深化的地方。从总体上来说，笔者认为对政党权威的研究还不够透彻，缺乏历史维度和现实维度的有机连接和相互映衬，缺乏问题意识与学理导向的相互呼应，研究不太成系统，呈现碎片化的状态。所以，研究层次普遍不高，没能形成相当有分量的学术精品。主要表现在以下几个方面。

第一，对党的权威的基本理论研究不够。对政党权威的基本内涵、特征、影响要素、拓展规律等相关问题研究不够。许多学者在使用时没有区别执政权威、革命权威等概念上的差异性，在政党权威与领袖权威、政党权威与政党威权等一些既有联系又有区别的概念上来回轮转跳跃。结果，这在政党权威的基本理论研究进展上，呈现出一种浅尝辄止、蜻蜓点水的研究现状。这种格局必须有所改变，我们应当抽出更多的精力对这样一个基本命题作进一步的跟踪和探讨。依照笔者的理解，政党权威所具有的显著特征就在于，它不可能天然生成，但也不会永恒存续，权威巩固的必要性由此而引发。同时，本书研究的是长期执政条件下中国共产党政党权威巩固问题，而不应当是泛指其他命题。概念的明晰是学术研究的基石，概念内涵边界的模糊将缺乏共同对话的平台和前提。

第二，对马克思主义经典作家关于党的权威的思想梳理不够。从当前学界研究的现状来看，这方面的成果相对欠缺，只有零星的、分散的、不成系统的文本关注。尽管所处的年代不同、环境不同、条件不同、奋斗目标不同，但是马克思恩格斯列宁等伟大导师对政党权威问题都有自己的理论成果。他们关于政党权威的观点至今仍然具有重要的指导意义，甚至站在我们这个时代回望伟大导师无产阶级革命与建设实践，我们会为在那样的时代就提出有远见的重要思想观点而感到深深钦佩。所以，系统梳理他们的政党权威观是我们深化这一命题研究的重要任务。同样，党的历届中央领导集体以及以习近平同志为核心的新一届中央领导集体，在把马克思主义基本理论与中国实际相结合过程中同样形成十分重要的政党权威思想。它们是指导新形势下党的权威提升和巩固的宝贵理论资源。对于中国共产党政党权威思想的挖掘和整理同样相当重要，不能弱化。

第三，对巩固党的权威的战略考量和策略分析不够。中国共产党作为唯一的执政党，发展的首要政治目标就是长期执政。而党的权威的可持续维系和巩固是确保党的政治目标达成的基本前提。如果党的权威削弱乃至丧失，那么将无法实现党长治久安的目标。从这个意义上说，需要从宏观上对巩固党的权威进行更为深层次的理论思考，对巩固党的权威的可支撑性战略作整体上构建，对巩固党的权威可能遇到的一些问题作策略性辨析。目前，就学界研究的情况来看，这方面的研究太少，基本上没有。这是政党权威问题研究的一个较大缺憾，也是研究深度和研究广度不足的原因之一。研究政党权威问题如果仅有微观的对策性建议，而缺乏宏大的、更长远的顶层考量，整个权威巩固的研究思路极易碎片化、点状分布。这是未来我们研究要克服的地方。

第四，基于党的历史方位变迁的视角来思考问题的学术自觉不够。在1956年党的八大上，邓小平提到了党在由革命党向执政党转变过程中需要引起全党警醒的问题；党的十六大报告第一次明确党的历史方位的"两个转变"。对党的权威问题的研究更应当放置于中国共产党长期执政背景下来考察，特别是在分析巩固权威面临的挑战与考验、应当采取的对策措施时更应当从当下的执政环境去揣摩。事实上，一个政党的成功转型几十年时间远远不够。在现实中，党在执政过程出现的一些问题可以有多方面的原因解释，但从主观上来说是长期用革命党的思维来思考执政党的问题、用革命的方式来解决执政的问题、用计划经济的方式来解决市场经济问题等原因使然。实践当中反映出来的问题更需要我们在理论上给予更多关注,即把权威问题的研究放在中国共产党已经成为执掌政权且长期执政的政党的既定前提下来思索,这样的分析才会有独特之处。

第五,从建构制度法规体系的完备性来研究党的权威问题的成果不够多。从国内学界研究的现状来看,涉及这方面的成果还不是太多。从实践上看,以言代法甚至凌驾于制度法规之上的情况并不少见,这在某种程度上对党的权威形成极大的损耗。在长期执政条件下,党的权威的巩固与拓展需要真正把党的行为、党员干部的行为都依法依规地纳入制度化的轨道,以制度法规的威严性与完备性规约和限定执政党的行为,引导和调整执政党成员的行为,以党和党员干部行为的廉洁从善、依规高效铸牢政党整体的公信力,以制度法规的权威性巩固党的权威性。一个走向现代化的政党必定是越来越遵从制度法规的力量,越来越信从制度法规的理性。中国共产党巩固政党权威,应当坚持这一点,甚至从长远来看更加离不开对制度法规的倚重。因此,对这样一个问题的分析需要在后续的研究中得以进一步体现。学界研究政党权威所衍生出来的不足,反映了当前的研究态势和研究进展。这些缺憾恰恰成为本课题研究的逻辑起点和努力方向。追随前人研究的步伐,着眼时下的研究动向,关注已然存续的社会现实,辅以学理分析和学术抽象是本书在未来需要突破的重点方向。

四 基本思路和基本框架

(一)基本思路

本书研究的基本思路:坚持史论相结合的原则,对中国共产党政党权威的理论基础、思想发展的脉络进行系统梳理,并且深入总结党的权威形成延续中的经验教训,从中得出带有规律性的结论。从比较政党政治的视野出发,对世界上较为典型的执政党在巩固权威方面的有益做法和主要教训进行深入分析,进而批判借鉴为我所用。坚持问题导向和问题意识,重点聚焦长期执政条件下影响党的权威的主观因素和客观因素,并对此作科学、客观的分析,深刻阐述巩固党的权威的重要价值。坚持学科逻辑和学理逻辑,着重论证巩固党的权威需要建构的战略考量以及需要把握的策略分析,并在此基础上从意识形态整合、组织肌体纯洁、执政能力的提升以及制度法规的完备对巩固党的权威提出进一步的对策思路,借此形成有价值、有分量的学术成果,同时也为相关部门提供决策参考。

(二) 基本框架

本书的基本框架为:绪论、正文及结束语。

绪论主要阐述本研究命题的选题缘由以及理论意义、现实意义,回顾和梳理本课题的国内外研究现状并作客观分析和评价,为本课题继续深入拓展研究开发新的空间,同时介绍本课题研究的基本思路和基本框架,最后阐明写作的基本方法和创新之处。主体部分共分七章,分别从理论积淀、历史视角、现实境遇、战略策略思考以及现实路径等方面对中国共产党政党权威巩固问题进行更为深入的分析探讨。结束语部分指出,对中国共产党而言,维系和巩固政党权威对实现党在社会民众中拥有强大的向心力和影响力,进而确保党的长期执政意义巨大,需要站在更为系统的、全面的视角进行顶层设计和宏观考量,方能真正延续社会对执政党的认同和情感追随。

第一章"中国共产党政党权威思想的理论基础"。关于政党权威,我们依旧可从马克思主义经典作家的相关重要论述中获得现实启示。本章主要对马克思恩格斯列宁关于政党权威的思想进行文本挖掘和深度解读,以此为建构中国共产党政党权威巩固的基本思路作理论铺垫。在无产阶级革命运动以及社会主义政权建设初期,无产阶级政党领导人就加强党的权威形成了许多丰富的思想和指导原则,例如在"权威与自治""权威与强制力""领袖权威与个人迷信"的关系上作了十分重要的论述;提出维护党的权威要制定成熟完备的党纲,要有铁一般的纪律;强调要划分党政职责以科学处理执政党和国家政权的关系,以加强和改善党的领导巩固党的权威等。囿于19世纪中叶国际共产主义运动的时代背景、社会环境和肩负的使命,更局限于对现代政党活动和执政规律的认识欠缺理性等因素,无产阶级政党领导人对政党权威问题不太可能有更为系统、成熟的主观认知。但是,基于当时所处的革命和建设年代,马克思恩格斯列宁等无产阶级革命家在实践中所形成的政党权威思想,却为指导中国共产党建立和巩固政党权威提供了基本的理论指南和行动依归。

第二章"中国共产党政党权威思想的历史发展和实践的经验教训"。

在对马克思恩格斯列宁政党权威思想进行系统回顾和认真梳理之后，本章论述的是中国共产党权威思想的形成、发展和成熟的历史过程、基本脉络，并从整个实践逻辑中衍生和归纳出来重要的规律遵循和深刻的教训反思。中国共产党是我们各项社会事业发展的政治核心，是最高政治领导力量，其权威是在实现革命、建设和改革的不同阶段不同历史使命中凝聚与树立、延续与展示、巩固与发展的。以时间、任务为横纵轴建立坐标系，中国共产党政党权威思想传承可以大致划分为新民主主义革命时期、社会主义革命和建设时期、改革开放新时期，以及党的十八大以来四个时期进行研究。综观政党权威的整个思想谱系，我们看到，不论是战争年代还是执政后的建设时期，作为革命党或执政党的中国共产党为了赢取和维护权威，都强调把强化社会民众的认同感和追随效应作为主要目标。而这一目标则是通过最大化地提升政党的自我整合效力和最大化地满足民众利益诉求两个方面来实现的。因此，中国共产党在建立维护权威实践过程当中累积了丰富的经验。从某种程度上来看，它们是党在面对各种不同环境、担当不同任务中不断摸索、总结形成的。同时，这样的一个过程也必定伴随着失误、曲折、纠偏的存在。反思权威受损或流失的教训，我们甚至还能从制度机制的完善等深层次缘由中获得答案。

第三章"中国共产党政党权威巩固的比较视野"。综观中国共产党的发展壮大的历史进程，党的权威的生成和固化成为中国共产党加强政党建设和政党治理的核心议题，是评判执政党与社会民众关联度亲密或是疏远的基本标准。然而，仅停留于执政党自身的研究和推演则略显窄化，极易在执政党建设规律的摸索中陷入主观替代客观、特殊掩盖普遍的思维定式中。因此，站在国际比较视野来观察和研究政党权威问题，则更能促使执政党建设接近或回归科学化、规范化、现代化的轨道。显然，以苏联共产党由盛及衰的执政史实为模型进行分析与归纳是一个很自然的选择。尽管对苏共的研究成果汗牛充栋，但学界对其权威问题则较少涉及。过度集权体制、特权现象的繁衍、意识形态管理僵化、民众利益缺失等问题俨然是苏联共产党失去政党权威并最终出让执政权的原因。苏共的政治衰败事实给旨在长期执政的中国共产党极深的反思。为什么相似的社会制度、政党体制、执政方式以及指导思想，两党的命运却南辕北辙？积极应对政党由夺权到掌权的方位转换而带来的一系列问题、规避执政风险，实现党的权威巩固和长治久安,可能是中国共产党从苏共丧失权威、丧失政权教训中得到的最大启示。而新加坡人民行动党,在长期执政时间里在巩固权威方面积累了不少成熟做法和有益经验。毫无疑问,抛开制度形态和制度性质的差异性,对其成功经验批判地吸收和借鉴将是新形势下党的权威维系、巩固的有益养分。

第四章"当前中国共产党政党权威巩固面临的挑战和考验"。权威的建立意味着对政党认同的达成,而权威的巩固则需要政党应对来自方方面面的挑战。如前所述,快速分化变迁的社会条件下,巩固政党权威始终处于一个挑战与反挑战、削弱与强化的过程当中。首先,新形势下中国共产党政党权威的巩固要破解党自身存在的问题。例如,执政党成员的理想信念问题、作风问题、腐败问题,不守政治纪律和政治规矩以及制度法律意识的缺乏等问题都需要认真面对且着力克服。其次,多元社会思潮的交汇对党的意识形态领导权的冲击、经济绩效维持的难以持续对党的认同的影响、新兴媒体扁平化的传播方式对党的沟通模式的挑战等都将是社会转型背景下中国共产党巩固权威需要重视和解决的现实问题。同时,执政党权威的维系和巩固还不能忽略国际因素的影响,特别是在国际社会主义运动低潮期,如何引导执政党的广大成员及社会民众正确认识中国特色社会主义事业的光明前景,坚定对社会主义制度信仰乃至对执政党的政治追随则是不容回避的客观现实。这就意味着,对社会制度的认可等值于对执政党的认可;反过来,党执政正当性的获取同样等同于党领导的社会制度正当性的获取。

第五章"中国共产党政党权威巩固的必要性、重要性和可能性"。在对政党权威的基本理论来源、历史经验教训以及当前面临的风险挑战逐一论证之后,本章对中国共产党政党权威巩固进行价值评判,从更为高远、宏观的视角对维护和巩固党的权威的重要意义进行理论阐述和系统论证。大致从以下维度展开:从党的长期执政的视角诠释巩固党的权威的必要性。权威的确立和巩固的重要目的在于实现党的长治久安。巩固党的权威必将从道义上和心理上为党的长期执政赢得信任。从增进党内团结统一来佐证党的权威巩固的必要性。历史经验教训表明,党内派别林立或思想多元,必定内耗政党的执政效率和贬损政党的整合力和动员力。因此要使执政党组织系统聚合成思想一致、步调统一的整体,就必然要求巩固党的权威。而党的权威巩固的重要性表现在以下两方面。一是党的权威的巩固对构筑完备的国家治理体系、促成和加速国家治理能力现代化具有重要价值。二是党的权威的巩固对国家繁荣、民族复兴具有重要价值。三是对党自身的重要性。因为要完成上述任务、实现宏伟目标，需要党具备群众组织力、社会号召力。需要中国共产党拥有在社会民众心中强大的权威。只有党实现广泛的社会认同，才能够团结一切可以团结的力量，确保执政伟业的顺利实现。当然，党的权威的巩固对党自身的重要性同样是不言而喻的，如优化党的形象、增强党的影响力等。

第六章"中国共产党政党权威巩固的战略考量和策略分析"。本章是本书的重点章节，不但是对本学科研究方向的呼应，而且从中国共产党长期执政的视角进行学理探究。战略考量和策略分析是指分别从宏观和中观层面来把握究竟需要采取何种措施来巩固政党权威。从总体上说，党的权威的生成、巩固、拓展或散布必定绕不开两个相互关联的主体即政党和民众。无论在哪一种政党体制框架下，党群关系始终是执政党建设中的核心问题，在中国更是不例外。围绕上述两大要素，巩固中国共产党政党权威的战略考量将从落实管党治党的党建战略、坚持依法治国的治理方略、提高执政绩效的发展战略以及实施利民惠民的民生战略等四个方面来深入阐述。而从权威巩固的策略分析出发，本书将重点论证政党权威与人民民主的关系、政党权威与党内民主的关系、政党权威与领袖权威的关系、政党权威与政党监督的关系。战略考量与策略分析关系到社会民众的福祉、国家治理的现代化乃至民族繁荣复兴等目标实现的行动轨迹，但它们最终确保了作为领导党和执政党双重角色的中国共产党威望的持续性。

第七章"中国共产党政党权威巩固的现实路径"。如果战略考量和策略分析是从宏观和中观层面陈述中国共产党形塑和巩固政党权威的二维向度，那么本章将更侧重从微观层面建构政党权威巩固的现实路径。执政党权威的凝结和固化并不是抽象的，而是具体而丰富的，其秉持和遵循的原则是以执政党为目标对象，从观念体系、能力素养和制度环境等方面寻求破解之策。这大概与戴维·伊斯顿关于价值、规范以及结构对执政系统巩固的价值意蕴有相似的判定。依照此分析，本章将从党的意识形态的先进性——巩固党的权威的价值认同、执政党的纯洁性——巩固党的权威的形象认同、长期执政能力的提升——巩固党的权威的本领认同、制度法规的完备性——巩固党的权威的法理认同,以及执政效果的良好五个方面,进一步论证和阐述中国共产党政党权威巩固的现实途径。今天,当我们在研究政党权威问题时,并不是为了巩固而研究如何巩固。它始终有个中心点或方向,即执政党与民众的依存度。在既定的执政时期,若执政党成功维系和巩固权威,将拥有强大的社会影响力和整合力;而一旦丧失或削弱权威,将增大社会离心力和反动员力。研究巩固党的权威的意义正是在于如何为中国共产党赢得社会民众的永久认同。

结束语主要是对整个论证过程进行总结,强调在长期执政条件下中国共产党政党权威巩固的必然性和必要性,并且提出权威巩固务必遵循党的执政的根本规律,把握党的历史方位的变迁,增强多维视角的审视以及要着眼于党的长期执政地位的巩固。

五 研究方法和创新之处

(一) 研究方法

研究方法是理论研究和学术探索所采取的手段或方式。方法得当,事半功倍。任何学术研究都离不开研究方法的选取、创新以及综合运用。只有恰当地采取和运用适宜的方法,才能对所选的课题进行深度研究,既站在前人研究的基础上又超越他们的研究水准和研究进展,使相关领域课题的研究达到一个新的学术高度。马克思主义唯物辩证法是本选题的根本方法。全面地、联系地、发展地看待问题是唯物辩证法的基本特征。也正因为如此,它也成为我们认识世界、考究问题的方法论。以唯物辩证法作为研究政党权威的根本方法,本质上要求我们以客观的、正确的研究态度寻求问题的来源、问题的现状、问题的成因,实事求是地考察中国共产党政党权威的生成与巩固中所积累的经验、所捕获的成就以及所遭遇的挑战,然后建构相应思路、选取相应办法将其破解。那种断章取义,只见局部不见整体、割断联系或是机械的研究思维是我们应当摒弃的。本书以唯物辩证法作为研究方法体系的根基,具体来说主要采用以下三种方法。

1. 文本分析法

本选题归属于马克思主义中国化二级学科下的中国共产党战略与策略

研究方向。无论从学科性质还是从学术规范的角度抑或是从理论探源的必要性而言，都需要对本研究选题的学理脉络进行系统梳理。本选题试图通过研读马克思主义经典原著，对马克思恩格斯列宁等伟大经典作家关于权威特别是政党权威的思想进行深入细致的归纳梳理。本书力图在忠于原著的基础上来形成观点，避免从二手或三手资料作归纳整理，尽量客观地还原经典作家关于权威及政党权威的主要思想，力戒对文本的碎片化解读。首先，着眼于所处时代背景来分析经典作家对权威的认识，而不是人为主观臆想地把本不属于他们的思想附加于其名下，曲解或割裂其思想。其次，对马克思主义经典作家对政党权威的思想进行挖掘、比较，寻求它们的联系与区别、共同点和异同点。最后，把马克思主义经典作家与中国共产党历届领导集体关于政党权威思想作归整与分析，从中勾勒和展现出经典作家政党权威思想一脉传承的景象。也只有借助文本分析法，关于政党权威思想的演进历程才有可能更好地得以再现。

2. 历史与逻辑相统一的方法

历史与逻辑相统一是学术研究中的主要思维方法。历史反映进程，逻辑表明位序。历史体现"实然"状态，逻辑则代表"应然"状态。历史与逻辑相一致反映的是主观认知与客观存在的内在统一。对党的权威问题要采取历史与逻辑相统一的方法来研究，特别结合中国共产党在革命战争和社会主义建设的不同时期的特点来综合考察党的权威问题，从纵向的维度对比相异的历史环境下党的权威的基本表征和社会反馈，实现对党的权威问题的原初认识和当下认知，也能进一步导引出执政条件下巩固党的权威的路径选择。

3. 理论与实践相结合的方法

中国共产党政党权威问题既是一个理论问题，同时也是一个现实问题。一方面，在权威乃至政党权威问题上，马克思主义经典作家以及中国共产党领袖集体形成了丰富且重要的思想。对当前政党权威的巩固研究离不开前人的理论积淀与理论指导，离不开他们关于权威问题的本质判断和规律分析。没有马克思主义经典作家就该问题的理论阐述作为基础，对政党权威问题研究将缺乏深厚的理论根基和科学的研究指南。另一方面，党的权威又是处在一个动态演化的过程中，是随着客观环境和时代背景的转移而变换的，不是一劳永逸的。更重要的是，在执政条件下巩固党的权威还面临着党自身建设存在的问题以及国内外等各种因素的巨大挑战。因此，对该选题的研究不能仅仅停留在理论梳理和理论把脉中，还应当有研究的问题意识，积极追踪影响和制约党的权威巩固的关键性问题，分析成因并寻求对策。所以，对该命题的研究要坚持理论与实践相结合的方法，坚持学术逻辑和问题导向相结合，以马克思主义的基本理论观照当代中国问题，又以现实问题的提出反观和追溯马克思主义理论的学理解释，在反对"唯理论"和"唯实论"的同时推动理论创新和实践探索的融合发展。

（二）创新之处

权威问题是任何执政党都无法回避且须认真面对的问题。对中国共产党而言，权威的维系涉及执政生命力和执政持久力的问题。因此对这一问题进行研究有着非常重要的现实意义。在前人的基础上，本书的创新之处具体如下。

第一，从新的学科研究视角、时代背景出发，梳理中国共产党政党权威的理论来源并分析其特点规律。

其一，从马克思主义中国化学科视角对政党权威问题进行论证和阐述。以往对政党权威问题都是从政治学、社会学等学科视角来分析，本课题的研究试图跳出以往的分析框架，对马克思主义经典作家以及中国共产党人关于权威特别是政党权威的思想进行系统考察和认真梳理，以寻求这一思想发展的清晰脉络和内在关联。从现有研究成果来看，对这一问题较为体系化的论述很少，更谈不上有代表性的著作了。这也恰恰是本书试图突破的地方。其二，在具体研究过程当中，把党的权威放置于长期执政的历史背景下来考察。目前，学界对政党权威问题的研究有一种现象，即不自觉地陷入就问题谈问题、就事论事的思维定式中，而忽略了权威问题所处的时代环境，因此所得出仅仅是一般化的结论。政党权威的建立不是一劳永逸的，因此对该问题的研究必然要在一个框定的时代背景下进行。本书意在突破的地方正源于此，即突出强调是在中国共产党的历史方位发生转变的背景下研究党的权威的新情况、新问题、新特点。其三，站在全面推进从严治党的战略布局下来研究该问题。习近平总书记强调，要"推动全面从严治党向纵深发展"。① 因此，要突出强调在全面从严治党的战略布局下党的权威构成的新要素、新特征；面临的新挑战、新考验、新趋势以及破解的路径遵循。就当前党的建设实践当中反映出来的许多问题来看，仍然存在管党不严、治党不力的现象，影响着党的形象的优化。全面从严治党的根本目的就在于巩固党的权威，巩固党在人民群众当中的威望。党的十九大报告指出："保证全党服从中央，坚持党中央权威和集中统一领导，是党的政治建设的首要任务。"② 巩固党的权威的题中之义便是维护党中央的权威，党中央权威得以维护，党的权威就能得以巩固。因此，从这样的视角出发来研究党的权威问题，方能显示出不同环境下巩固政党权威的特殊意义。

第二，从政党发展和政党建设的视角，提出党的权威应当实现转换，即党的权威更多地应体现为制度化的权威，以制度化、法治化的方式来赢得和巩固权威。

无论是政党现代化的发展还是国家治理现代化的推进都需要寻求法治化、制度化的轨道，党的执政行为自适性的调整更多地应当诉诸法治、制度以及党规党纪的力量，并以此来建立威信。具体来说，它至少包括三层含义。首先，党的活动方式、行动模式应当以法律为准绳，在其所规定的区间中行事，确保不越界。同时，各级党组织和全体党员没有也绝不可能有超越法律之上的特权。这一点较为契合全面依法治国的现实背景。正如习近平指出的："坚持依法治国首先要坚持依宪治国，坚持依法执政首先要坚持依宪执政。"③ 因此，有必要以塑造法的精神和尊崇法律的信仰来自觉规约党及党的干部的执政行为，从而建立起党的威信。其次，必须做到依章依规治党。党章是党内的最高根本大法，是全党必须遵守的总规矩。在地位上，国法高于党规党纪；在程度上，党规党纪严于国法。走向现代化的执政党和组织成员必须遵守党章、践行党章、维护党章，唤醒党员的党章意识、规矩意识，才能在优化执政形象中树

---

① 习近平：《决胜全面建成小康社会　夺取新时代中国特色社会主义伟大胜利》，人民出版社，2017，第61页。
② 习近平：《决胜全面建成小康社会　夺取新时代中国特色社会主义伟大胜利》，人民出版社，2017，第62页。
③ 习近平：《在庆祝全国人民代表大会成立六十周年大会上的讲话》，人民出版社，2014，第8页。

立党的权威。再次，党还应当努力寻求对制度的尊重、认同和完善。过去制度建设当中的问题之一就是重视要素建设，忽视体系建设，缺乏系统思维，制度不衔接、相互冲突，制度成了摆设。因此，要重视制度之间契合度问题的研究、重视制度之间融合问题的研究，促成制度合力，着力避免制度短板、制度离散等执行力缺失的问题。制度健全完善之后，党及党的干部都应当遵照制度的规定来行事，避免现实当中存在的随意性现象，进而使党的权威和党员干部的威信得以维护。此外，作为领导党和执政党，中国共产党的权威巩固还应当依靠柔性而不是刚性的力量来维系。从长期来看，执政党要赢得社会民众的权威绝不是靠强力，而是取决于非权力化的因素。而且，随着社会发展和进步，群众的民主意识、契约意识普遍增强。党只有尽快适应这一变化的趋势和方向，发挥党内协商、党际协商、党群协商等形式的作用，提高执政效率，才能巩固党的权威。

第三，从实现民众对执政党的持续认同的角度，提出巩固党的权威的战略和策略。

战略和策略问题是执政党建设必须重视且无法回避的问题。科学的战略和策略设计将确保执政党的长期执政；战略或策略的失误或偏离将给政党和国家带来不小的影响。从这个意义上说，巩固党的权威的战略和策略对于保持民众对执政党的心理认同意义重大。本书在巩固党的权威的战略考量上，提出要落实管党治党的党建战略、坚持依法治国的治理方略、提高执政绩效的发展战略、实施利民惠民的民生战略。这四大方面构成了党的权威巩固的战略保障，其中，落实管党治党的党建战略，目标在于从严加强执政党自身建设，优化政治组织的形象；坚持依法治国的治理方略，目标在于以党的执政方式的制度化、法治化来赢得权威；推进提高执政绩效的发展战略，目标在于以经济社会的快速发展充分展现社会主义制度的优越性，巩固党的权威；实施利民惠民的民生战略，目标在于满足民众的利益诉求，增强人民群众的实际获得感，进而增进对党的认同度。而从策略分析上，本书提出要处理好四个关系，即政党权威与人民民主的关系、政党权威与党内民主的关系、政党权威与领袖权威的关系、政党权威与政党监督的关系。这几对范畴之间既有联系又有区别，正确把握好它们之间的辩证关系才能更好地维护党的权威。这些战略考量和策略分析对巩固和拓展党的权威起到至关重要的保障作用。

可以这样说，政党权威代表了广大社会民众对政党的情感追随和心理向往，表征着政党在社会民众心中强大的位置感和坐标感。在战争年代，中国共产党以自己革命行动的正义性证明了在整个政治舞台中的强大地位，在与国民党的比较竞争当中赢得了最终的政治认同，在破解族权和主权的双重任务中促使党的权威就此达成。但是，政党权威的建立或许在一段时间内解决了党的向心力、社会的认同感的获取问题，却不意味着它们的可持续性问题也随之一并破解。也就是说，如果党不重视对权威的维系和巩固，就无法获得老百姓的意见和建议，无法公平公正地满足老百姓的合理要求，不注重社会生产力的推进和发展，党虽然建立了权威却同样面临权威被弱化或转移的可能。尤其把党放置于长期执政的历史条件下来考察时，就不得不进一步面对和分析社会环境置换之后可能影响党的权威巩固的各种风险、考验、挑战甚至挫折。

这一道理告诉我们，政党权威的非天然性和非恒久性，进而说明了政党权威巩固的重要性，也进一步表明了对政党权威问题的研究是有学术生命力的命题，更是当下党的建设问题研究中的学术增长点。如何更加深入地梳理马克思主义经典作家以及中国共产党人关于政党权威思想，是一个相当繁重且有难度的事情。同时，如何与时俱进地跟踪执政党自身发展现状以及所面临的执政环境的新情况、新特点，并以此为基础来思考和探索政党权威巩固的路径，又是一个重要的问题。党的十八大以来，党的建设各个领域的改革不断推进，全面从严治党成效卓著。但就当前的实践来看，仍然存在薄弱环节，影响着党的政治形象的进一步优化。全面从严治党的根本目的在于巩固党的权威，切实铸牢党在老百姓心中的社会公信力。党的十八届六中全会指出，"坚持维护党中央权威、保证全党令行禁止"。① 党的权威内在包含党中央的权威，党中央权威得以维护，党的权威就能得以巩固。新形势下全党都要进一步增强政治意识、大局意识、核心意识、看齐意识，坚定不移地维护党中央的权威和党中央的集中统一领导。因此，从某种意义上说，要确保拥有政党权威成为一种常态，就要使其始终处于不断维系和巩固当中，而研究这一命题同样

---

① 《关于新形势下党内政治生活的若干准则》，人民出版社，2016，第12页。

始终处于不断深化和拓展之中。对笔者来说，材料占有的局限以及马克思主义理论学养的不足，在一定程度上制约着笔者对政党权威问题研究的深度和广度。笔者所进行的研究工作，至多是在前人研究基础上的个人粗浅尝试罢了。

第一章
中国共产党政党权威思想的理论基础

马克思主义政党基本原理是中国共产党推进政党建设和政党发展的强大思想武器，是中国共产党政党权威维系、巩固和拓展的理论指南。国际共产主义运动史表明，只有以马克思主义政党学说和基本原理为价值指引，才能真正推动中国共产党在自身建设上遵循科学的方向和正确的道路砥砺前行。马克思恩格斯在革命实践中形成了独特、丰富的权威乃至政党权威思想，这对于中国共产党政党权威的维护和巩固具有重要的指导意义。列宁在领导俄国布尔什维克党的革命和建设实践中，就如何建立和维护政党权威作了非常深刻的论述，形成了有价值的思想。马克思主义经典作家关于政党权威的重要观点和重要思想成为中国共产党政党权威巩固的坚实理论基础。客观地、系统地分析和梳理马克思恩格斯列宁的政党权威思想，科学勾勒和描绘其演进理路、传承脉络以及历史局限，将在政党权威的理论溯源探索方面呈现出全新的研究景观。

第一节 马克思恩格斯政党权威的主要思想

马克思恩格斯对权威问题的探寻乃至对政党权威问题的思索以及最终形成丰富的思想，是在整个人类社会发展进步实践中逐步实现的。马克思恩格斯理论研究活动的根本核心价值取向在于，击碎旧制度、推动共产主义运动的发展。在这一基本逻辑背后，烛照出无产阶级伟大导师的崇高精神、忠贞信仰和博大情怀，以此为强大动力形成了关于世界观的科学指认，导引着无产阶级政党的革命实践并提供了无产阶级政党权威问题的研究土壤和基本情境。马克思主义权威观对权威及政党权威的本质特征和客观规律作了科学揭示和深刻阐明，为我们认识权威现象并指导政党特别是执政党权威巩固实践提供了理论基石，对处于长期执政地位的中国共产党加强自身建设必将产生积极、深远的影响。

一 领导革命和巩固政权需要权威

政党作为政治组织与其他社会组织的区别在于，它以夺权和掌权、参与政权为政治目的，代表着特定社会阶级或群体的利益和愿望。马克思主义政党从诞生起就毫不回避自己的阶级性即代表着无产阶级劳苦大众的利益，强调利益的一致性，并努力成为实现人的自由全面发展的联合体的工具。马克思恩格斯在领导和参与革命斗争实践中意识到，组织和引领广大社会力量开展革命解放运动对无产阶级政党的威望提出了更高的要求，能不能拥有强大的动员社会的能力是决定性的因素。所以，政党权威俨然成为无产阶级革命理论与实践当中被关注和探讨的重要问题。在领导无产阶级革命运动中，尤其是马克思恩格斯在反对和批判巴枯宁及其信徒种种错误思潮的斗争中，关于权威或政党权威的重要思想从萌芽状态逐步得以被详尽阐发。例如，针对无政府主义否定权威和吹嘘自由的做法，马克思指出这一思潮与社会化大生产要求相背离，是"在自由、自治、无政府状态的名义下加以神化的唯心主义幻想"。[①] 他们叫嚣"废除权威作为社会革命的第一个行动"[②]，鼓吹自由无组织的社会形态。对于这些荒谬的言论和思潮，马克思恩格斯以唯物史观为指导一一作了严厉驳斥和积极回应，并以总结巴黎公社的失败教训的例子旗帜鲜明地反证了权威的必要性。在1871年的一封信中，马克思指出："如果他们战败了，那只能归咎于他们的

---

① 《马克思恩格斯选集》第3卷，人民出版社，2012，第280页。
② 《马克思恩格斯选集》第3卷，人民出版社，2012，第277页。

'仁慈'。"① 缺乏必要的权威预示着第一个无产阶级专政政权短暂的生命力。恩格斯同样认为建成巴黎公社离不开革命权威甚至过于缺乏权威而使政权走向了灭亡。在1872年1月给卡·特尔察吉的信中,恩格斯谈论到革命权威的意义,认为革命的价值在当时高于一切,强过其他东西。他指出:"巴黎公社遭到灭亡,就是由于缺乏集中和权威。"② 在《论权威》中,恩格斯继续强调了革命权威无可置疑的价值,认为革命是以权威的方式迫使权威客体遵从和认同权威主体的意志,是以进步力量的权威消除落后力量的权威。在腐朽政治力量慢慢步入灭亡的革命前夜,任何组织分裂和个人意志无节制的宣扬都将成为无产阶级政党行动的桎梏。正是基于一场历史上由先进阶级推翻和消灭腐朽阶级和衰败政权的革命的事实,其艰巨性和挑战性意味着需要有统一的社会动员、一致的集体行动和坚如磐石的政治意志,借此确证了无产阶级政党领导革命运动与权威之间的正相关性。

马克思恩格斯权威观更多地是指政党权威或政治权威,巴枯宁反对权威的本质实际上是对无产阶级政党权威或政治权威的否定。关于权威,不但领导无产阶级革命迫切需要,而且维系政权统治也不能离开。恩格斯指出,政党取得胜利后,"必须凭借它以武器对反动派造成的恐惧,来维持自己的统治"。③ 这些认识都是从领导革命的失败中获得的启迪,暗示着只有塑造权威政党才能更好地维持政权。在革命胜利之后,无产阶级政党及其社会民众将承担着经济改造、政治改革、社会重建、民族融合等政权巩固的事务,甚至还包括镇压反动势力可能复辟的暴动等。正如马克思在总结巴黎公社经验时所指出的:"留待中央政府履行的为数不多但很重要的职能。"④ 承担上述职能更需要政党及其国家有必要的权威。恩格斯分别列举了社会化大生产中工业和农业的生产组织、铁路行业的协作运转以及航船的大海运行三个例子,说明了新生政权稳定后树立权威的必要性。就巴枯宁把权威等同于祸害,没有什么用的观点,恩格斯指出,工厂、铁路、

---

① 《马克思恩格斯选集》第4卷,人民出版社,2012,第494页。
② 《马克思恩格斯选集》第4卷,人民出版社,2012,第500页。
③ 《马克思恩格斯选集》第3卷,人民出版社,2012,第277页。
④ 《马克思恩格斯选集》第3卷,人民出版社,2012,第99页。

轮船等的运营，没有一样东西是可以缺少组织的，即不能"没有统一的领导"。① 这里的领导实际上意味着权威的建立，服从领导就是服从权威。可以说，不论是革命即夺权抑或是统治即掌权，无产阶级政党权威或意志集中是决定事业成功的关键，这是现代政党发展不可或缺的要素。

二 权威与自治既对立又统一

权威与自治或集中与民主问题历来是执政党建设中不可回避的问题，如何正确看待和把握这一对关系范畴不但关系到执政党党内的团结统一，而且也关系到党的革命和建设事业的兴衰成败。这样一对矛盾统一体之间具备了很强的哲学意蕴上的内涵指向。马克思恩格斯在领导无产阶级政党革命实践过程中，对权威与自治的关系问题也做出了明确的回答，在批判巴枯宁无政府主义思潮中以更为思辨的视角诠释和表达了权威与自治关系的辩证统一性。而巴枯宁及其信徒恰恰是忽视了这一点或者割裂了其内在关系，因而在处理两者关系问题上放大了无条件性或无限性，看不到事物的另一方面即有条件性或有限性，随即在认识权威与自治关系上裹足不前、故步自封。过于强调权威必然导致专制，反过来过于强调自治必然导致自由，两者之间应当是对立统一的辩证关系。两位伟大导师既反对无政府主义倾向，又批驳专制主义倾向的缘由正是基于此。

而这样一种基本态度和基本立场，无论是在国家治理还是在政党建设中都应当极力恪守和遵循。巴黎公社尽管维系的时间很短，但是作为无产阶级第一个政权其自治性得到显现。马克思指出："公社的存在本身自然而然会带来地方自治。"② 而最深层次的原因在于公社是充分反映和体现工人阶级和广大劳动者利益的自治政府，本质上是工人阶级当家做主的政权。例如，在官员的选举和罢免方面十分突出地反映了人民的自主意志和应有的选择权，"证明公社完全是一个具有广泛代表性的政治形式"③，有别于过去压迫性的政权。马克思不但论述了巴黎公社在国家管理方面的自治性，同时他还指出领导新型政权的权威性，即是高度自治和彰显权威的

---

① 《马克思恩格斯选集》第 4 卷，人民出版社，2012，第 502 页。
② 《马克思恩格斯选集》第 3 卷，人民出版社，2012，第 101 页。
③ 《马克思恩格斯选集》第 3 卷，人民出版社，2012，第 102 页。

有机统一。显然,新政权如果没有强大的权威,推动生产、恢复经济、繁荣文化、发展民主政治以及抵御外侵等一系列任务就难以实现。正是在这个意义上,权威和自治统一于新社会的重建之中。

无产阶级政党领导国家建设必须保持权威与自治的高度统一,无产阶级政党建设实践当中也应当重视权威与民主的内在统一。早在改组和创立共产主义者同盟时就贯穿着遵从权威、服从纪律的思想萌芽。1847 年的章程第一章第二条第五款明确指出:"服从同盟的一切决议。"① 同时章程还规定这样的条款,即违反盟约将根据具体实际永远脱离或是暂时离开组织。可以看出,上述规定反映了马克思主义政党成员服从组织权威的根本要求。1850 年 9 月,在批判沙佩尔集团的分裂行径时,马克思突出强调了中央委员会的权威性。随后,在与恩格斯的书信往来中,他就反对拉萨尔等人的错误思想和行为,表明了政党纪律对于维护党的事业的重要性和紧迫性。1872 年初,恩格斯的《桑维尔耶代表大会和国际》一文揭穿了巴枯宁及其追随分子的宗派主义做法,批判了支部无组织性和自由特性的表现,指出其结果是"以致它们不应该承认任何权威的领导机关"。② 恩格斯再次强调了政党权威问题,缺乏必要的集中,缺乏纪律的强调,我们的组织将会是一个"畏缩胆怯的而又阿谀奉承的组织"。③ 另外,马克思恩格斯主张维护党的权威是和民主、自治联系在一起的。马克思在致保·拉法格的信中揭露巴枯宁之流的阴谋时指出,在处理支部与总委员会的关系上,允许支部有自己的观点,但不能违背遵循同盟总章程的原则。恩格斯充分赞成并支持马克思的政治主张,他严厉批判了一股既否定权威又形塑自我威信的思想,在关于自由和权威关系上给予明确一致的回答,即认可联合会合法的行动自由,但是一旦违章,总委员会就将"履行自己的职责"④,即运用权威对其进行干预。几乎在同时,在致卡·特尔察吉的信中,恩格斯再次指出了缺乏权威将导致的结果,"不希望总委员会有任何权威"⑤,用支部自治的那一套主张则不可能抵挡住反动势力的介入。

---

① 《马克思恩格斯全集》第 4 卷,人民出版社,1958,第 572 页。
② 《马克思恩格斯全集》第 17 卷,人民出版社,1963,第 519 页。
③ 《马克思恩格斯全集》第 17 卷,人民出版社,1963,第 519 页。
④ 《马克思恩格斯选集》第 4 卷,人民出版社,2012,第 506 页。
⑤ 《马克思恩格斯选集》第 4 卷,人民出版社,2012,第 500 页。

三 权威要以民主为基础

通过前面的分析，我们知道，权威与自治是矛盾的统一体，自治应当有权威的保证，而权威不能缺少必要的自治，两者缺其一都不利于政党建设和党的事业的发展。两位导师在其革命实践和理论研究中不但论证了权威与自治、权威与民主间相互不可分离的性质，而且进一步阐明了权威应当是建立在民主基础上的思想萌芽。这可以看作马克思恩格斯对权威与自治、权威与民主关系认识的进一步深化，极大地丰富和发展了权威或政党权威的理论。

1885年，恩格斯在其文章中对维利希等人独裁专制的思想进行了严厉而深入的批判和回击，以委员会选举和罢免的事实驳斥上述思想的荒谬和不切实际，强调指出"组织本身是完全民主的"。① 换句话说，无产阶级领导革命和加强政党建设不能没有权威，但是它也应当是建立在民主之上的权威，否则将陷入专制主义或独裁主义的怪圈。这一基本判断对于纠正我们长期以来对权威及政党权威存在的误识起到了重要指导作用。威廉·李卜克内西在其整个的政治生涯中，与恩格斯有过多次书信来往，探讨共同关心的问题。恩格斯曾在给他的信中，通过强调党代表大会在党内应有的地位和威望的事实，间接阐明有关党的权威问题。例如，1894年底，恩格斯就在信中严厉批评法兰克福代表大会在面对党内存在机会主义、分立主义等问题时显得犹豫不决，行事不够果断。这从另一个侧面反映了恩格斯关于党的代表大会在党内拥有至高无上的权威性的思想，无产阶级政党的广大成员都应当无条件地维护和尊重党的代表大会的决议，并按照党的代表大会制定的决议行事，反对任何不利于政党建设、政党发展、政党团结的思想和行径。事实上，19世纪40年代制定的《共产主义者同盟章程》，对党代会和中央委员会就已经分别给予了党内权力机关和执行机关的明确定位。

另外，作为党内最高权力机构要充分履行职责必须充分发扬党内民主，而党内民主充分将是党代表大会的权威性和合法性的内在基础，这体

---

① 《马克思恩格斯选集》第4卷，人民出版社，2012，第207页。

现为党员拥有充分表达意见和建议的权利和机会。正如恩格斯所言："这样做任何时候都是必要的。"① 同时，恩格斯还认为无产阶级政党内部应当允许批评，这对政党建设和发展将产生积极的、正面的影响。在1889年给格·特利尔的信和次年给威廉·李卜克内西的信中，恩格斯反复强调和肯定了批评对于无产阶级革命运动和无产阶级政党建设的重要价值。马克思在给威·白拉克的一封信中，针对拉萨尔机会主义给革命政党造成的危害，他指出："人们显然是想回避一切批评，不让自己的党有一个深思的机会。"② 而一旦能够坚持这一点，"党该具有多么大的内在力量啊"。③ 不难得出结论，马克思恩格斯十分重视批评这一思想武器在政党自身建设中的运用，认为这对帮助无产阶级政党认清形势、规避错误思潮影响的价值极大。说到底，马克思恩格斯在强调树立权威的同时，更主张发展党内民主，认为权威只有建立在民主之上才可形成有效的影响力和向心力，离开民主的根基来建构党的权威则不可能形成真正意义上的权威，其结果将可能导致专制主义。不论是加强革命政党建设还是推动国家政权建设，这一因果逻辑都无一例外地适合并起作用。

四　反对盲目迷信个人权威

在政党权威问题研究上，如何正确对待党的领袖的个人权威一直是不可回避的重要内容，也是应当科学回答和厘清的重要问题。它不但关系到是否对党的领袖做出科学的、客观的评价，而且也与能否处理好政党权威和领袖权威之间的关系问题直接相连。在这个问题上，马克思恩格斯不约而同地阐明了同样的立场和看法，即崇尚权威但反对盲目迷信个人权威。而盲目个人崇拜的实质是把个人凌驾于政党之上，在党内形成不健康的领袖崇拜和迷信，不讲任何原则地、毫无根据地把个人的作用放大，甚至不切实际地吹捧，这对政党自身建设以及党的事业的发展较为不利。马克思恩格斯把树立权威和反对盲从权威恰当地关联在一起，有机地寻求其中的契合点，诠释了正确的、科学的、辩证的政党权威观。

---

① 《马克思恩格斯全集》第38卷，人民出版社，1972，第474页。
② 《马克思恩格斯选集》第3卷，人民出版社，2012，第355页。
③ 《马克思恩格斯选集》第4卷，人民出版社，2012，第614页。

首先，马克思恩格斯不盲目迷信前人的理论权威。马克思恩格斯在从事革命理论研究和革命实践探索中十分尊重前人的理论成果，既能充分吸收其中的精华，又能摒弃其不合理的成分，不做无原则、无阶级立场的吹捧和追随。例如，对于三大理论来源在科学社会主义创立中的历史贡献，马克思恩格斯毫不讳言给予很高的评价和充分的尊重。例如，没有黑格尔哲学，他们认为："德国科学社会主义……就决不可能创立。"① 与此同时，他们又鲜明地指出前人成果的理论缺陷和历史局限，并坚定地认为这些不足在实践当中是应当极力避免的。例如，恩格斯又指出："黑格尔的方法以其现有的形式是完全不能用的。它实质上是唯心的。"② 马克思和恩格斯正是在科学、客观、不加盲从地从前人成果中吸收合理内核和凝聚思想精华的基础上，批判性地继承前人的观点并且创造性地形成和发展了自己的思想。

其次，马克思恩格斯反对搞政党领袖个人崇拜。这一思想在他们批判英雄史观，主张历史活动的主体是人民群众的斗争中得到了很好的体现。"一切助长迷信权威的东西"③ 是马克思恩格斯在领导无产阶级革命运动中所极力回避和克制的，因为他们"都把声望看得一钱不值"。④ 他们认为，政党领袖和政党成员在党内地位上是平等的，没有高低之分。无产阶级政党应当坚持民主集中制。而追求个人崇拜是把个人权力放置于革命政党及其组织成员之上，与党内民主精神是背道而驰的。因此，在国际工人运动中马克思恩格斯十分注意并阻止对其个人神化的行为，特别警惕各种形式的阿谀奉承。1865年11月，在给威廉·李卜克西的回信中，马克思解释了没有宣读工人运动报告的原因——报告中对马克思本人的宣扬在其看来过头了。不但如此，马克思十分谦虚地认为他对德国工人运动支持力量有限，即使他前往柏林，"也谈不到做什么鼓动工作"。⑤ 不仅如此，马克思还婉言拒绝或委婉批评一些报社专门为其撰写评论文章以达到正面宣传马克思个人事迹的做法，并表示极为反感和不能接受。同样如此，个人崇拜

---

① 《马克思恩格斯选集》第3卷，人民出版社，2012，第36页。
② 《马克思恩格斯选集》第2卷，人民出版社，2012，第12页。
③ 《马克思恩格斯选集》第4卷，人民出版社，2012，第524页。
④ 《马克思恩格斯选集》第4卷，人民出版社，2012，第524页。
⑤ 《马克思恩格斯全集》第31卷，人民出版社，1972，第490页。

也从来不是恩格斯的行动信条，他反对对自己不切实际的、夸大的宣传，婉拒为他举行的庆祝诞辰的纪念活动，并表明鲜明的立场和一贯态度。1891年，恩格斯在给阿道夫·左尔格的信中指出，革命政党内位高权重的人，没有权利要求获得他人对自己的"温顺态度"。① 恩格斯更看重党内同志间的平等。这在他与其他革命政党领袖的书信交流、日常来往中都能充分体现出来。马克思恩格斯不但反对对自己的个人迷信，而且也坚决反对对其他工人政党领袖搞个人崇拜。例如，恩格斯针对工人运动中存在的对拉萨尔的个人迷信，直言要"一劳永逸地肃清有关拉萨尔的神话"。②

最后，反对党内迷信个人权威还体现在恩格斯对待战友马克思的理论作品及观点的态度上，他并没有因为马克思卓绝的历史贡献和与马克思之间的伟大革命友谊而一味地、不加思考地给其观点以认同和盲从。一方面，恩格斯始终捍卫、坚持和宣传马克思主义，高度肯定和评价马克思对无产阶级政党建设和事业发展的历史功绩，谦虚地把马克思和他之间比作第一小提琴手和第二小提琴手的关系，尊重和赞赏马克思在工人运动中的主要贡献。另一方面，恩格斯也没有把马克思当作圣人，对其观点全盘接受。例如，就特雷莫的生物起源问题的探讨，恩格斯与马克思之间的数次书信来往充分反映其崇尚和追求科学真理的态度，他直言不讳地表明与马克思相左的观点并最终得到马克思的认可。不仅如此，马克思的一些理论著作，恩格斯也对其进行了考究和修改，特别是在马克思逝世后，恩格斯在为其一些作品作序时指出其用法不妥当或不正确之处，甚至希望后人也能纠正马克思和他的错误。这些事情也能反映出恩格斯对待个人权威的科学态度和基本立场。

五 制定正确的纲领党才能真正获得权威

党纲是政党的政治目标、组织原则和行动逻辑的集中反映，是政党的政治意志和党派主张的具体体现。无产阶级政党的纲领具有鲜明的阶级性，表达和反映工人阶级的利益和愿望；无产阶级政党的纲领还具有高于

---

① 《马克思恩格斯全集》第38卷，人民出版社，1972，第73页。
② 《马克思恩格斯选集》第4卷，人民出版社，2012，第617页。

其他党派的先进性和科学性，在阶级立场和行动价值取向上必然超越走向衰败的、腐朽的政治组织。可以说，党纲是政党意识形态的高度抽象和思想凝结，它代表着政党的旗帜灵魂、精神指南和政治信仰。按照党纲的指引和宣传，政党唯有制定符合社会发展规律和政党建设规律的科学纲领，才可树立威望和收获信任并有效地动员和引领民众。在工人阶级政党组建发展的实践中，党纲的制定、党纲的执行、党纲的传播得到马克思恩格斯的高度重视。革命纲领的颁布，彰显了革命政党的性质和阶级立场，凝聚和整合着社会民众，这是政党建设和政党发展成熟化和科学化的表征。恩格斯在致爱·伯恩施坦的信中指出："如果建立一个没有纲领的党……那末这就不成其为党了。"① 可见，马克思恩格斯把是否制定正确的纲领作为政党的重要标志，看成政党拥有影响力和号召力即树立威望的显著特点。在此建党思想的指引下，首个无产阶级政党纲领——《共产党宣言》的问世，毫不掩饰地表明了革命阶级和革命政党的历史使命、责任担当和政治立场，展现出它强大的理论生命力和动员力。《共产党宣言》所折射和透视出的纲领的先进性和科学性，使其成为推动国际工人运动蓬勃发展的理论遵循和价值依规。按照马克思的观点，党纲的形成是政党发展水平和活动水平的"里程碑"② 式的标志，促使工人阶级和广大民众区分不同性质、不同主张的党派，并最终持久认同和追随无产阶级政党。而纲领如何制定得科学，恩格斯指出："总比没有纲领而只是表面上拥有一大批虚假的拥护者要强得多。"③ 这意味着，有了纲领，政党才能有所依靠和有所信任，党的权威必然也将得以建立和维系。相反，一个政党如果没有自己的纲领，则意味着政党建设目标和革命事业方向的虚无和缥缈，它就是个"潜在的党，而不是一个实在的党"④；或者党纲的制定背离社会发展客观规律，或者形成纲领后却又违背纲领等都将使政党丧失在人民群众中的权威，结果在推进无产阶级革命事业中"是不能带领他们前进的"。⑤ 在这里，马克思恩格斯把能否制定正确的纲领以及纲领形成之后能否不折不扣

---

① 《马克思恩格斯全集》第35卷，人民出版社，1971，第401页。
② 《马克思恩格斯选集》第3卷，人民出版社，2012，第355页。
③ 《马克思恩格斯选集》第4卷，人民出版社，2012，第555页。
④ 《马克思恩格斯选集》第4卷，人民出版社，2012，第271页。
⑤ 《马克思恩格斯全集》第35卷，人民出版社，1971，第402页。

地执行等问题,对革命政党能否有效生成感召力和向心力即塑造政党权威之利害关系阐述得非常清楚。而如何才能制定正确的纲领,马克思恩格斯也做出了明确回应。例如,为了清算拉萨尔机会主义思想,认清制定正确党纲对政党运动的重要性,马克思批评了拉萨尔在制定党纲时因无原则妥协和退让而致使许多错误观点也被写入其中的做法。因为那是一个"极其糟糕的、会使党精神堕落的纲领"①,它"既不谈无产阶级的革命专政,也不谈未来共产主义社会的国家制度"②。上述分析说明需要严格、细致且科学地制定党纲。马克思恩格斯认为,党纲应当从无产阶级革命运动的需要以及现实发展的实际情况出发,根据当时社会发展的物质条件,及无产阶级政党自身的状况来考量,即"因环境的改变和党本身的发展"③来制定。

第二节 列宁政党权威的主要思想

与马克思恩格斯所处的历史背景和革命环境不尽相同,列宁领导的布尔什维克党建立了第一个社会主义政权,一个由马克思主义政党夺权并掌权的社会主义国家。在领导革命和建设的进程中,列宁形成了许多党的建设和党的发展的思想。特别是在由革命党向执政党转变之后,面对来自国内国际各种因素的挑战,列宁对于如何继续守护政权和巩固政党权威提出了许多重要论述和重要观点。虽然领导无产阶级政党执政的时间不长,但在他短短的七年执政实践中,列宁在关于政党与政权、政党与群众、党内监督等关系到政党权威巩固的问题上都进行了深入细致的思考和有益探索,其思想观点成为列宁党的建设学说中相当有分量的、相当有价值的、影响至今的重要组成部分,对于指导中国共产党在长期执政条件下维护和巩固政党权威有着重要的意义。

---

① 《马克思恩格斯选集》第3卷,人民出版社,2012,第355页。
② 《马克思恩格斯选集》第3卷,人民出版社,2012,第373~374页。
③ 《马克思恩格斯选集》第4卷,人民出版社,2012,第271页。

一 党的领袖应最有威信

领袖是政党中承担领导、协调或指挥等职能并拥有统筹决断力的杰出表率。列宁认为领袖不是单指某一个人,而是一个整体,一个集团。领袖权威或威望的建立对于无产阶级政党的革命运动乃至政权建设都将起到正向的影响和积极的推动作用。正因为如此,领袖权威是无产阶级政党权威巩固的重要内容之一,成为人们关注的焦点。研究政党权威,必然离不开对领袖权威问题的分析和思考。列宁在领导俄国布尔什维克党的革命和建设中,一直较为重视政党领袖权威问题,在不同阶段从不同视角深刻阐述了政党领袖权威观。这对于纠正和统一当时全党和民众对党的领袖的认识,引导广大党员和民众正确认识政党领袖,维护领袖权威起到了重要作用,同时也就执政党领导集体和领袖个人如何正确保持在社会民众中的影响力问题表明了合理的看法和科学的观点。

在《我们运动的迫切任务》和《怎么办?》两篇文章中,列宁首先强调了政党领袖对于实现革命运动的有效组织和正确领导的重要性。针对党内存在的把领袖与群众相互对立起来,并以此彻底否定政党领袖作用的无政府主义思潮,列宁列举了俄国社会民主党及工人阶级推举革命领袖的现实意义。因为他们具备认清革命形势、把握运动规律、制定纲领策略等远见卓识,所以是俄国社会主义革命运动中不可或缺的关键力量和领导力量。正因为如此,列宁指出,政党领袖在党员和人民群众中享有权威,突出强调他们是政治集团中"最有威信"[1]的群体。同时,他还指出党的领袖应当具备"最有影响、最有经验"[2]的优秀品质。在这里,"影响""有经验"等词实际上仍然表明党的领袖应有威信。在《共产主义运动中的"左派"幼稚病》一文中,列宁在总结基本经验时,再次指出政党领袖对政权建设的重要意义,因为他们"有威信并且能带领或吸引落后阶层"[3]。1921年,工会问题引发列宁个人的思考,在论争中他借引托洛茨基本人的观点,说明选择有权威的干部的重要性,并指出"只有像托姆斯基同志这

---

[1] 《列宁选集》第 4 卷,人民出版社,2012,第 151 页。
[2] 《列宁选集》第 4 卷,人民出版社,2012,第 151 页。
[3] 《列宁选集》第 4 卷,人民出版社,2012,第 134 页。

样有经验有威信的人"①才能胜任。正是由于政党建设和政权建设对政党领袖的素质提出了更高要求,需要有崇高的威望和社会影响力,需要能掌握社会发展的规律和趋势,才能推动各项事业前进,所以"要造就可以信赖的、久经考验的和享有威望的好'领袖'是特别困难的事情"。②同年,在一封书信中,列宁再次表达了同样的观点,即"有极高威望的党的领袖"的选择和产生可不是一件容易的事情,而是一个长期的过程。这就需要经过革命斗争实践的洗礼,需要在艰苦的革命环境中磨炼,"使'领袖'受到考验"③,才能逐步成长并得到广大群众的认可,才能提出指导政党建设和国家建设的战略策略。

不难看出,列宁对无产阶级政党领袖权威问题作了很深入的思考,提出了许多有启发性和带有普遍指导原则的思想。正是在科学阐明政党与领袖、政党与群众、政党与党员等范畴的相互关系的基础上,列宁阐述了自己的政党领袖权威观,强调通过树立领袖权威进而维护和巩固整个政党权威,内在地把维护领袖权威和巩固政党权威有机联系和统一起来。特别需要指出的是,列宁不但强调要树立和维护政党领袖权威,同时也反对盲目的个人崇拜,并与之作坚决斗争。他特别批评了当时各种报刊对他本人的夸大宣传和抬高。在列宁看来,工人领袖不是什么圣人,不能被神化,否则将有害于党的事业的发展。而党内集体领导必须毫不动摇地坚持,这是根本原则。在此基础上,个人迷信才能避免,要正确维护领袖权威。同时,列宁还指出要防止另一种倾向,即攻击甚至否定领袖的贡献;相反要采取客观的、实事求是的态度对待领袖的错误并帮助他克服,从而牢固树立工人阶级的领袖权威和政党形象。

二 党执政依赖权威而不完全是强力

1917年后,俄布尔什维克党掌权,执政成为俄共要面对的首要任务。而究竟采取何种方式才能更好地实现共产党的政治统治,成为列宁需要思考的紧迫问题。在革命斗争时期,工人阶级政党必须采取暴力革命的方式

---

① 《列宁选集》第4卷,人民出版社,2012,第431~432页。
② 《列宁选集》第4卷,人民出版社,2012,第174页。
③ 《列宁全集》第39卷,人民出版社,1986,第45页。

才能推翻专制的反动政权的统治。但是由革命党向执政党转变之后，俄布尔什维克党及其成员应该怎样才能较快适应从革命环境向和平环境的转变、从革命思维向执政思维的转变，而不是继续停留在革命党的状态，以革命思维去带领广大群众推进国家建设，显然，这对于列宁领导的无产阶级政党来说，无疑是一个全新的命题，需要在实践中进一步摸索。

对此，列宁经过深入思考和摸索并做出清晰的回答：一方面，拒绝暴力革命，工人阶级政党显然无法夺权实现新的统治；但另一方面，工人阶级政党掌权之后巩固政权应当依靠党的权威或公信力，而不能完全依靠强力。例如，针对执政初期农业和农民问题中存在的许多简单、错误的做法，列宁明确表示不能动用暴力方式迫使群众屈从，否则将适得其反。在对待粮食和煤的分配问题上，列宁同样认为运用上述方式只能导致失败的结果，执政党应当学会采取恰当方式获得群众的真正的支持。俄布尔什维克党执政后的两年，列宁在一次重要讲话中继续表明，仅仅依靠暴力建设政权是愚蠢的想法，对于执政党执政必定是不够的。除了对付那些随时可能危及新生政权的破坏分子要采取暴力之外，党还要"有威望"，"得到群众的绝对信任"①，无产阶级政权的巩固取决于群众的信任。他特别强调了在革命与执政时期，无产阶级政党执政方式上的显著区别，即更多地要转向依靠树立和巩固党权威来获取群众的广泛心理认同，进而领导国家政权的建设和发展。这就有力地批驳了那些认为俄布尔什维克党维持政权单纯诉诸暴力的极端思想。列宁继续指出，暴力的作用有限也有其范围，共产党执政最根本的还是要依靠自身威望，靠"道义上的权威"②，以此来吸纳更多群众的追随和向往。换句话说，执政党维系政权、巩固执政地位最终取决于心理层面的因素，取决于群众对执政党的情感趋同——这和革命时期完全不同，尽管执政条件下对于倒戈分子还应当运用必要的专政。

既然权威对政党执政如此重要，那么如何才能正确运用并巩固党的权威呢？列宁也作了重要的分析和论述。他认为，加快经济建设是一个办法，那样"无疑会提高共产党员和共产党的威信"③。可以说，列宁是找到了执政后保持党的权威的根本途径。而在推动农业生产中，如果不懂经济

---

① 《列宁全集》第36卷，人民出版社，1985，第50页。
② 《列宁全集》第38卷，人民出版社，1986，第340页。
③ 《列宁选集》第4卷，人民出版社，2012，第83页。

规律，不具备专业技能，将"破坏无产阶级政权的威信"。① 在这里的政权威信实质上指的就是领导政权建设的俄布尔什维克党的威信。此外，列宁还在其他方面论述了政党权威的必要性。在《关于民族或"自治化"问题》一文中，针对莫斯科等城市人民委员部的分散带来的工作效率低下的问题，列宁表示，"能够靠党的威信在相当程度上加以克服"。② 执政党执政依赖权威而不完全靠强力的基本思想之所以重要，实际上反映了列宁对于无产阶级政党建设规律已经有了比较成熟的判断和准确把握，对共产党政党权威问题形成了较为科学的认识。而这些重要思想观点的凝结和达成，在很大程度上反映了列宁对革命环境和执政环境之间的显著差别的深刻分析和清晰思考。即便是在今天，在现代政党政治实践中，执政党维系执政地位确保长期执政，归根结底还是取决于其在社会民众中的影响力和感召力。这种力量说到底就是政党权威。人心向背问题必然是决定执政党能否实现长期执政的根本要素。

三　用铁的纪律维护党的权威

严明的党纪是维护和巩固党的权威的根本保证。特别是对于日益走向成熟的执政党来说，纪律更是维系党内团结统一必不可少的有力武器。实际上，马克思恩格斯在其从事无产阶级政党革命运动实践和理论研究中非常重视和强调纪律的重要性，但是限于当时的革命环境和任务，还不能就此问题作更详细和进一步的探讨。俄布尔什维克党成为执政党后，执政条件下政党建设成为摆在列宁面前需要思考的重要问题。列宁围绕该问题进行了大量的思考和探索，在政党纪律与政党权威、政党纪律与政党团结、政党纪律与反对宗派主义等问题上形成了比较系统的思想。其中，用铁的纪律来巩固政党权威、维护党的团结是核心观点，也构成了列宁建党思想和马克思主义政党学说的重要组成部分。1920年，他进一步强调，党的中央机关要成为"权威性机构"，就要"在党内实行近似军事纪律那样的铁的纪律"。③ 在俄共九大会议的中央委员会报告中，列宁指出，正是依靠党

---

① 《列宁选集》第 4 卷，人民出版社，2012，第 230 页。
② 《列宁选集》第 4 卷，人民出版社，2012，第 761 页。
③ 《列宁选集》第 4 卷，人民出版社，2012，第 254 页。

的纪律和威信，战时党的机关部门的思想统一和行动一致得以形成。在《共产主义运动中的"左派"幼稚病》中，列宁又把纪律问题与树立党的权威有机联系起来，能否实行铁的纪律决定着政党威信能否建立，决定着整个工人阶级队伍中领导集团的威望能否形成，从而最终直接影响着无产阶级政权的稳定。

实际上，不管是哪个历史时期和发展阶段，也不管承担的具体任务是什么，列宁都十分重视纪律对巩固政党权威的重要价值。在他看来，实现了这一点，俄布尔什维克党及其成员才能有统一意志和行动，才能成功夺权并顺利掌权，建立无产阶级专政。列宁认为拥有铁的纪律是俄布尔什维克党具备战斗力、凝聚力和号召力的标志，是保持和巩固权威的源泉。正如列宁指出的，"没有纪律，没有集中"① 根本无法完成革命任务；而推动经济建设恢复生产发展也"要有铁一般的纪律，铁一般的组织"。② 成就铁的纪律的政治组织，必然成就强大的政党威望，也就必然能够在不利的斗争形势和艰苦的执政环境下推动各项任务的完成。

列宁关于党纪与权威关系的思想折射出一个基本逻辑：纪律与政党的集中和团结密不可分。一个政党越是重视纪律建设，党的威信越易保持，党内统一越易达成；相反，越不注重纪律建设，政党就越容易削弱权威，也就越可能散漫分裂。从这个意义上说，严明党的纪律在于加强党内的集中和统一。列宁在领导革命和建设中就实施铁的纪律加强党内团结统一，反对分裂主义进行过坚决的斗争。例如，在《进一步，退两步》中，针对沃罗涅日委员会退党的谣传，列宁指出，与之相仿的分裂行为都应当被制止，因为那样"会多么有损于党的声誉"。③ 可以说，《进一步，退两步》是列宁论述加强党的团结反对党内分裂的重要代表作，他通过回击和批判马尔托夫分子机会主义思想，强调了无产阶级政党的组织性和纪律性，指出坚持党的团结统一对于巩固党的权威的必要性。正如列宁指出的，"工人阶级需要统一"④，党要团结，实现这些目标的唯一武器"除了组织"⑤，

---

① 《列宁选集》第 4 卷，人民出版社，2012，第 113 页。
② 《列宁选集》第 4 卷，人民出版社，2012，第 121 页。
③ 《列宁选集》第 1 卷，人民出版社，2012，第 520 页。
④ 《列宁全集》第 24 卷，人民出版社，1990，第 201 页。
⑤ 《列宁选集》第 1 卷，人民出版社，2012，第 526 页。

没有其他。而唯有纪律才能实现政党的组织化，政党组织化的形成也就意味着政党权威树立和巩固的可能。为了防止出现党分裂的危险，列宁还提出一些具体措施，如采取增加委员人数的办法，改革和完善党的机关的运行方式，切实"提高中央委员会的威信"。① 不难看出，在无产阶级政党建设的过程中，通过与形形色色的主义、派别的斗争，列宁旗帜鲜明地阐述俄布尔什维克党从建党到发展的不同阶段，铁的纪律对于维护党的集中统一、巩固党的权威的特殊意义。显然，这对于长期执政条件下中国共产党严明党纪、维护党内团结统一，力戒宗派主义、山头主义，增强政治意识、大局意识、核心意识、看齐意识具有重要借鉴和指导价值。

四 严格执行民主集中制维护党的权威

在继承马克思恩格斯关于无产阶级政党组织原则的重要思想的基础上，经过酝酿和探索，列宁在俄布尔什维克党的一大上首先提出了民主集中制的思想，对党的组织形式和领导制度作了进一步阐述，强调要把民主集中制贯穿于党的组织活动中，并作为建设无产阶级政党所要遵循的根本原则。这是列宁在同党内存在的分散性、小组习气等错误思潮的不断斗争中形成和确立起来的。列宁为什么如此重视民主集中制原则在党内的贯彻和执行？根本原因就在于领导革命和巩固政权的形势任务的迫切需要。因为这两项任务的完成都离不开一个步调一致、意志统一的组织化队伍。要形成这样的政治组织，就必须严格执行民主集中制，就必须实现党的集中统一。而党的集中统一也就意味着党的权威的建立和维系获得重要保证。换句话说，列宁把实行民主集中制当作巩固党的权威的有效制度保障。

1904年，针对党内存在的不愿遵循少数服从多数原则的情况，列宁特别强调了党的上下级机关之间的服从与被服从的关系，借此批判了无政府主义和机会主义思想。列宁指出，实行民主集中制使俄布尔什维克党变成"有组织的政党"，"思想威信变成了权力威信"。② 下级、少数、地方服从上级、多数乃至中央，是无产阶级政党在组织原则上与其他性质政党相区

---

① 《列宁选集》第4卷，人民出版社，2012，第743页。
② 《列宁全集》第8卷，人民出版社，1986，第366页。

别的根本标志。做不到这一点,就不可能叫真正意义上的党。相反,民主集中制一旦建立且坚持,整个政党的权威将得到维护。1920年6月,在共产国际二大上,列宁指出,作为无产阶级政党建立的组织原则,民主集中制必须坚持,只有那样,党中央才能拥有权威。1923年,在评价中央委员会时,列宁强调其"严格集中"且"威信很高"。①

从上面的论述中可以看出,列宁高度重视民主集中制与政党权威之间的逻辑关联——只有坚决按照民主集中制原则来组建政党,才能有效提高布尔什维克党的整体凝聚力和影响力。列宁对于民主集中制在政党建设和政党发展中的价值定位给予了高度的认可,就执行民主集中制对党的权威的巩固有很高的政治预期。对于民主集中制在党内的执行效果,列宁更多地从维护政党整个组织系统的统一性或一致性展开论述,较多地强调无产阶级政党在执行武装任务和国家政权建设中组织的集中性和统一性,尽管他对发扬党内民主也有许多重要的想法。在这里,强调集中才能调整和理顺党内关系和矛盾,开展正常的党内生活;集中象征威望的实现和维系。因此,我们完全可以得出结论,列宁坚定不移地强调和推进民主集中制原则的目的是实现俄布尔什维克党的团结和权威巩固。从列宁的建党实践中,我们看到集中制是先于民主制被提出来的,这当然与革命和执政时期不同的任务有关。正如列宁指出的,在革命战争时期,"不可避免地导致更加彻底地贯彻集中制"。② 但是,列宁所强调的集中与个人专断有着本质上的区别和完全不同的内涵。列宁关于严格执行民主集中制的重要思想为巩固政党权威提供了新的注脚。也就是说,坚持民主集中制的无产阶级政党,象征和体现着高度组织化的政治组织,必定在政党行动中演绎强大威力的同时,一并塑造政党权威和政党形象。

五 划分党政职责,改善党的领导,维护党的权威

党政关系即政党与政权的关系是政党执政实践中的重要议题。特别是对于执政党来说,科学认识和解决好政党与政权之间的关系定位问题,合

---

① 《列宁选集》第4卷,人民出版社,2012,第782页。
② 《列宁全集》第11卷,人民出版社,1987,第325页。

理厘清和分配权力边界，处理好掌权与分权的关系，实现领导方式执政方式的科学化规范化程序化都将关系到执政党权威的长久和巩固。在对待这一问题方面，列宁在领导俄布尔什维克党的建设过程中进行了大量深入的思考，提出了许多有价值的、重要的思想，这对于指导执政的中国共产党解决好当前党政关系存在的现实问题，进而巩固政党权威同样有着积极的意义。不得不指出的是，党政职责分工的出发点或落脚点首先是坚持党的领导而不是削弱党的领导，这是列宁关于党政关系思想的主要观点。在与包括托洛茨基等人在内的党内外各种派别错误思想的斗争中，列宁反复强调坚持和加强党的领导的重要性，强调要正确区分俄布尔什维克政党与苏维埃政权的关系，极力反对把两者对立起来的错误主张。正是出于对无产阶级政党与政权关系的清醒认识，列宁认为，只有破解党政关系中的突出问题，才能更好地发挥出党的领导职能，才能延续和巩固党的权威。1918年4月，列宁在《苏维埃政权的当前任务》中论述了俄布尔什维克党由革命党转变成执政党后需要完成的三大任务。其中，加强对国家的管理成为第三个中心任务。他指出了在这个阶段的主要特征，即"能够做到直接着手管理任务"①，"这是最困难的任务中的一项任务"②，因为领导革命的政党还没有大规模组织管理的任何经验。但列宁认为，"这决不是不可能的事情"③，而完成这项任务将能克服民众对国家机关的"不信任"。换句话说，如果能够实现对国家的有效组织管理，就能获得群众对苏维埃政权的信任，也将成功维系和巩固执掌政权的布尔什维克党的政治威望。

那么，执政党在执掌国家政权的过程中究竟会面临哪些问题？对此，列宁作了进一步的考察，并一针见血地指出，执政党常常被政权建设中的琐事分散精力，因而就没能把注意力有效集中到"总的作用""总的意义""总的任务"④ 上来。在这里，我们可以很清晰地看出列宁构建党政关系的思想萌芽，即执政党与它所领导的国家政权机关在各自的职责定位上应当有根本的区别。如果说上述论断反映了列宁对于党政关系的初步思考的话，那么随着革命战争的结束以及国家建设任务的不断推进，以党代政现

---

① 《列宁选集》第3卷，人民出版社，2012，第477页。
② 《列宁选集》第3卷，人民出版社，2012，第485页。
③ 《列宁选集》第3卷，人民出版社，2012，第494页。
④ 《列宁全集》第36卷，人民出版社，1985，第35~36页。

象在政治生活中的普遍存在，便更加促使列宁重视并从深层次上探索党政之间愈发严重的"不正常的关系"。① 正如列宁所言，把类似购买罐头等问题事无巨细地交由中央的做法应被制止，否则将影响和削弱俄布尔什维克党的领导职能的真正发挥，党的活动会陷入一种"琐碎的干预"②的状态，在造成国家机关工作人员官僚主义现象滋生和蔓延的同时，党的权威也必然受到挑战和影响。在俄共八大、九大、十大和十一大上，列宁均明确指出要区分执政党与政权机关的边界问题，"划分党与苏维埃政权的职责"③，不能混为一谈，两者之间应当是领导与被领导而不是替代与被替代的关系，更不是包办与被包办的关系。执政党需要做的是，不能陷入事务主义的怪圈，而要彻底回归党的自身功能。党的领导切实有效、科学正确，党在社会民众中的公信度就会与日俱增。通过列举顿巴斯的例子，列宁进一步强调执政党注重和加强对政权建设和学会国家管理的必要性。他甚至指出："我们的全部政治权力和中央的整个威信还不足以解决问题。"④可以说，俄布十一大政治报告是列宁深刻阐述执政条件下党政关系的一篇重要的纲领性文献。

既然政党与政权之间存在职责定位上的差异，不能以党代政或党政不分工，那么如何才能实现党政职责分工或者达到分合有度的状态？列宁对此也提出了制定正确的政策和策略、加强党的组织工作、加强机关部门的沟通、协调和配合等主张。例如，他特别强调要发挥苏维埃政权机关中党员的表率示范作用，以此来带动他人，影响周围的非党人员；通过执行国家机关的各项决议实现党对政权的有效领导。党的领导的加强和改善也将最大程度地维护和巩固党的权威，而权威的获取反过来又使执政党更易于实现对政权机关的领导。正如列宁所言："党的威信统一了各机关、各部门。"⑤ 特别需要指出的是，列宁并不是一味地坚持党政职能绝对区分，他认为在一些特定的情况下二者可以合并。例如，为了提高工农检察院的工作质量和效率，列宁就主张党政监察机关能够实现整合，共同协作。不管

---

① 《列宁选集》第4卷，人民出版社，2012，第696页。
② 《列宁全集》第43卷，人民出版社，1987，第64页。
③ 《列宁全集》第43卷，人民出版社，1987，第64页。
④ 《列宁选集》第4卷，人民出版社，2012，第690页。
⑤ 《列宁选集》第4卷，人民出版社，2012，第113页。

采取哪种方式和措施,列宁提出党政职能分开并允许个别部门机关交叉合并的思想,其根本的着眼点仍然在于坚持和改善党的领导,而最终的目的就是要造就和维护"一个最有威信的党的上层机关"。①

本章小结

在无产阶级革命运动和国家政权建设中,马克思恩格斯列宁就执政党建设问题进行了卓有成效的探索,形成了丰富的、有创造性的重要思想和重要观点,它们构成无产阶级政党建设原理的主要内容。在对无产阶级政党的社会认同或社会影响力问题上,马克思恩格斯列宁紧密结合其所处的时代背景和社会条件,对政党权威或政党认同的来源、形成、发展以及巩固等一系列相关问题进行了科学论证和深刻阐述。特别对历史方位分别处于革命党和执政党的不同背景下以及由革命党向执政党转变的条件下,如何正确把握政党权威的基本特点、构成要素、运行规律以及运用政党权威解决不同的条件下推动革命发展或加快国家建设等问题,伟大导师都进行了深入思考和积极探索。他们立足于政党与民众、政党与纪律、政党与领袖以及政党与政权等重要的关系范畴,对政党权威的生成和固化进行辩证、客观、合乎逻辑的分析和阐发,据此形成带有强大预见性、前瞻性的思想。伟大导师的政党权威思想是中国共产党巩固权威的重要理论指南和理论遵循,深入分析和认真研究他们关于权威及政党权威问题的科学思想,尤其是在执政条件下如何更好地维持政党权威的重要思想,对于指导我们有效维系和巩固党的权威、合理运用党的权威,真正赢得广大社会民众对执政党的心理认可,提升社会动员力和现实感召力,进而整合分化变迁的不同社会阶层的力量,共同实现执政愿景有着非常重要的现实意义。

相比较而言,由于所处的背景环境和所肩负的革命任务不同,马克思恩格斯还不能够拥有更多的时间和精力就政党权威问题作更为系统的研究,即便是已经无限接近和涉及政党建设和政党发展中的核心问题,但对一些问题的思考或许还存在这样那样的不足。然而,马克思恩格斯毕竟是

---

① 《列宁选集》第 4 卷,人民出版社,2012,第 798 页。

站在无产阶级整个运动未来发展的方向和无产阶级政党建设的更高视野上来把握问题的，因而能够对政党问题做出符合时代特征和历史背景的理论概括和理论抽象。学习伟大导师的思想，除了掌握基本论断外，更根本的还是在于形成看问题的世界观和方法论，并以此来指导新的实践。而俄国革命催生了真正意义上的社会主义政权，这也为列宁思考政党问题主要是执政党的建设、生存与发展问题提供了有利的政治环境。俄布尔什维克党所处的历史方位的变迁必然给政党权威的构建带来新情况、新问题。列宁在继承马克思恩格斯关于权威、政党权威的思想的基础上，对于执政的俄布尔什维克党如何巩固权威进行了卓有成效的思考和实践，提出了要加强党的纪律、执行民主集中制以及党政职责划分等重要观点和深刻见解。显然，列宁对政党权威问题的探索又往前推进了一大步，其重要思想至今仍然成为中国共产党加强自身建设过程中得以吸收和深化的理论指引。当然，作为世界上第一个执掌社会主义政权的政党，在当时的情况下探索政党建设必然受到来自方方面面的、国内国际的各种因素各种思想派别的干扰和影响。同时，列宁领导社会主义建设的时间也较为短暂。列宁在研究和思考政党权威问题上提出了大量有建设性的观点，但限于上述客观原因有的最终遗憾地未能被付诸实践。尽管如此，这并不妨碍我们对列宁政党权威思想的挖掘整理。正如前文所言，同样是革命党向执政党的转变并且同样是在执政的条件下，中国共产党应当如何在社会民众中维系恒久的威望和公信力，列宁的重要观点和论述为我们提供了很好的注解和参照。只有沿着前人探索的足迹继续前行，才能在正确的方向上持续追寻和深化探究党的权威问题。

第二章
中国共产党政党权威思想的历史发展和实践的经验教训

　　中国共产党政党权威思想是在继承伟大导师思想基础上的丰富和发展。在不同时期，党面临着不同的情况和问题，也经历着不同的风险和挑战。正是在面对和破解这些问题和挑战中，党的权威问题得以被重视，维护和巩固党的权威思想得以充实和发展。党的历届中央领导集体均对党的权威问题提出过重要观点和重要论述，它们之间形成一脉相承、与时俱进的思想体系。许多重要思想至今仍然十分鲜活和宝贵，并不因为时代发展而褪色，相反却闪耀着真理的光芒，显示出极强的理论生命力和时代穿透力，它们对长期执政条件下中国共产党政党权威的守护有着重要的指导意义。在这些重要思想的指引下，中国共产党在政党权威的建立和维护方面积累了成功经验。例如，通过加强党的自身建设、创造良好执政业绩、满足人们利益获得感等途径成功建立和有效加强党的权威，赢得人们的高度认同。当然，由于对共产党执政的三大规律的认识有一个由不成熟到成熟的过程，在党的权威实践上出现教训也在所难免。重要的是，只有从成功经验中寻觅规律、从失败教训中领悟道理，才能有助于新的历史背景下党的权威的延续、拓展和巩固，才能更好地保证党长期执政。

第一节　中国共产党政党权威思想的历史发展

在不同的历史发展阶段，党的权威思想有着不同的特质、有着鲜明的时代烙印，可以说在不同的历史时期各有侧重点，它们的形成发展与党所面临的不同环境和所肩负的任务紧密相关。但从总体上来说，不同时期的思想发展或思想演进都围绕着一个不变的核心内容，即确立、维护和巩固对党的认同而不能影响、削弱甚至丧失对党的认同。本章将以新民主主义革命时期、社会主义革命和建设时期、改革开放新时期以及党的十八大，以来为时间节点，分别对这四个阶段中国共产党政党权威思想的历史脉络进行分析梳理，旨在总结和归纳出不同历史时期有关党的权威的重要思想。

一　新民主主义革命时期的政党权威思想

从 1921 年党成立至 1949 年新中国成立，中国共产党历经长达 28 年的革命斗争，最终带领全国人民赢得新民主主义革命的伟大胜利，完成对守旧政权的颠覆和对新生政权的创建。尽管经历曲折、苦难，但中国共产党紧紧依靠人民，最终成功主导并赢得了这一场伟大的历史变革。在艰苦的革命岁月中，究竟是何种原因促使中国共产党在与别的政党、其他政治组织的比较竞争中脱颖而出，进而树立权威并最终赢得穷苦民众的信任和支持的？可以肯定，中国共产党从诞生伊始就重视加强党的建设，强调正确处理好党与群众的关系。中国共产党正是对内实现有效的组织整合，对外构建"鱼水"般的党群、干群关系，以党的威望的成功获取和恒久维系最大限度地保证有一支可靠的力量来共同完成夺权的政治目标。

从"打工豪分田地"到《土地法大纲》，中共的土地政策赢得了农民的认可，获得了源源不断的兵员、物资等支持，最终取得了新民主主义革命的胜利，政党权威也树立起来。

（一）领导正义战争使党在人民中赢得了威信

在新民主主义革命时期，关于政党权威思想大量来自党的第一代中央领导集体尤其是毛泽东同志的重要论述。中国共产党权威的生成一方面取决于对自身建设的足够重视，而另一方面则是在与国民党各方面的比较竞争中而展示出来的政治优势、情感优势和心理优势。很显然，中国共产党领导的战争其根本目的是解放穷苦民众，让受压迫的阶级成为主宰自己命运的主人，所以得到人民的普遍支持，也必然赢得人民的认可。党领导的革命战争的正义性、人民性决定着人心向背，也有效地建立起中国共产党的权威。1945 年 4 月，在党的七大开幕式上，毛泽东就中国前途命运作了深刻分析。在谈到历经战争磨砺、积累了丰富经验的共产党时，他指出，无论是哪一个区域，日本敌占区还是国统区，中国共产党在"人民中的威信也以现在为最高"。[①]同年，在一次重要会议上，毛泽东在分析抗战胜利后中国政治形势时又强调指出："我党在人民中的威信从来没有过现在这样高。"[②] 中国共产党政党威望的日渐增强在于一个基本事实，即党所进行的卓绝抗争是为全国穷苦民众争取光明的未来。毛泽东对中国共产党权威形成的基本判断是与对国民党反动政权威信丧失的分析联系在一起的。例如，解放战争胜利前夕，毛泽东综合分析敌我双方态势对比，强调战事格局向有利于正义的一方发展，得出的结论是反动势力穷途末路，必将彻底失败，因为他们"日益丧失自己的威信"。[③] 随后，在一次重要讲话中，他再次指出："国民党的威信已经丧失……我党则有极大的威信。"[④] 不难看出，在整个 28 年的革命斗争时期，中国共产党权威的生成与发展恰恰与国民党权威的受损和削弱形成鲜明对比。围绕两党在人民心中威望的此消彼长的变化，毛泽东同志及其他无产阶级革命家形成了关于中国共产党政党权威的初步思想。

（二）党要靠政治声望实现对政权的优势领导

政党与政权关系直接影响到党的权威的发展与巩固。即便是在革命战争年代，在中国共产党局部执政时期，党政关系也是不可回避的焦点问题。1928 年，在《井冈山的斗争》一文中，毛泽东比较了党委和政府在百

[①] 《毛泽东选集》第 3 卷，人民出版社，1991，第 1027 页。
[②] 《毛泽东选集》第 4 卷，人民出版社，1991，第 1131 页。
[③] 《毛泽东选集》第 4 卷，人民出版社，1991，第 1214 页。
[④] 《毛泽东文集》第 5 卷，人民出版社，1996，第 230 页。

姓中的不同地位。在他看来，党建立了权威，而政府却没有或不及党委，反差较大。应当如何解决好这个问题？处在革命党的历史方位下，中国共产党也在实践中进行尝试，并形成非常好的想法与做法。例如，在加强党对抗日民主政权的领导问题上，毛泽东指出，"不是要一天到晚当作口号去高喊"①，更不可能使用强制或威压的方式。他认为，党要以政策的正确和规矩的言行来赢得其他联合派别的认同。在这里，毛泽东实际上已经阐明了这样一个基本道理：党的权威的形成和维系不能诉诸压迫或强求，而是一种发自内心的遵从、向往和认可。1941年，邓小平进一步指出党在联合政权中实现领导的途径，即它有赖于党与群众交往当中所建立起来的情感趋同，从"所依赖的政治声望中去取得"。② 因此，党应当学会传播自身的影响力，散布自身的影响力，宣传党的主张，最终"提高其威信"。③ 换句话说，共产党政治主张的先进性和正确性使其在社会民众和党派团体中建立起强大的威望，并依靠这种威望获得对政权的优势领导。不仅如此，假如"做到这一步，而且政府威信和工作效率都会大大提高"。④ 在战争年代，我们从政党与政权关系的处理中分析出，党的权威要如何建立又应当如何发展的基本经验，这丰富了政党权威的思想。它为我们在新的历史条件下既科学地把握执政党与政权之间的关系，又正确地维护和巩固执政党的权威提供了较好的理论依据和参考价值。

（三）腐败不清除党会失去威望和民心

中央苏区时期，党的干部表现出了良好的作风，受到群众的赞扬。他们关心群众，与其同甘共苦，发挥模范带头作用。更重要的是，苏区干部手握权力却审慎对待权力，廉洁奉公，在对待衣食住行方面提倡节俭，不挪用公家的东西，不搞依法腐败。当然，客观地说，在革命条件下，中国共产党还没有完成夺权乃至全面掌权的任务，因此消除腐败并不是党的工作重心，或者说党还不能完全抽出时间来关注并思考权力的使用问题，也就不太可能对腐败与党的权威之间的关联进行过多考量。但是，这绝不意

---

① 《毛泽东选集》第2卷，人民出版社，1991，第742页。
② 《邓小平文选》第1卷，人民出版社，1994，第9页。
③ 《邓小平文选》第1卷，人民出版社，1994，第16页。
④ 《邓小平文选》第1卷，人民出版社，1994，第15页。

味着中国共产党对党内的腐化、贪污现象的容忍和让步。相反,高度警惕和防止贪腐是中国共产党的一贯作风。例如,毛泽东就曾表明反对这一现象的坚决态度,把它视同犯罪,强调"必须和这种党内的腐化思想作斗争"。① 1934年,他对在苏维埃政府工作的党员提出明确要求,指出了其必须具备的三个品质,其中第一个便是"十分廉洁"。② 不难发现,即便是在革命战争年代,在党的局部执政时期,中国共产党已经深刻意识到腐败对党的纯洁性与先进性的侵蚀,实际上暗含着对党的权威损害的忧患思想。在处理谢步升腐败案中,这一思想得到充分体现。20世纪30年代,谢步升担任中华苏维埃政府主席期间,利用手中权力侵吞钱财,贪污腐败。对此,毛泽东深刻指出:"腐败不清除……共产党就会失去威望和民心!"③ 这些论述说明了一个基本事实,中国共产党在艰苦斗争岁月中、在党初创时期就有对政党公信力、政党认同等相关问题最为初步的认知和判断,为执政后进一步深化对该问题的思考奠定了基础。

(四) 以民主集中制维护党的团结和统一

政党团结,党员保持对党的向心力,进而树立和巩固党的权威是政党发展的必然要求。以民主集中制维护党的团结统一是无产阶级政党加强政党建设、巩固政党权威的基本经验。在斗争年代,中国共产党加强自身建设除了自身的摸索外,还来源于国际共产主义运动的启示。党继承好的经验,在党内政治生活中强调和坚持民主集中制,不断增强党的生机活力,真正维系党的权威与团结统一。正如毛泽东指出的:"依靠实行党的民主集中制去发动全党的积极性……团结全党像钢铁一样。"④ 在他看来,民主集中制的推进使中国共产党拥有强大的内在向心力、聚合力,这对于确保党中央的权威乃至政党权威是有价值的。抗战初期,他进一步阐明民主集中制的内在逻辑关联及其对政党建设的意义。他指出,民主制是指什么,有什么内涵;集中制又是指什么,有什么内涵;它们有什么关系等:这些

---

① 《毛泽东选集》第3卷,人民出版社,1991,第793页。
② 《毛泽东选集》第2卷,人民出版社,1991,第522页。
③ 转引自李慎明《忧患百姓忧患党——毛泽东关于党不变质思想探寻》,社会科学文献出版社,2012,第26页。
④ 《毛泽东选集》第1卷,人民出版社,1991,第278页。

都"应看作是巩固党和发展党的必要的步骤"。① 不难看出，毛泽东强调坚持民主集中制对政党发展和政党统一的重要性，说到底仍然包含着维系政党权威的思想。在党的七大上，他继续强调，坚持民主集中制，党便拥有力量，党便能够团结，党便有战斗力。相反，不严格执行民主集中制，党内生活不健康，不可能有组织的和谐稳定，党的权威必然受到影响。党的六届七中全会就土地革命战争以来党内不正确的斗争方式指出，它"成了领导或执行'左'倾路线的同志们提高其威信"② 的办法。换句话说，增强党的权威是具有一定的客观规律的，而不是采取无序、无理性的甚至完全依靠错误的形式，因为它"取消了党内批评和自我批评的民主精神"③，而这"将损害党的政治威信"。④

（五）克服党内宗派主义、山头主义

党内宗派主义、山头主义的实质是分裂和削弱党的力量，结果必将造成党的权威的受损；而克服这一现象的根本意义在于实现党的整体凝聚力和公信力，增进党员对党的认同，从而保持党的权威和影响力。在艰苦的革命岁月中，以毛泽东同志为核心的党的第一代中央领导集体坚决反对党内宗派主义、山头主义，指出其存在的危害性，强调应当积极克服、反对这种不良倾向。这也成为在这个时期维护和巩固党的权威思想的重要内容。毛泽东特别强调，在党的干部政策和组织政策上要极力避免不正确的宗派倾向，党员干部"不要自高自大的宗派主义"。⑤ 他甚至写文章详细阐述这一不良倾向的种类、成因以及可能给党带来的危害，体现了中国共产党反对党内宗派主义的坚定政治立场。他一针见血地指出，"妨碍党内的统一和团结"⑥ 是最大危险，产生后果也较为严重，将可能"极大削弱了党"⑦。持宗派倾向的人在党内搞独立、闹派系，缺乏大局观，个人利益高于党的利益，最终影响的是党中央的权威和党的权威，影响政党存续和政

---

① 《毛泽东选集》第2卷，人民出版社，1991，第529页。
② 《毛泽东选集》第3卷，人民出版社，1991，第986页。
③ 《毛泽东选集》第3卷，人民出版社，1991，第986页。
④ 《毛泽东文集》第5卷，人民出版社，1996，第337页。
⑤ 《毛泽东选集》第1卷，人民出版社，1991，第277页。
⑥ 《毛泽东选集》第3卷，人民出版社，1991，第821页。
⑦ 《毛泽东选集》第3卷，人民出版社，1991，第987页。

党壮大。所以要将政党整合为一个整体，形成一个真正的政治组织，就要力戒"一切无原则的派别斗争"。① 从一定意义上说，对宗派主义的克服和抵制，反映了处在成长期的中国共产党对自身建设的重视，对政党建设规律的认识在逐渐加强。中国共产党维护和巩固政党权威还体现在对党内山头主义倾向的警惕和反对上。事实上，因区域、经历、部门的不同而形成相互间不团结的山头主义，在很长的时间里多多少少出现过，甚至比较严重。它与宗派主义之间有着相似的性质和表象，它的存在一样是影响组织肌体健康发展的因素，同样对党的力量的整合和凝聚产生影响。在《学习和时局》一文中，毛泽东指出其存在的历史根源，并强调应当克服和改正这种小团体主义的倾向。对党内宗派主义、山头主义的规避和克制，是革命年代中国共产党加强党内统一、壮大党的力量、维护党的权威的有益实践探索，有着现实指导意义。

二 社会主义革命和建设时期的政党权威思想

在革命党的状态下，尽管中国共产党积极推进党的建设，重视政党的生存与发展，但实事求是地说，当时党的首要任务是推翻反动统治、夺取政权，因此对党的权威问题不可能思考得很全面、充分、系统。而这一切都有待于中国共产党成为执政党后继续思考。党的政治角色的转变，即革命党向执政党的转变——世界上许多政党所未曾有过的经历，成为中国共产党巩固政党权威的新的时代背景。由夺权到掌权、由革命到执政的变化，给党的权威问题的思考铺垫了截然不同的环境和场景，也给党的权威巩固提出了新的挑战。中国共产党正是在应对挑战中继续丰富和发展政党权威的思想。

（一）官僚主义、命令主义损害党的威信

在革命战争年代，党只有寻求人民群众的保护才能获得生机，党在与群众关系上表现出明显的积极性和主动性。在执政条件下，党掌握公共权力，拥有强大的调配资源的能力，群众的生产生活反过来要依靠执政党。

---

① 《毛泽东选集》第3卷，人民出版社，1991，第822页。

在缺乏有效的制约和监督机制下，执政党如果不能清醒意识到这种变化，极易出现官僚主义、命令主义、文牍主义等不良倾向。应当说，对于政治方位由革命向执政的角色变迁而引致的挑战与风险，中国共产党的认知是及时的、清醒的、深刻的、有预见性的，并始终把反官僚主义作为追求。新中国成立初期，毛泽东指出党政机关存在问题。其中，脱离群众、高高在上、官僚主义、颐指气使等问题伤害了群众的感情，"大大损害了共产党的威信"。① 在中共重庆市第二次代表大会上，邓小平同样指出，官僚主义和命令主义是应当克服的严重倾向。它们的存在"损害党的信誉"。② 在这篇讲话中，邓小平严厉指出新的历史环境下党内面临亟待克服的问题，强调通过第三次整风运动来解决上述问题，维护和延续党的权威。1957年，在全国宣传工作会上，针对反对官僚主义到底会产生何种结果，毛泽东再次强调，这不但不会影响我们党在民众中的形象，反而"会增加党的威信"。③ 为了说明这个道理，他还引证革命年代的成功做法强调新时期继续开展整风运动的必要性、对党的权威的维护和延续的重要价值。新中国成立初期，中国共产党就能发现执政条件下党内滋生的错误倾向，旗帜鲜明地提出反对和遏制这种不良倾向，并使之与党的威望的留存联系在一起，充分表明以毛泽东同志为核心的党的第一代领导集体对于新环境中可能出现问题的高度预见性和敏锐性。

（二）树立群众观念才能增强党的威信

党群关系是任何执政党都需要面对的重要问题。构建和谐的党群关系，首要的是能够拥有正确的群众观念和群众意识。中国共产党作为唯一且长期执政的执政党，群众观念是立党之本、兴党之基。形成且培育这一观念，政党与群众才能水乳交融，群众才会认同党，进而筑牢党的执政基础。反之，群众观念淡化，群众意识冷漠，党群关系必然出现隔阂或背离，不但有损党的威望，还可能影响党的执政地位的巩固。新中国成立初期，在一次重要讲话中，毛泽东指出，"党有很高的威信"④，是因为党对

---

① 《毛泽东文集》第 6 卷，人民出版社，1999，第 266 页。
② 《邓小平文选》第 1 卷，人民出版社，1994，第 155 页。
③ 《毛泽东文集》第 7 卷，人民出版社，1999，第 274 页。
④ 《毛泽东文集》第 7 卷，人民出版社，1999，第 231 页。

人民的良好态度。在党的八大上,邓小平又指出,由于党勇于担责,勇于尽职,所以党在人民中间的威信增长。① 在这里,毛泽东和邓小平不约而同地表达了执政党及其成员对人民的基本态度,实际上强调了中国共产党及其各级党员干部必须有群众观念、群众观点。这是密切党群关系、树立党的权威的根本前提。相反,形不成群众意识,不贴近群众实际,不注意方法,不顾百姓利益,执政党及其党员干部的威望必然受到影响和削弱。邓小平进一步指出,在思想认识上假如仍然陈旧、僵化,在工作方法上假如仍然不能走群众路线,政党与群众的关系不会和谐,还可能"滥用党的威信"。② 1962 年,在中央工作扩大会议上,他又指出,党群关系处理不当,"滥用了人民对党的信任"。③ 不难看出,执掌政权后,中国共产党人依然把党群关系放置于非常重要的地位,把能否树立正确的群众观念与党的权威的巩固有机联系起来,构成了中国共产党政党权威思想的重要内容。

(三) 党的威信建立在民主作风上

尽管新中国成立至十一届三中全会前是中国共产党探索执政党建设的初始时期,但对党的权威问题已有较为具体的思考,特别能够紧密联系新的执政环境特点有针对性地提出政党权威巩固的基本思路。在这个时期,中国共产党把政党权威巩固与发扬党的优良传统结合起来,提出党的威信要"建立在民主作风上,建立在批评和自我批评的作风上"④,特别强调党的领导干部要带头把优良传统恢复和发扬起来,广纳群言,倾听各方意见,最终只会增强而不会损害党的威信。1957 年 5 月,毛泽东强调了发扬民主作风对提高党的权威的重要性。他在一次重要讲话中指出,党外人士和报刊媒体的批评,"对于提高威信,极为有益,应当继续展开"。⑤ 同年,邓小平在西安干部会议上肯定了执政的中国共产党威信很高,但是如果不能接受来自外界的监督,不扩大民主作风,也会出错。他强调应当高度警惕这个问题。他甚至列举山西某地在开展农业生产方面,不注意发扬民主

---

① 《邓小平文选》第 1 卷,人民出版社,1994,第 242 页。
② 《邓小平文选》第 1 卷,人民出版社,1994,第 218 页。
③ 《邓小平文选》第 1 卷,人民出版社,1994,第 301 页。
④ 《邓小平文选》第 1 卷,人民出版社,1994,第 309 页。
⑤ 《毛泽东文集》第 7 卷,人民出版社,1999,第 296 页。

作风，造成群众反映强烈，对党的形象也产生了很不好的负面影响。可见，毛泽东、邓小平十分重视革命战争年代的好经验好传统在新的执政条件下的继承和发展，强调忽视或丢弃这些历史传统，削弱执政根基、危及执政政权的风险将随时来临。实际上，"文化大革命"时期，党的民主作风遭到破坏，党的执政公信力也随之受到削弱；而改革开放后民主作风持续显现，"大大提高党的威信"。① 中国共产党初步厘清了发扬民主作风与巩固党的权威的正相关联系，对于推动执政党建设和发展意义重大。

三 改革开放新时期的政党权威思想

"文化大革命"后，国家的政治生态发展站在一个新的起点，执政党建设与发展也迎来全新环境和契机。与十一届三中全会前党的成长发展面临的曲折、受挫的境遇有所不同，中国共产党开始有时间认真思考究竟应该如何加强自身建设，如何维护和延续政党权威的问题。这段时间跨度相对较长，伴随着对执政规律认识和对社会发展规律认识的进一步深化，中国共产党对维护和延续政党权威问题的思考也更为辩证、更为理性、更为成熟，并形成了较为系统、科学的政党权威思想。

（一）坚决维护和加强党中央的权威

党中央权威的树立和维护是新时期政党权威思想的重要组成部分。它既关系到党内关系的调理，党的意志统一，一致凝聚力和向心力的达成，又关系到改革发展稳定的顺利推进。1988年，在著名的《中央要有权威》的讲话中，邓小平开门见山地集中阐明了这一重要思想和根本立场。他指出："党中央、国务院没有权威，局势就控制不住。"② 他认为任何事皆是如此，统筹沿海与内地共同发展的大局也是如此。20 世纪 80 年代末，在一次谈话交流时，邓小平就指出加快经济发展速度和维护党的权威，缺一不可。他认为应当高度重视这个问题，因为"有了这个权威，困难时也能做大事"。③ 对于这样一个问题的强调，对当时党内形成思想统一、步调一

---

① 《邓小平文选》第 2 卷，人民出版社，1994，第 165 页。
② 《邓小平文选》第 3 卷，人民出版社，1993，第 277 页。
③ 《邓小平文选》第 3 卷，人民出版社，1993，第 319 页。

致的政治氛围起到重要作用,有力地推动国家各项事业的改革与发展。江泽民、胡锦涛也多次强调,要坚持和改善党的领导,维护党中央的政治权威,"决不允许有任何破坏和分裂党的行为存在"。① 他们要求共产党员及干部都要保持高度的政治敏锐性,切实贯彻执行路线方针政策,"体现在自觉维护中央的权威上"②,"这是大局,是高于一切的"。③ 邓小平还认为不能把党中央权威和中央主要负责同志的威信分开,特别强调对领袖权威、领袖核心的树立和维护。例如,在对毛泽东同志的评价问题上,邓小平指出,要尽量客观、全面、符合事实,实事求是,不能夸大他的错误,否则"只能损害党和社会主义制度的威信"。④ 在谈到党的第三代领导集体建设时,邓小平强调"要注意树立和维护这个集体和这个集体中的核心"。⑤ 他从党和国家事业兴旺发达的高度出发,把加强党中央权威和领袖权威作为执政权威巩固的重要内容,同时又不止一次地指出不能过分突出个人的力量,因为把党和国家的命运寄托在个人的威望上"并不很健康"⑥,是"很危险的"⑦ 等。这体现了他在政党权威问题认识上的辩证思维。

(二) 腐败损害和降低党的威信

当摆脱了困难岁月的羁绊和束缚之后,特别是在各项事业深入推进发展、社会变迁和体制转轨中,执政党执政要面对一些此前未曾遇到的全新课题,许多新问题新挑战接连出现。计划经济时代资源稀缺,对人的诱惑力不大,腐败现象相对较少;而市场经济条件下资源丰沛,诱惑力之大前所未有,权力与资本粘连,不正当交易显现,区域性贪腐现象开始上升。面对这样一个挑战,中国共产党进一步明确了腐败必将损害党的威信、反腐败则恢复和巩固党的威信的重大政治共识。20世纪80年代末政治风波后,邓小平反思认为,群众对党的认同度下滑,关键缘由正是贪腐问题。

---

① 《江泽民文选》第1卷,人民出版社,2006,第251页。
② 《江泽民文选》第2卷,人民出版社,2006,第140页。
③ 《江泽民文选》第3卷,人民出版社,2006,第226页。
④ 《邓小平文选》第2卷,人民出版社,1994,第366页。
⑤ 《邓小平文选》第3卷,人民出版社,1993,第310页。
⑥ 《邓小平文选》第3卷,人民出版社,1993,第272页。
⑦ 《邓小平文选》第3卷,人民出版社,1993,第311页。

他认为这个现象再发展下去，后果必然危及党的执政，需要引起高度重视和努力寻求破解之策。1988年、1989年，针对部分党员因经不起执政的考验而腐化堕落的情况，江泽民指出，这种情况"损害党的威信"①"降低党的威信"②。这充分反映了在体制转轨和社会转型时期，中国共产党对党内出现消极腐败现象的高度重视，并且号召全党各级组织及党员干部警惕这一现象的发展态势，其意义在于直接关系到党的政治生命力的持久问题。中共十六届中央领导集体同样更加强调惩治与预防党内腐败行为。2003年，全国人才工作会议指出，这一问题"影响了执政党的形象和威信"。③ 2012年，就党面临的"四大风险""四大考验"，胡锦涛深刻指出："只有不断保持纯洁性，才能提高在群众中的威信。"④ 由此可见，改革开放以来，中国共产党对腐败给党的威信造成的危害和反腐败对于党的威信的提升的内在逻辑关系，有着非常清醒的认识和准确的判断，并由此形成了关于政党权威的重要思想。从更深层次上来说，中国共产党早已深谙其中的政治意义，即破除它对于执政党存续、壮大和发展的价值巨大，同时它还是收获持续的民意支持的重要砝码，绝不能忽视。

（三）群众利益至上党才有威信

最大限度地满足人民群众的利益诉求，中国共产党才能够延续并巩固执政威信。这是在这个时间跨度中党的权威思想的重要内容之一。特别是改革开放以来，随着市场经济的快速发展和社会阶层结构的急剧变迁，人民群众的利益需求多元多样。既有物质方面的需求，也有民主政治方面的需要，还有精神文化方面的需求等；既有相同的利益需求，也有相异的利益需求。中国共产党深深地认识到，利益问题解决得好坏直接关系到党在人民群众中的影响力。20世纪90年代初，邓小平就提出要通过实干和改革，以成绩真正取信于民。1996年，在一次会上，江泽民就农村农民生活困难问题指出，农民的实际问题解决不了，党"在群众中就没有威信"。⑤

---

① 《江泽民文选》第1卷，人民出版社，2006，第38页。
② 《江泽民文选》第1卷，人民出版社，2006，第98页。
③ 《十六大以来重要文献选编》（上），中央文献出版社，2011，第608页。
④ 《胡锦涛文选》第3卷，人民出版社，2016，第578页。
⑤ 《江泽民文选》第1卷，人民出版社，2006，第550页。

在党的十五大精神学习研讨班上，江泽民谈到了1991年在安徽党员干部帮助群众抗洪救灾的例子，指出正因为把群众安危冷暖记于心上，"那里的党组织在群众中的威信……高得很"。① 1998 年，在长江流域抗洪抢险总结表彰会上，他再次强调了执政的中国共产党为民谋利益的阶级属性和政治情怀。胡锦涛则强调"群众利益无小事"②，要把它作为全部工作的出发点和落脚点。2004 年，在同北京市基层干部座谈会上，他指出基层对中央政策的落实直接关系到群众切身利益的实现，"关系党在人民群众中的形象和威信"。③ 可以说，在新的社会背景下，特别是由夺权向掌权转变且持续执政的周期当中，中国共产党牢牢抓住党群关系的核心要义，一以贯之地坚持群众利益至上党的权威才能巩固的重要思想，始终把解决利益问题作为党能否赢得执政支持的根本标准，把群众的所思所虑所求所盼都了解在前头，解决在前头，才可做到以实际行动取信于民。

（四）发展生产力维护党的权威

"文化大革命"十年的混乱使我国的经济发展处于停滞甚至倒退状态，党的认同度受到冲击。邓小平指出，反党集团使党的威信受到影响，人民对党的认可程度有所降低；而"文化大革命"后，党的威信上升。因为中国共产党开始认真思考所肩负的使命，而首要的任务便是发展社会生产力，以经济建设的新成就来重新树立并巩固党的权威。中国共产党要追求的是生产力高度发达的社会主义制度，而不是贫穷的、落后的社会主义制度。这是在党的权威思想上的重要转变。1983 年，邓小平指出党的任务："一定要致力于发展生产力。"④ 在他看来，如果国家经济建设毫无起色，经济指标徘徊不前，长期停顿；经济增长乏力，没有办法保障和普惠民生，执政党的公信力必然受到质疑和挑战。2002 年，江泽民进一步强调了社会生产力发展的快慢问题对于执政党建设的重要意义，绝不可掉以轻心。因为这个问题，关系到"广大群众衷心拥护"⑤，关系到党的执政生命

---

① 《江泽民文选》第 2 卷，人民出版社，2006，第 146 页。
② 《胡锦涛文选》第 2 卷，人民出版社，2016，第 58 页。
③ 《十六大以来重要文献选编》（中），中央文献出版社，2011，第 363 页。
④ 《邓小平文选》第 3 卷，人民出版社，1993，第 28 页。
⑤ 《江泽民文选》第 1 卷，人民出版社，2006，第 633 页。

力，关系到党的权威的持久与巩固。2003年，胡锦涛再次指出，中国共产党能够获得民众持久性认同的决定性要素之一，在于对高度发达生产力的不懈追求。这是其增强向心力的成功之道。可以看出，这样的发展理念经历了一个演进的过程，从不成熟到逐步成熟再到日益定型，并最终成为我们的指导思想和行动指南。这充分反映了中国共产党已摆脱过去依靠政治运动来维系政党权威的思维，日渐深化对政党执政规律的认识，即要通过生产力的快速发展，创造聚集社会财富，并以此来普惠人民群众，带动利益获得感的普遍增强，来实现执政党政党权威的永续巩固和持久拓展。

（五）提高执政能力、执政水平，化解党的信任危机

执政与夺权一个很大区别就是，政党争取群众认同的方式明显不同。今天，中国共产党要巩固权威，一个重要的衡量标准就是其执政本领的高低。江泽民非常强调加强党的自身能力建设这一重要问题。这充分反映出这一代领导者强烈的危机意识、忧患意识，除了发挥革命历史传统作为党执政的正当性资源的影响力外，中国共产党已经意识到要诉诸执政方式的优化、执政素质的提升来维系和拓展党的权威。这是新时期权威巩固思想的重要内容。21世纪初，江泽民至少在两次讲话中提到"共产党的'信任危机'问题"。[①] 他认为这个问题应当引起全党的高度警觉，应当从当前党所面临的任务环境的变化中进行深刻反思，找到解决的办法。他在广东视察时又强调只有提高本领和能力"我们党才能永远得到人民的衷心拥护。"[②] 2001年，江泽民在南方考察时的讲话中指出，面对新情况新问题，改善党的领导方式提高执政水平成为当前党的建设的重大课题。以胡锦涛同志为总书记的党中央更加重视执政信任、执政向心力的问题。2005年，在十六届中纪委第五次全会上，胡锦涛指出，离开人民的信任和支持，党的执政能力执政水平将失去政治根基；党的执政能力执政水平降低，"那就会失去民心"[③]，失去信任和威望。2007年，他又指出，作风问题决定党的执政能力、领导能力，这是"评判一个政党是否值得信赖"[④] 的依据。

[①] 《江泽民文选》第2卷，人民出版社，2006，第553、565页。
[②] 《江泽民文选》第3卷，人民出版社，2006，第15页。
[③] 《十六大以来重要文献选编》（中），中央文献出版社，2011，第594页。
[④] 《十六大以来重要文献选编》（下），中央文献出版社，2011，第870页。

可以这样说，在当今快速变迁的时代，任何一个系统都在进行着深度变革和调整，执政党应敏锐地把握这种态势，包括国内国外的变化局势，始终围绕提高党的治国理政水平的中心任务，坚持以良好执政业绩收获民意、延续权威。

四 党的十八大以来的政党权威思想

党的十八大以来，以习近平同志为核心的新一届党中央在继承前人成果的基础上提出了许多新思想新观点新论断，进一步丰富和发展了中国共产党政党权威思想。新一届中央领导集体以破解"四风"顽疾为切入点，提出要严明纪律，严肃党内生活，不断增强制度法规的完备性，积极培育对法律的尊崇，维护司法权威等，切实推进全面从严治党，不断增强党的整体实力，形成强大的执政合力和执政竞争力，进而维系和巩固党的权威。这些思想的形成并付诸实践体现了执政的中国共产党强烈的问题意识和问题导向，对于指导长期执政历史背景下党合理运用好人民给予的权力，治理好政党和国家，继续保持在人民群众当中的高度认同感具有重要的现实意义。

（一）党的作风关系党的形象

形象关乎权威，权威外化于形象。从一定意义上说，政党形象等同于政党权威，政党权威可以根据政党形象来判定。换句话说，政党形象不佳，政党权威必定不强，习近平指出："党的作风是党的形象。"[①] 其中的逻辑是：党的作风好，党的形象就好，党就有权威；党的作风不好，党的形象就差，党就没有权威。党的十八大以来，习近平关于加强党风建设的新举措彰显和透射出其政党权威的基本思想。2013年，他在一次重要讲话中指出："工作作风上的问题绝对不是小事。"[②] 在他看来，党的作风问题解决不了，任不良风气蔓延和发展，党有失去权威、失去血脉乃至最终失去执政权的风险。也是在这次会议上，习近平同样指出，如果党员干部都

---

① 习近平：《在庆祝中国共产党成立95周年大会上的讲话》，人民出版社，2016，第23页。
② 《习近平关于党风廉政建设和反腐败斗争论述摘编》，中央文献出版社，2015，第6页。

能严格要求自己，率先垂范，那么"群众就赞许你、拥护你、追随你"①，党的威望就将大大增强。反"四风"成为新形势下党的建设、党的治理的重心，成为优化执政党的政治形象、拓展执政党的政治威望的切入点、着眼点。习近平强调："这样才能取信于民、取信于全党。"② 也就是说，无论是在党外还是在党内，抓好作风建设都将使执政党保有公信力。关于党的作风、党的形象与党的权威的问题，习近平非常透彻地论述了它们之间的相互关联性。不仅如此，他又从作风问题的深度剖析中，告诫全党作风建设的长期性以及党的权威巩固的相应恒久性等特点。例如，他一针见血地指出作风问题带有反复性、变异性等特征，因此强调要持续重视，从细节入手，长期跟踪。做到这样一点，政治组织的纯洁才有保证，执政党形象才能永久树立，执政党权威才能真正铸牢。

（二）加强和规范党内政治生活维护党的权威

党内政治生活是党员党性修养和党性锻炼的平台。党内政治生活的质量决定着党的凝聚力、战斗力，也决定着党的整合力和组织力，当然更决定着党的权威性和影响力。因此习近平特别强调，严肃党内政治生活应当摆在全面从严治党的重要地位，全面从严治党先要过好、开展好党内政治生活。它的各项要求和规定，各级党组织、广大党员干部都要遵守。他指出，领导干部威信的树立"同有没有严肃认真的党内政治生活密切相关"。③ 而从某种程度上说，党员干部言行举止代表着党的形象，党员干部威信高低必然也表征着执政党威信的高低。同样在这次讲话当中，习近平指出了党内政治生活的根本目的，即增进党内和谐，实现各级组织和党员同党中央保持一致。他强调："党中央权威，全党都必须自觉维护。"④ 党的十八届六中全会进一步明确提出："新形势下加强和规范党内政治生活……着力维护党中央权威。"⑤ 党中央的权威有了保证，整个执政党权威

---

① 《习近平关于党风廉政建设和反腐败斗争论述摘编》，中央文献出版社，2015，第71页。
② 《习近平关于党风廉政建设和反腐败斗争论述摘编》，中央文献出版社，2015，第77页。
③ 习近平：《在党的群众路线教育实践活动总结大会上的讲话》，人民出版社，2014，第19页。
④ 习近平：《在党的群众路线教育实践活动总结大会上的讲话》，人民出版社，2014，第20页。
⑤ 《关于新形势下党内政治生活的若干准则》，人民出版社，2016，第4~5页。

将得以顺利维系和巩固。就如何过好党内政治生活，习近平认为，要继续坚持和发扬党内三大优良传统作风，特别强调要用好批评和自我批评这个武器，使广大党员明辨是非，聚拢意志，增强党的意识，培育对党的忠诚和信仰。他特别指出，民主集中制"是党内政治生活正常开展的重要制度保障"①，要积极运用它维护中央权威和全党统一。党的十八大以来，习近平对于党内政治生活的倡导和推行，反映了新一届党中央对以往党内存在的民主不够或集中不够等问题以及由此带来组织内耗、合力降低、权威弱化现状的足够警觉。说到底，加强和规范党内政治生活的意义就在于，按照党内规则理顺党内关系，凝聚共识，维护和巩固中央的权威以及全党的权威。

（三）严明政治纪律维护党的权威

党的纪律包含多个层面、涉及多个领域，是一个体系。它们之间效用不同，各有侧重。但是，政治纪律是排在第一位的，起着牵头抓总的作用。换句话说，恪守政治纪律是恪守全部纪律的重要基础和根本前提。党的十八大以来，遵从政治纪律的重要性被多次强调，即它起着调控方向的功能，促使党员干部政治立场不动摇、政治信仰坚定，以此来增进和巩固党的权威。习近平以现代政党执政特点为例，说明严明政治纪律促成党内集中统一是普遍规律，要遵循这个规律。2013年，习近平指出："维护中央权威，贯彻落实党的理论和路线方针政策，是政治纪律。"② 这就说明严明政治纪律，首先体现为对中央大政方针执行的自觉性和坚定性。唯有如此，才能维护中央权威，进而树立和巩固整个政党的权威。在一次重要讲话当中，他列举了党内政治纪律意识淡化的种种表现，如对党的决策公开反对、阳奉阴违、打折变通等。这给党的权威造成极大影响，对政党组织形象的优化也形成负面效应，不利于政党事业的发展。他指出，维护全党的权威，加强党内团结统一，保持党内关系的一致性应当体现在全方位上，而不是某一方面或局部。2015年，习近平进一步指出违背政治纪律的乱象，即"团团伙伙、结党营私、拉帮结派"。③ 为此，他进一步强调遵守

---

① 《关于新形势下党内政治生活的若干准则》，人民出版社，2016，第22页。
② 《习近平关于严明党的纪律和规矩论述摘编》，中央文献出版社，2016，第17页。
③ 《习近平关于严明党的纪律和规矩论述摘编》，中央文献出版社，2016，第25~26页。

政治纪律五个方面的要求，其中摆在前两位的是维护党的团结和维护党中央的权威。党的十八届六中全会指出："纪律严明是全党统一意志、统一行动、步调一致前进的重要保障。"① 可以说，加强以政治纪律为首的纪律体系建设，充分反映了习近平同志为核心的新一届党中央防止和遏制党内离心倾向，增进党内统一、巩固党的权威的基本思想和鲜明立场。

（四）以制度的权威保障党的权威

制度问题的重要性毋庸置疑。制度的价值在于惩恶扬善，以此为导向引领人们规约自我。以健全完善制度为有力抓手，切实提高管党治党的实效性，是新一届党中央加强政党治理的突出亮点。坚持用制度管住一切，一切制度说了算，以制度为依归，以制度来保障党的权威，成为新时期中国共产党政党权威思想的主要内容和突出亮点。党的十八大后，习近平反复强调，当前存在作风问题、腐败问题的一个主要原因是制度机制存在漏洞，形不成必要的制衡效果。制度的权威立不起来，缺乏制度的保证，党内失序行为就容易产生，最终损害的还是党的权威。正如在中共河南兰考县委班子专题民主生活会上，他指出，现有制度并不少，却存在形同虚设的现象，那么"谁会把制度当回事呢？"② 在这里，他直接阐明了制度意识的缺失对于制度权威弱化的负面影响。不仅如此，习近平还进一步指出了在当前制度建设当中存在的各种问题，例如相互之间不能配套，综合效应不够；相互之间矛盾或冲突乃至效用抵消；可操作性不强、缺乏应有的执行力等。上述问题的存在不仅贬损着制度权威，也影响着反腐败的成效，进而影响着党的威望。2014年1月，他强调："要狠抓制度执行……让禁令生威。"③ 随后，他又说，要"坚决维护制度的严肃性和权威性"。④ 这些都反映出新一代领导者强烈的制度意识、规矩意识，在推进全面从严治党向纵深发展的过程中更多地强调依靠制度的法理力量来提升政党治理的成效，以制度的权威性来确保和巩固党的权威性。

---

① 《关于新形势下党内政治生活的若干准则》，人民出版社，2016，第16页。
② 《习近平关于党风廉政建设和反腐败斗争论述摘编》，中央文献出版社，2015，第128页。
③ 《习近平关于党风廉政建设和反腐败斗争论述摘编》，中央文献出版社，2015，第127页。
④ 习近平：《在党的群众路线教育实践活动总结大会上的讲话》，人民出版社，2014，第18页。

(五) 依章治党和依宪执政党才有权威

党的十八大以来,习近平多次指出,全体党员干部都要增强党章意识、法治意识,突出强调在党内要树立党章是党的根本大法、在全社会要树立宪法是国家的根本大法的理念,"依据党章从严治党、依据宪法治国理政"①,确保执政党的行动、党员干部的行为有章必循、有法必依,以执政行为的规约性、权威性体现、保证和巩固党的权威性。2012年,在一次重要讲话中,他指出,之所以出现部分党组织和党员违章、违纪行为,就是因为缺少党章是党法、党章是总规矩的意识,最终失信于民。所以,习近平特别强调要唤醒和树立党章意识,根据党章的要求和规定,去审视党员的行为和言论是否适宜,政治立场是否坚定;党组织同样不能例外。以贯彻和执行党章行为的自觉性、主动性和坚定性,把党员干部自身的威信树起来、立起来,把党的权威巩固好,保持下去。习近平不仅强调要依章治党,而且强调要依宪执政。这就是说,要使遵守纪律和遵守法律连接在一起,有机配合。达成此种状态,政党治理才能真正收获实效,真正维护党的权威。2015年,在专题研讨班上,他指出,不少领导干部不守法、不信法、不敬法等问题的存在,"影响了党和国家的形象和威信"。② 因此,从某种意义上说,对法的信仰和遵从就是对推动法治进程的执政党的敬仰,就是对执政党权威的维系。执政党依法执政首先是依宪执政,即必须在宪法和法律框架内履行执政职责、运用政治权力,而不能抛开它们或违背它们而形成以权代法的现象。习近平指出:"执法司法越公开,就越有权威和公信力。"③ 这里的权威首先指司法权威,但同时更指党的权威,因为在党的领导下公正司法公平执法,党的权威说到底也就有了保证。

第二节　中国共产党政党权威建立维护的经验教训

中国共产党已经走过 90 多年的历史进程。如果比照世界上执政时间比

---

① 《十八大以来重要文献选编》(上),中央文献出版社,2014,第91页。
② 《习近平关于全面依法治国论述摘编》,中央文献出版社,2015,第119页。
③ 《十八大以来重要文献选编》(上),中央文献出版社,2014,第720页。

较长的政党,如苏联共产党、墨西哥革命制度党、瑞典社会民主党等,中国共产党已经成功执政快 70 年,算是老党、大党、强党。审视中国共产党初创、成长、曲折以及日渐现代化的历史轨迹,我们可以清晰地捕捉到中国共产党人在革命、建设以及改革的不同历史时期,为适应不同的生存环境在塑造和维护政党权威上的不懈努力和积极尝试。如同客观规律所揭示的那样,上述经历虽然有过徘徊但前进的步伐没有停止,守护党的权威的实践探索既有成功经历但也不乏失败教训。不论如何,实践探索中的得与失都将成为长期执政条件下中国共产党继续巩固权威的宝贵财富。对党的权威建立维护中的基本经验与主要教训的梳理和总结,有助于党在新的历史背景下继续维系和巩固政治威望,对于进一步强化社会认同的现实价值值得期许。

一 中国共产党政党权威建立维护的基本经验

中国共产党是从最初的十几个人、几个党小组最终发展到今天拥有快接近九千万党员数量的超大型政治组织。① 党的规模的变迁、党的力量的增长、党的能力的增强,其中一个重要原因就是特别重视加强和改善党自身的建设,特别重视密切联系群众。从一定程度上来看,在党的权威形成维系实践历程中,成功的基本经验是居于主流的,教训是居于支流的,经验大于教训,所收获的一定大于失去的。否则,很难解释一个基本现象,即中国共产党不论作为革命党还是执政党,都能够得到广大人民群众长时间的支持和拥护,并助推革命事业的胜利和建设、改革事业的发展。对中国共产党政党权威建立维护中的基本经验的学理归纳,将成为党继续守护权威、巩固权威的有力理论参考。

(一) 思想理论的先进性凝聚党的政治威望

中国共产党诞生于内忧外患的社会环境中,在持续的抗争中不断地成长成熟,进而逐步确立起自己的政治地位。党把自己所追求的远大理想与广大社会民众的现实需求有机结合起来,并在此过程中不断展示和扩大自

---

① 根据中组部 2017 年 7 月的统计数据,全国党员数量为 8944.7 万人。

身的政治影响力和威望。这种影响力和威望的获取首先得益于中国共产党思想理论上的先进性和科学性。尤其在新民主主义革命时期国共两党竞争的状况下，它更是成为人们选择和追随共产党的根本缘由。马克思列宁主义在中国境内的传播和早期工人运动的兴起，催生了中国共产党。这一事实从根本上决定了推崇和倡导先进的、科学的理论指导，成为中国共产党区别于其他政治组织的显著标志，成为党在领导革命乃至日后建设、改革中必然的行事风格。

中共二大上，中国共产党不但提出反帝反封建的任务，而且还将其与未来社会主义革命的目标联系起来，初步认清最低纲领与最高纲领的关系。事实上，党对革命前途与革命性质的认识经历了一个曲折的过程，其间甚至受到各种错误思想的干扰。相应的，党的基本理论和指导思想也经历了一个由不清晰到逐步清晰的形成过程。正是在出错、纠错的不懈探索中反复证明了一条基本规律，即普遍原理必须与具体实际相结合，实现马克思主义的中国化。以此为基本指导原则，中国共产党完成对新民主主义理论体系的构建和阐发。新民主主义理论的政治意义在于指明了破解族权与政权双重危机的传统社会的根本出路，是瓦解国民党反动政权根基的理论创造。它的形成和提出标志着毛泽东思想的成熟。在此基础上，我们又形成了中国特色社会主义理论体系，它系统回答和科学阐明了社会主义建设中的一系列重大理论与实践问题，在指导我国社会主义建设和改革开放的过程当中同样闪耀着真理的光芒，实现了马克思主义中国化的第二次飞跃。

中国共产党是一个高度重视理论指导和理论创新的政党。人民群众判断党是否值得信赖和跟随也是从对党的思想理论的认识和判断开始的。新形势下习近平新时代中国特色社会主义思想作为最新理论成果，将指导党的建设和国家发展。实践证明，中国共产党政党权威能够树立和延续，与对思想理论的一贯重视和创新发展是分不开的。党的思想理论既坚持科学社会主义的基本原理，又具有鲜明的民族特色、时代特色，体现和符合三大客观规律的根本要求，并在实践中成为科学的行动指南。正是党的思想理论所展示出来的开放性、发展性表明其强大的生命力，也正是党的思想理论所展示的正确性、科学性、先进性使党在人们心中建立起强大的威望。

(二) 制定正确的土地政策赢得农民对党的拥护

费正清认为:"中共实际上是通过在村一级建立新秩序而生存下来。"①农民是一个庞大的社会群体。"三农"问题是核心问题,中国共产党时刻将其视为群众工作的重点。农业、农村发展,中国才可能实现全面发展,农民生活水平的提升关系到全国人民生活水平的整体提升。因此,党与农民的关系一直是中国政治的重要议题,中国共产党只有赢得千万农民的信赖与认可,才能铸牢在基层的政治根基,才能就此建立并维护党的权威;相反要是削弱在基层的政治信赖,失去农民的支持,党的执政地位将面临严峻挑战,何谈政党权威的维系。中国共产党深谙这一问题的重要性,从建党起就把解决影响农村发展的土地问题作为改善与农民关系的重要方式,紧密结合不同的时代背景、形势任务,适时调整和完善农村土地政策,实现对农村社会的整合和农民的再组织化,以满足农民利益诉求的实际行动维护、延续党的权威。

1927年,根据五卅运动后农民运动的态势以及广东等地农民革命的经验,中国共产党在党内首次提出农民的土地问题。八七会议明确了土地革命成为党领导革命斗争的主要内容,并在此后颁布了一系列土地法规。尽管受"左"倾错误的影响而存在一些问题,但总的来说在整个国内革命战争时期基本上形成了一套土地革命政策,即对贫农、中农、富农采取不同方式方法等。抗日战争时期,实行减租减息的土地政策;解放战争时期,土地革命向实现"耕者有其田"的政策转向。新中国成立后,从初期特别是农业合作化运动后农村土地集体所有制的建立,到1978年安徽小岗村家庭联产承包责任制的推行,再到2013年全国"两会"提出的加快农村土地确权工作等,充分表明中国共产党成为执政党取得长期执政地位后始终重视农民问题,并根据形势的变化进一步加强对土地政策的修改与完善。可以说,中国共产党在社会主义建设时期和改革开放以来土地政策的适时变更,有力地改善了农村社会各阶层关系,激发了农民投入农业生产的热情,扩大了党的群众基础和阶级基础,使

---

① 〔美〕R.麦克法夸尔、费正清:《剑桥中华人民共和国史·革命的中国的兴起:1949—1965年》(上卷),谢亮生等译,中国社会科学出版社,2007,第45页。

党的权威迅速树立起来。

回顾党的农村土地政策，不难发现一条基本经验：中国共产党抓住中国革命建设改革的中心问题，抓住中国社会最关键群体——农民的土地问题，使土地政策的制定和实施均朝着有利于解放和发展农村生产力的方向来进行，使政策始终围绕着满足而不是损害广大农民的利益需求来推进。依靠这一点，无论是在战争年代还是在和平时期中国共产党均成功实现了对农村社会的有效动员，在捕获民心民意的同时，自然建立和铸牢了党的权威和政治向心力。

（三）坚持党对统一战线的领导维护党的权威

中国共产党从一诞生起就是一个勇于担当的政党，就是一个立志推动民族繁荣复兴和国家发展进步的政党，这是中国共产党优于其他政治组织的先进特质。中国共产党要完成这样一个繁重的历史任务，可以依赖的便是包括统一战线在内的三大法宝。统一战线是在党的领导下建立的。当坚持党对统一战线的领导时，党的权威就能够维系，党领导的各项事业就健康发展；当党失去对统一战线的领导权，甚至成为其他政党的尾巴或随从时，党的权威必然受到影响，党领导的事业就要受挫或者失败。从一定意义上说，坚持党在统一战线中独立自主的领导权，确保了中国共产党在多党派联合中的权威地位，并通过这个地位有效地发挥作用。

从历史上看，尽管在当时党内存在各种争论，中国共产党建构政党联盟首先选择的还是国民党。虽然无产阶级领导权问题较早被提及，但获取领导权却不太容易，加之党内右倾机会主义错误的影响，中国共产党当时不善于处理党派关系，片面强调妥协和退让，结果丧失了革命的领导权。两个政党的关系难以维系，各自寻求发展之路。中国共产党建立起与工农联盟的战线，通过它发展起自己的武装力量，实施党的坚强有力的领导，开展有效的社会动员，如对乡村社会利益关系的重建与整合等，使群众最终接受和认同党，党的权威得以形成。抗日战争时期，中国共产党在严厉抵制关门主义之时，突出强调在统一战线中坚持党的领导权的极端重要性。它关系到党的政治声望，更决定着革命的成败。新中国成立后特别是改革开放以来，中国共产党领导社会建设、推动国家治理成长，依然是通过发挥党在统一战线中关键地位的作用来进行的，并逐步形成和完善中国共产党领导下的多党合作和政治协商制度。因为对中国共产党而言，还有更高远的奋斗目标等待其去完成，即要实现"两个一百年"的奋斗目标和中国梦。这就依然要坚持中国共产党在统一战线中的领导地位，依托和发动统一战线中的各方面资源，凝聚各党派团体的智慧力量，进而有效推进执政使命的完成。有学者指出："统一战线不仅解决了中国共产党中心化的问题，也解决了中国国家建设的问题。"①

中国社会发展的历史充分说明，党强则国强，党弱则国衰。历史表明，坚持党对统一战线的领导权，构建以党为核心的多派别政治联盟，树立起党在其中强大的权威性地位，将发展成为一个强大的民族性政党，有效实现对战乱频仍的旧社会的改造和对百废待兴的新社会的整合，成功指导中国社会的有序运转和向前发展。领导权威对政党而言，它培育起组织的凝聚力与号召力；对国家和社会而言，它建构和塑造起推进国富民强、事业发展的主导性和决定性力量。

（四）以领导政权的制度化建设维护党的权威

制度化建设的探索是现代政党运作中的普遍规律，也是政党树立和维护权威的常见办法。在中国共产党建立和守护政党权威的过程当中，制度建构和制度设计一方面除了体现为政党自身完备外，还鲜明地体现在国家建设当中。在后者的探索上，有学者甚至认为："在中国共产党建党前夕就有了初步的认识。"② 中国共产党依靠领导国家政权制度化建设的探索，创造了一种相对管用、高效、运行顺畅的模式，实现了国家治理和国家建设的程序化、规范化和合法化。因此，中国共产党领导政权建设的制度化努力，是赢得和延续政党权威的重要可靠性资源。

在八七会议之后，政权建设成为中国共产党亟须解决的问题。第一、第二次全国代表大会对新型政权体制作了规定，颁布了组织法和宪法草案，初步规定了政府各机关的职责；创建出符合当时实际情况的选举制度、军事制度等，具有开创性的意义。1937年，随着陕甘宁边区联合政府的成立，各地抗日民主政权陆续建立，新的政治制度对时局发展产生了重大影响。特别是

---

① 肖存良、林尚立：《中国共产党与国家建设——以统一战线为视角》，复旦大学出版社，2013，第304页。
② 陈安丽、徐秀春、张秀芬：《中国共产党建政史》，大象出版社，2014，第1页。

在民主制度的改革方面，产生了处理阶级关系的"三三制"原则；创建了参议会制度等。解放战争时期，人民民主政权的制度建设有许多特点，如人民代表会议成为根本政治制度，以法律形式实现少数民族自治的制度化。同时，大行政区、军管会等制度被建立起来，并且推广开来。

在国民党统治的政治体制下，中国共产党的政治地位尽管未被认可，但是中国共产党在其局部执政区域所领导的政权建设的制度化尝试却有着深远的政治意义，我们绝对不能忽视这种努力。从某种程度上看，执政前凝聚的经验认识成为执政后党继续推进和完善新生政权建设的基础，构成了我们优化政治制度设计的根本遵循。更为重要的是，以此为基础，我们逐渐建构了一种契合本国实际情况的、有鲜明表征的政权制度。例如，全国人民代表大会行使国家权力，并科学界定和分配国家的各项权力，形成各司其职的"一府两院"的体制架构，创立起较为成熟的国家权力分配管理体系等。实践证明，中国共产党领导的国家政权制度化建设，确保了中国国家结构的科学性和稳定性，在国家政治生活中发挥了重要作用，在推进国家现代化中展示出制度优势和制度威力。正是由于制度设计本身的优越性、先进性和合理性，中国共产党才有了强大的道义支撑和心理认同，党的权威也就得以维护和增进。

（五）加强党的自身建设维护党的权威

90多年的历史征程中，中国共产党成功实现了从幼小到强大、由初创到成熟、由夺权到掌权的蜕变，一个根本原因就在于高度重视党的自身建设。不管是处于血雨腥风的年代还是处于和平发展时期，马克思主义政党的建党原则都是中国共产党完善自身的重要原则。以此为根本遵循，党始终把自我净化、自我完善、自我革新、自我提高作为一项重要任务来推进，真正体现了无产阶级政党高贵的政治品质。正是拥有其他党派或政治团体无可比拟的优势，中国共产党在面对不同的历史环境和面临不同的历史任务时，才能够始终如一地充分显示出别人所不具有的先进性、纯洁性、前瞻性，也就能在党内和党外有效地树立、维护党的威望。这是一条颠扑不破的基本经验。

党在创建时期就十分重视加强自身建设，并迅速获得了工人阶级和其他群体的信赖，这也为日后引领中国革命奠定了坚强的组织保证。大革命时期，党在复杂斗争中开始注意加强思想建设和组织建设，初步建立起组织制度，首次阐明"一切工作归支部"①的观点。尽管由于认识上的不足，在发展组织和党员中也分别存在关门主义和"唯成分论"的倾向。事实上，由于革命的任务、党的发展状况以及党员素质等问题，思想建党成为新民主主义时期党的建设的重点。但这并不能掩盖党在制度建设上的贡献，如对党内民主集中制的强调、对党的革命纪律的强调都成为这个时期的重要内容。而执政地位的获取，使党面临着全新的执政环境和执政挑战。面对这种挑战和风险，针对党内存在的政治意识淡化，不讲政治的问题，中国共产党提出要把党的政治建设摆在首位；针对党员干部中存在的"官老爷"现象，以及可能产生与百姓的距离越来越远的事实，提出要始终抓好党的作风建设；针对基层党组织的软弱涣散现象，提出要加强党的基层组织建设；就党员能力素质与形势发展要求不相适应的问题，提出要持续加强党员队伍建设；就权力腐败问题，提出要加强反腐倡廉建设；就执政行为的规约性、合法性、稳定性问题，提出要加强制度建设，并使之贯穿于其他领域的各项建设之中，等等，逐渐形成五大建设良性互动的格局。

习近平指出："党和人民事业发展到什么阶段，党的建设就要推进到什么阶段。"② 中国共产党对党的建设的重视和推进，是以维护和优化整个政治组织的形象为出发点和落脚点的，是以树立和保持党的权威和公信度为根本价值依归的。事实反复证明一条基本经验：中国共产党越是重视自身建设，就越能保证组织肌体干净，党的自我调适的水平就越高，社会民众对党就更加信任，党的权威自然能够维系。什么时候党的建设弱化或被忽视，党就可能失去先进和优秀的品质，就可能缺失高超的领导力和执行力，党的形象就面临受损的危险，党的权威便不可能持久。

（六）以革命建设改革的成功业绩确立和维护党的权威

中国共产党政党权威确立和维护的过程，实际上是人民群众认同、接纳并追随党的过程。不管是在艰苦的斗争岁月，抑或是在成功赢得政权的

---

① 中共中央党史研究室：《中国共产党历史》（第一卷）（1921-1949）（上），中共党史出版社，2011，第187页。
② 习近平：《在庆祝中国共产党成立95周年大会上的讲话》，人民出版社，2016，第22页。

初期，还是在我国经济社会发展进入快速发展的阶段，中国共产党总是以坚如磐石的意志、高远的政治理想和为民谋幸福的政治情怀去努力完成不同时期所肩负的任务和使命，以出色的业绩凝聚全党全国各族人民的政治向心力。中国共产党威望生成和延展的成功之道，便是把为之奋斗的目标与人民群众的需求有机结合起来，使党的纲领路线方针政策的制定都能体现和反映人民群众的愿望和要求，都能代表人民群众的呼声，这就必然能够赢取社会广泛的拥护和支持。

在斗争岁月里，党的权威来自其领导的社会变革的正义性。在对内受压迫、对外受欺侮的背景下，摧毁旧社会制度对民众的奴役，彻底恢复广大民众的主人翁地位；打破国际反动势力对整个民族生存空间的挤压，彻底恢复国家的独立、自由和尊严是中国共产党领导的政治抗争的根本目的。事实上，党领导的革命事业的成功使党建立起极高的威信。社会主义革命和建设时期，由于对由革命向执政的地位转换的认识还处在逐渐深化中，也出现了一些曲折失误。但中国共产党在建立国家经济新秩序、推动经济社会的快速发展，在推进反"四风"行动、正确处理人民内部矛盾，在加强新生政权的维护、取得抗美援朝战争的胜利，在维护国家主权、发展和平外交事业等方面均取得了显著成绩，进一步保持和维护了中国共产党的权威。改革开放和社会主义现代化建设新时期，党的各项事业在拨乱反正中开始摆脱困境、向前发展。制定和规划国家发展战略，纵深推进社会主义市场经济体制改革，努力加快法治国家、法治政府的建设，繁荣文化事业，推进社会建设和生态建设，提高党治国理政的水平和应对风险、自我净化的能力。人民群众从党所领导的各项事业改革中普遍受益，中国共产党政党权威进一步增强。

总之，上述分析论证表明一个基本规律，党的权威不可能天然获取，当然也不可能恒久持续，而是依靠党不断创造业绩造福人民、普惠人民才能真正确立并持续保持。中国共产党准确地把握了人民的认可与政党生存、政党执政的利害攸关，在赢得国家政权之后继续通过发掘有利于党长期执政的有效性资源，即以执政绩效的不断提高来回报人民，取信于民。正因如此，中国共产党总能在各种风险考验中保持在人民心中的影响力，总能得到社会各阶层民众的信任与追随。

二 中国共产党政党权威建立维护的主要教训

按照辩证唯物主义的基本原理，事物发展的演进路径是呈螺旋上升式的，在此过程当中会有曲折、失误甚至失败，当然这并不能阻止代表未来先进发展方向的新生事物的前进趋势。中国共产党政党权威树立、维系和延续的过程，不但有能够指导今天实践的启示，而且也有我们应回避和克服的地方。在新形势新任务新环境下，我们在吸取根本经验之际，也需要对历史教训有客观分析和深入探讨。从某种角度来看，散布权威的实践中的历史教训所折射出来的深层次问题，更值得党在长期执政条件下推进政党建设和政党发展、巩固政党威望时时刻警惕并极力避免。对历史教训的深刻反思有助于新形势下中国共产党在巩固和拓展权威的过程中走出一条科学的、符合规律的道路。

（一）党内"左"倾错误损害党的权威

党的历史上，"左"倾错误思想在党的革命、建设事业当中出现过。"左"倾思想的基本特征在于背离社会现实，不顾客观环境已经发生变化了的实际，急于求成，对困难缺乏充分估计甚至轻视之，在实践中采取冒险的策略等。在革命和建设中，"左"倾错误思想曾经严重影响党的指导思想和行动路线，给党的事业发展造成极大破坏，损害了党的形象和党的权威。这个教训值得我们深思。

八七会议后，党内"左"倾思想开始蔓延，幻想以武装暴动推翻反动政权，结果犯了"左"倾盲动错误，党的威望受到影响。1930年，李立三等人对革命形势发展作了错误估计，认为党不需要积聚革命力量，当前任务是进行城市武装暴动。"左"倾冒险错误使许多省委机关遭到破坏，党组织受到冲击，党员被捕，革命事业受到很大损失。随后，以王明为主要代表的"左"倾教条主义在党内抬头，占据时间长达四年。无论是在思想建设还是在军事战略上，"左"倾错误的影响和危害都达到极深程度，给党造成重大损失。党内"左"倾错误对社会主义建设事业也造成严重干扰，党的权威一度受到冲击。例如，新中国成立初期"大跃进"和人民公社化运动存在的问题，就反映了党脱离实际的问题。八届十中全会后，两大阶级、两条道路的斗争被提及。党在阶级斗争问题上"左"的思想的系统化,为政治上的"左"倾作了理论准备。1963年至1965年社会主义教育运动以及思想文化领域的过火批判是"左"倾错误的延续。这些都对后来中国的政治走向形成较大影响,最终导致"文化大革命"的发生。它"使全国人民艰苦创建的社会主义事业遭到前所未有的浩劫"①,政党形象受到影响,政党权威受到削弱。

历史教训深刻揭示出,"左"倾错误思想脱离客观实际,割裂理论与实践的关系,不能实事求是地看待和解决革命建设改革中出现的新情况新问题,却采取教条主义、绝对化的思维方式认识问题,甚至无限放大和激化矛盾,以偏概全、以点概面。再加上在革命和建设事业探索过程中,党对形势的分析和判断缺乏经验,对革命规律、社会主义建设规律的把握不够成熟,这就完全可能给党的事业发展造成损害,影响党的声誉。邓小平指出:"中国要警惕右,但主要是防止'左'。"② 因此,新的历史背景下,实事求是思想路线的坚持是中国共产党领导和推进党的各项事业发展的重要思想保证。唯有如此,党才能有效应对道路上的各种风险与挑战,党的事业才能兴旺发达,党的权威才能得到维护,党才能长期执政。

(二) 以个人崇拜取代党的权威

从党的权威构成要素来说,人格化的因素是其中一个重要组成部分。个人威望与政党权威两者之间是可以发生互动,相互影响、相互促进的。在探讨中国共产党政党权威问题上,个人的影响力或魅力总是一个不可能轻易回避的问题。应当说,领导艰苦卓绝的革命战争的胜利,使党的领袖在广大民众中建立起强大的威望和感召力。国外学者在评价毛泽东时也指出:"具有很不同的声望。"③ 在相当长的时间里,这种影响得以形成一种整合中国各阶层推进现代化建设的精神因素。当然,肯定政党权威中的个人因素,并不意味着社会环境发生变更时不会出现问题。尤其当个人力量

---

① 中共中央党史研究室:《中国共产党历史》(第二卷) (1949-1978) (下),中共党史出版社,2011,第752页。
② 《邓小平文选》第3卷,人民出版社,1993,第375页。
③ 〔美〕詹姆斯·R.汤森、布莱特利·沃马克:《中国政治》,董方等译,江苏人民出版,2010,第104页。

被不正确地强调和塑造之后,在非制度化的政治生活条件下,极易出现个人崇拜、迷信盲从的现象,并以此取代全党的威望,使党的权威受到影响。这是一条需要吸取的根本教训。

社会主义全面建设开始的初期,民主集中制坚持得较顺畅,党内生态良好。但是一些好的东西没能继承下来。那时,党和国家领导体制还尚未健全完善,封建主义"家长制"思想残余还在一定范围内存在,对国际共运中政党与领袖关系问题也未能给予重视。到20世纪50年代后期,党内生活不正常,个人权力在处理党内事务中占上风,组织决策在一定程度上让位于个人主观判断。在一定程度上,这种情况使得社会主义建设的探索进程完全取决于领导人的认识水平和决策能力。在党和国家层面,毛泽东的个人威信达到高峰。但是与此同时,"主观主义和个人专断作风日益发展,对他的个人崇拜越来越严重"。[①] 党的领导体制机制的不健全,使得全国人民所敬仰的党的领袖的错误没能得到及时纠正,最终导致党内权力过于集中,直到后来出现全局性的错误。党的权威因此受到较大的削弱,党的形象也受到较大的冲击。

党内上述现象的出现是多种因素叠加在一起的结果,并不是某一个因素某几个因素促成的。从这样的思路分析,把个体因素当成"文化大革命"的动因一定是有失偏颇的。但是,在当党的集体领导制度不够健全的条件下,个人崇拜现象的产生给党的自身建设、党的事业的健康发展均带来十分负面的影响,对党的权威的维护和拓展也造成消极影响。历史教训表明,在党的权威问题上,一定要正确看待和处理好领袖权威与政党权威的关系,它们是两个不同的概念范畴。既要把握联系,又要看到相互区别。同时,还应当改革和完善党和国家的领导制度,从制度上防止和反对党内个人崇拜,使党的权威能够更加健康、更加持久。

(三)以削弱党内民主人民民主维护党的权威

党内民主的意义是对政党而言的,人民民主的意义则是对社会制度而言的,它们对政党建设与国家发展价值非凡。中国共产党政党权威延续发

[①] 中共中央党史研究室:《中国共产党历史》(第二卷)(1949-1978)(下),中共党史出版社,2011,第780页。

展过程中一个值得反思的教训，就是在一段时间内片面削弱党内民主和人民民主，以此达到维护党的权威的目的。而事实表明，对党内民主和人民民主的压制或限制，不仅没有能够起到保障党的威望的效果，反而使两种民主形式走向异常，产生出种种不应该有的问题，使党和国家的政治生态遭到极大影响，在阻碍中国政治有序发展的基本走向之时，实际上却是降低了党的权威。有学者指出当时党面临许多挑战，其中之一便是"人们工作不积极，党的权威被削弱"。①

庐山会议以及"反右倾"斗争之后，从中央到基层的党内民主受到损害。"文化大革命"初期清除党的骨干力量而吸纳不少帮派分子入党的做法，造成党员成分严重不纯洁，这实际上背离了应有的程序。党的九大、十大代表选举未能坚持有关规定，会议召开方式也不太正常。九大党章缺少了对党员权利的明确规定，直接导致了党员权利被漠视的情况。同时，改变中央领导机关选举制度，取消党代会常任制的规定等，践踏了党内民主。实践中，党内权力过于集中于个人现象突出。这些问题的存在无助于党的建设和党的成长，给组织肌体的健康带来影响，党内认同感也在下降。与此同时，人民民主的畸变也导致党的社会认同度受到影响。例如，对"四大"（大鸣、大放、大字报、大辩论）的运动方式的肯定和推行，是以批判、揪斗、打砸等非常态的方式实现对异己力量的打击和对政权的维护。它在阶级斗争理论的配合下，造成了抛开党的领导的无政府主义状态的结局。体现民主精神的人民代表大会制度在国家和地方层面均受到冲击或被取代，共产党与民主党派的民主协商也失去根本保证。在一定程度上，这是对整个国家的政治参与机制的破坏，所以这种形式并不正常。

应当说，党内民主和人民民主受到削弱，一定不是毛泽东发动"文化大革命"所期望看到的，他也尝试改善党内民主和人民民主的状况。当然，由于"左"的思想的影响，这种改变还是有限度的。历史教训表明，削弱党内民主和人民民主的方式使相应的民主制度无法运转，衍生出各种与现代民主政治发展相背离的监督缺失、法制精神泯灭等问题，是一种表面上看似民主（如"大民主"的方法），实则违背民主理念的错误做法。

---

① 〔美〕R. 麦克法夸尔、费正清：《剑桥中华人民共和国史·中国革命内部的革命：1966-1982年》（下卷），俞金尧等译，中国社会科学出版社，2007，第726页。

它没能推进党内民主建设和人民民主发展进程，却驱散了党内的民主氛围，误导了人民的民主观念。在缺乏制度化、科学化的参与路径条件下，它并没有实现有效的政党治理和国家治理的初衷，反而给党的组织肌体造成破坏，阻滞国家前进的步伐，只会损害党的影响力和党的权威。

本章小结

　　认真回顾党的权威思想的历史发展、总结党的权威在形成延续过程中的经验和教训，其根本目的还是着眼于确保长期执政条件下党的权威得以继续维系和巩固。中国共产党政党权威不是与生俱来、天然获取和自然形成的，是依靠党在不同阶段不同年代，持续变革自我、提升自我进而赢得人民群众的拥护和认同的基础上建立起来的。在不同的历史阶段，中国共产党政党领导集体结合形势任务的变化要求和特点，就党自身的建设以及党在领导其他各项事业发展中存在的问题，有针对性地提出应对之策和解决之道，如要着力消除腐败、持续改进作风、重视生产力的发展、加强制度法规的建设等，推动了党自身的科学发展和保证党的事业的顺利进行。这就使得中国共产党在广大党员之中、在广大民众之中构筑起强大的威信，也据此形成了中国共产党政党权威的一系列基本思想。它们是对马克思、恩格斯、列宁重要思想的继承、丰富和发展，对新的实践有着重要的现实指导价值和启示价值。客观、科学地考察和梳理中国共产党政党权威思想的形成、变迁和发展，是加强党的权威问题研究的重要组成部分，也是一项基础性的工作。对中国共产党成立至今的政党权威思想的总结和概括，将使得马克思主义政党权威理论体系更加完整、更加系统、更加厚实、更加丰富。

　　思想来源于实践，对权威思想整理就不能不对实践探索历程作细致分析。诚然，对革命规律、社会主义建设规律以及党的建设规律的认识，总是呈现一个由浅入深、由不知到知晓、由主观到客观、由片面到全面的逐步深化的过程。这种事物发展特性决定了党在推进上述事业的过程中不可能一帆风顺，顺境和逆境总是交织在一起的。这就进一步决定了党的权威的建立维护实践中既存在成功的宝贵经验，也必然留下失败的惨痛教训。

历史经验是带有规律性的东西，具有启发意义：遵循它，事业就顺利；违背它，事业就受阻。因此要在实践中学习它、领悟它和运用它。而历史教训是被实践证明的错误的、不科学的做法，具有警示意义，在新形势下应当努力避免。可以说，在中国共产党政党权威建立和维护实践中总结出来的经验和教训，分别昭示了在该问题上的真理和谬误，进一步明晰了长期执政条件下党的权威巩固的基本方向和基本道路。聚焦思想流变的分析和经验教训的凝结，使得本章在全书中占据非常重要的位置，也使得对政党权威巩固问题的研究有了较强的历史纵深感。

第三章
中国共产党政党权威巩固的比较视野

在对党的权威思想的理论基础、形成发展以及经验教训进行分析和梳理之后，中国共产党建立和维护权威的历史谱系大致标定。这样一个系统化的抽象过程，的确为我们研究政党权威问题作了很好的理论铺垫，提供了评判标尺。有了前文严密的理性论证作基础，对于政党权威巩固的研究就有望形成比较明晰的、符合实际情况的、科学的论断或观点。然而，对政党权威问题的研究仅仅囿于执政党本身显然远远不够，甚至极易陷入夸大特殊性、以特殊性代替普遍性的狭隘思维，更遑论权威问题研究的纵深推进。从这个意义上来说，对权威思想演进的历史梳理，或许还不足以在执政党权威问题的研究上获得更为一般性或共性的东西，也就不足以在实践中为政党权威巩固提供更为坚实的学理支撑。要捕获更为深刻的、全面的规律性认识，站在政党比较视野反观和透视政党权威问题是一个不错的选择。换句话说，探索权威的生成、维系和巩固是任何性质的政党特别是执政党都要面对的共同问题。如果能对不同国家的不同政党在权威巩固实践方面进行适当的比较分析，那么必将能够得出带有普遍性的认知。按照这样的逻辑，对苏联共产党执政兴衰和政党权威的得失之间的关联进行分析是一个较为自然的研究选择。尽管对苏联问题和苏共问题的研究不胜枚举，但在这里，聚焦政党权威问题是研究重点和方向。同样，亚洲最具活力的国家之一新加坡，其执政党人民行动党也是长期执政，它在权威巩固问题上又有哪些可以借鉴和吸收之处，也值得进一步的探讨。通过比较鉴别，对政党权威问题的研究将会有一般意义上的收获——不同性质、不同能力的执政党在权威巩固方面的共性取向。而遵循这样的客观规律，中国共产党将永续留存政党权威。

第一节　苏联共产党丧失政党权威的主要教训

在政党政治的历史上，苏联共产党的衰败以及由此引致的国家政权瓦解具有相当典型的表征意义。1893年成立的俄国社会民主工党，1912年起称俄国社会民主工党（布尔什维克）。于1918年改为俄国共产党即布尔什维克党，1925年称苏联共产党（布尔什维克），1952年一直延用苏联共产党的称谓。依靠布尔什维克党，真正意义上的社会主义国家建成；同样是这个党，执政后期国家发展方向却被逆转进而走向衰败。苏联共产党执政实践既有值得借鉴的一面，但同样也有令人深思之处。今天，在总结苏联共产党执政教训时，大家似乎都能找到不一样的视野来切入研究和探索，并且能够形成相异的结论。但是，如果从党群之间的互动关联的视角来审视，苏共执政后期社会认同度下降和政党权威受损是必然的原因。当苏联民众认为苏共不再能够代表他们的利益和反映他们的诉求时，执政党公信力必定下降，执政地位的削弱和消亡是迟早的。是什么原因削弱了苏共的权威？又是何种缘由加速了这种权威的流失？接下来的章节，本书将深度探究该问题。

一　过度集权的领导体制导致个人崇拜盛行

苏联共产党执政时期形成集权体制既有历史原因，也有执政党自身的原因。联共（布）创建了世界上第一个社会主义政权，而这几乎是在一个毫无历史经验可参照的背景下实现的；同时革命胜利后联共（布）又面临着非常不利的国际国内环境。这些条件客观上迫使布尔什维克党采取高度集中的领导体制应对挑战，目的在于确保党的执政地位的巩固。而执政后他们并没有清醒地认识到历史方位由革命党到执政党转变的事实，没有科学地理清政党与政权之间的关系,导致过度集权的执政模式在历任领导集体得以延续,造成党内个人崇拜盛行,使政党权威受到严重影响。

(一) 集权制的形成及个人崇拜的产生

苏联社会主义模式是随着农业全盘集体化和国家工业化运动的开启逐步形成的。在这个过程当中,苏联甚至还采取了清党的办法排除异己,个人专权得到强化并由此渐渐形成过度集权的领导体制。可以说,苏联共产党执政时期政治体制的主要特征之一就是过度集权的领导体制,国家权力集中于政党、党中央,并最终集中在党的最高领导个人手中。这种情况在苏联各个时期各个领域都有所反映,只不过程度轻重不同而已。苏联模式这一特点始发于斯大林时期个人集权制的推行,政党领袖在党内的集权发展到国家政治生活中的集权,为个人崇拜的产生埋下了伏笔,这在某种程度上削弱了苏共在全党和社会民众中的威望。

斯大林把列宁在战争条件下集中制思想抽离出来给予放大,无视列宁提出这一思想的客观环境。他采取大规模的干部清洗、机关机构重组等措施,不断强化党政领导体制的集权性。例如,改组党的组织结构设置,在党的系统增设与政府机关相类似的部门,切实加强党的机关对经济事务的直接干预,对社会事务的直接管理,其结果必然是强化以党代政的模式,执政党实际上成为权力中枢。这就为权力集中提供了体制上的准备。同时,苏共十七大党章对监察委员会的新规定,事实上取消了其权力监督职能,其职责被修改为对有违背党的纪律、党的法规的人的审查,对违反从政道德的人的审查等事项。这意味着执政党党内不再需要接受权力监督和制约。显然,经过这些变革,苏共党内权力结构发生极大变化,权力体系被异化,党内权力直接集中到斯大林手上,过度集权的领导体制就此逐步确立并发挥效用。这就为斯大林个人崇拜的形成创造了条件。

联共(布)十七大,对斯大林的盛赞极尽其能,如"天才的舵手""伟大建筑师"等。斯大林寿辰,对其颂扬更是达到高潮。对党内领袖的盲从,导致党内生活极度不正常,而个人专断也使党内毫无民主可言,从长期来看这对执政党的建设和发展极为不利。20 世纪 30 年代末,《联共(布)党史简明教程》的出版成为标榜斯大林个人贡献的教科书,甚至被视为与马克思、恩格斯、列宁的作品具有同等地位的经典。尽管随后的联共（布）十八大对党的机构设置进行了调整，但并没有改变领导体制中权力过度集中的特点。特别是卫国战争胜利后，对斯大林的个人迷信达到顶峰。而这种非正常的政治氛围反过来又进一步促推集权体制的强化。把个人权力凌驾于党和国家之上的过度集权领导体制的形成，完全归咎于斯大林的人品显然有失偏颇。联共（布）集权模式的形成与当时的历史环境有必然联系。高度集权的执政模式迅速适应和契合了战时和战后政权重建的现实需求，并且发挥了整合和动员社会力量的重大作用。但是另外，过度集权的领导体制使权力过于集中于个人，直接导致党内外对领袖盲从极度盛行，破坏了党的政治生活。对个人权威的盲目尊崇取代对政党权威的尊崇，反而削弱了政党权威，严重影响执政党在党内外的社会威信。

（二）集权制的固化及个人崇拜的延续

斯大林之后的苏共历任领导人大都对过度集权的领导体制进行过改革。但是总的来说，并没有从根本上解决问题，党和国家的权力集中在总书记身上的现状没有多大程度的改变。这就为个人崇拜的延续创造了条件。马克思恩格斯列宁伟大导师在对待政党领袖问题上，坚持维护领袖权威与反对个人崇拜相结合。只有更好地保护领袖权威，才能更好地维护政党形象进而巩固政党权威。显然，苏联执政模式过度集权、缺乏民主的特点，在很大程度上影响了领袖权威的维系，当然也阻滞政党权威的巩固。

赫鲁晓夫看到了苏共执政模式的积弊及其危害，在其当选党的领袖之后进行了一系列改革。客观地说，这些改革措施对党的建设和国家发展是有积极意义的。但是他的改革并不彻底，其根本缘由恰是许多学者所持的共同观点，即赫鲁晓夫无法摆脱苏共的执政模式。戈尔巴乔夫在其回忆录中也指出："他往往是进一步，退两步。这儿碰碰，那儿撞撞。"① 赫鲁晓夫没有从深层次上思考和改变领导体制中过度集权的特性，而是在原有体制内作局部性改革，因而无法触动整个执政模式的弊端。正是看不到存在问题的体制性因素，赫鲁晓夫所建立的党政领导体制实际上是对斯大林模式的一种延续，没能有效地防止个人专断或"一言堂"现象的产生。尽管他把坚持集体领导、反对个人迷信作为恢复党内政治生活的切入点，其进

---

① 〔俄〕戈尔巴乔夫：《对过去和未来的思考》，徐葵等译，新华出版社，2002，第43页。

步意义不容低估；但是由于缺乏对斯大林的客观评价，导致抹黑其政治形象的同时，因受苏联模式影响而建立的东欧社会主义国家的政党领袖权威也被削弱。

而更为重要的是，苏共党内新的个人崇拜在逐步形成，在"并不更小的程度上得到复活"。[①] 勃列日涅夫对党的执政体制的完善进行了探索，也做出了相应的调整，但过度集权的政治体制仍然没有得到根本改变，党政不分的情况继续存在并且日益严重。造成这一局面的原因既有个人因素，也有理论指导的缺失，但最根本的还是没有摆脱斯大林时期所形成的集权模式。而这种模式的必然产物就是个人崇拜的加剧。通过编造历史功绩、颁发奖章以及不切实际的吹捧等方式，再次使个人崇拜的氛围充斥于党内外。事实上，过度集权体制的特点在戈尔巴乔夫执政时期依旧得以体现。博尔金在书中指出其执政风格的两面性特点，即既讲民主，又掌控政权权力。而承袭传统体制的同时也必将保留其固有的弊病。可以说，由于上述问题的持续存在和在不同时期的变异，苏联共产党不但在党内形不成应有的公信力，而且在社会民众当中也缺乏威信，党的执政基础受到削弱，政治认同度在下降，这些都为后来的政权剧变和政党衰败埋下了祸根。

二 官僚特权现象严重影响党的权威

官僚特权现象与该阶层的产生有关。该阶层的形成又与苏联过度集权模式相适应的干部选任制联系在一起。官僚特权阶层的出现是政党官僚化后的直接产物，文牍主义、办事机构僵化、脱离群众等现象是其明显特征，由此相伴随的是其所谓的特权。官僚阶层还与权力腐败相伴。他们运用人民赋予的权力，损公利私，维护自己的不当得利，损害联共（布）在人民群众中的形象。执政党与民众的距离越来越远，终究丧失民意。苏共集权的执政体制决定了自上而下的干部队伍的任命制，也最终决定了无法彻底根除官僚特权的事实，给执政党政党权威造成严重冲击和影响。

---

① 〔俄〕亚历山大·佩日科夫：《解冻的赫鲁晓夫》，刘明等译，新华出版社，2006，第47页。

(一) 官僚特权使执政党面临信任危机

斯大林对联共（布）干部管理体制的一个改变，是实行干部任命制度而非民主选举制，其任免范围涉及各级干部。通过登记造册的方式，对干部进行考察、委任或撤换，把加强党的领导具体体现在对干部的选拔任用上。这样一套封闭的干部管理制度历经几十年，成为苏共政治生活中的特有现象。这是产生官僚特权阶层的重要原因。正如前文所言，干部任命制的形成和确立与斯大林集权模式密切相关，并带有相当大的制度惯性。干部任命制的实行必然导致终身制的产生，由此培植出一个庞大的群体，队伍老化，机构臃肿膨胀。

有数据显示，1982年苏联国家机关机构林立，数量"多达110个"[1]，党委系统和政府系统的部门重叠。而由此形成的特权群体达百万人之多。那么，这些特权群体究竟在哪些方面拥有普通民众所不具备的权力呢？相关资料显示，他们在教育、医疗、卫生保健、住房、出行以及食品享用等方面享受一般人所没有的待遇，而且标准和覆盖面逐年增加，已渐由特殊待遇向特殊权力转变。例如"疗养食堂"就是明证。而在工资收入方面则更为明显。20世纪50年代初期，苏联最高与最低工资之比"已达到50：1"[2]，差距悬殊。不仅如此，部门内部或部门之间干部与普通工人的收入差别也比较大。而且，苏共干部管理体制的特点客观上也为特权在特权群体子女、亲属中的延续提供了方便。官僚阶层的形成及其种类繁多的特权，给执政党的政治统治带来许多负面的影响。

赫鲁晓夫曾经尝试进行改革，却遭遇强烈抵制。勃列日涅夫执政时期甚至还扩大了官僚特权的范围。由于都无法跳出斯大林集权政治的模式，也就必然摆脱不了自上而下的、流动性极低的干部管理体制，执政党官僚化的固化几乎不可避免，特权现象也始终不能消除。它使苏联共产党执政力量受到极大的内耗和贬损，制定的政策措施难以体现苏联社会民众特别是普通低层人民的利益诉求，渐渐失信于民。不受任何权力约束的特权阶层的存在使执政党领导方式执政方式偏离了应有轨迹。更为重要的是，执

---

[1] 王建国、王洪江：《社会主义国家执政党建设的历史、理论与实践》，中国社会科学出版社，2008，第317页。
[2] 黄苇町：《苏共亡党十年祭》，江西高校出版社，2013，第48页。

政党与群众渐行渐远，相反执政党与公权的距离在拉近，三者间的相互定位发生偏离。在这种情况下，执政党将民众赋予的权力私用、滥用。苏共在社会民众中的信任度必然下降，特权使执政党和民众的关系急剧恶化，党群之间的政治隔阂增大。

(二) 特权引发的贪腐使党的权威受损

现代政党政治规律表明，特权往往是与腐败相伴随的。苏共高层特权化所呈现出来的表象是既得利益集团的产生，而背后隐藏的实质则是政党官僚化的极致发展。而政党官僚化的不断演进将使得权力寻租和权力滥用从可能变为现实，并导致政治腐败的出现。斯大林时期形成的体制性问题在赫鲁晓夫执政时得到进一步延续，结构性缺陷没有根本改变和破解，后又历经勃列日涅夫改革的停滞，这些因素叠加在一起客观上催生了官僚系统的贪污腐败现象。从深层次原因分析，正是苏共过度集权的政治模式和执政党对权力两面性认识的有限，造成大量的体制性贪腐问题，严重影响了苏联共产党的政治声望，党的执政基础遭到极大削弱。

20世纪60年代，一个国企干部，在三年内"仅出售自来水笔一项就贪污120万卢布"。① 另外，谢洛科夫贪污案、乌兹别克贪污案也相当典型。苏联共产党实际上意识到了权力腐败给执政党带来的信任危机，而且确实也构建了一套权力监督系统。例如，在1962年，党和国家监督委员会建立了一支十分庞大的队伍，"拥有3000个地方下属机构，工作人员总数超过200万"。② 但尽管如此，上述这些机构形同虚设，并没有起到对权力的制约和监督作用。尤其对赫鲁晓夫而言，其独断专行，对他的监督呈现缺失状态。即便戈尔巴乔夫执政后对监督体制进行了一系列改革，但由于积弊太深，还是没能从根本上改变执政党对权力的依附和粘连现象，执政党的干部腐败问题已病入膏肓。在苏联共产党执政的政党体制构架下，对权力监督不外乎来自两个方面：执政党自我监督和社会民众的监督。而当上述两方面都处于弱化状态时，执政党的确很难保持组织肌体的纯洁性。

---

① 陆南泉、黄宗良等主编《苏联真相——对101个重要问题的思考》（下），新华出版社，2010，第1193页。
② 俞可平、〔德〕托马斯·海贝勒、〔德〕安晓波主编《中共治理与适应：比较的视野》，中央编译出版社，2015，第67页。

过度集权体制下形成的特权现象,连带着贪腐的滋长蔓延,对苏共政权的信誉是极大耗损,其执政正当性和合法性面临公众的严重质疑。执政党与民众的心理距离在拉大,执政党的政党权威和执政道义荡然无存。苏共党内特权和腐败问题是体制性的。换句话说,整个过度集权体制决定了这些顽疾很难彻底被克服或遏制,贪腐的泛滥是苏共政权解体的一个注脚。同样,世界上失去执政权的其他政党大都与腐败密切相关。这些必然给长期执政的中国共产党以更深的反思,促使其探索建立更为科学有效的制度机制,规避权力异化的风险,更好地树立执政党的社会威信。

三 意识形态领导僵化削减党的权威

意识形态与执政党政党权威的关联是现代政党执政规律研究当中的重要内容。党的权威首先体现为思想领导的权威,体现为意识形态的先进性。执政党在其执政过程当中如何有效地建构先进的意识形态,加强对政权建设的合理性说明和辩护,对于提高执政党的政党权威意义巨大。按照这样一种逻辑,苏共执政时期在意识形态领导方面至少存在两大问题,即意识形态的封闭性管制和方向性偏离。而这两方面问题集中为一点,即苏共在意识形态管理方面僵化,创新动力不足、创新方向迷失。执政党意识形态的开放性和创新性缺失,无法及时与变迁的社会现实作有效衔接和适应,不但失去为苏共政权合法化辩护的机会,而且导致其他非主流或反主流的意识形态思潮的弥散,挤占主流社会思潮的影响力,挑战执政党思想领导的权威性,也危及政党权威的巩固。

(一) 意识形态封闭性管制影响思想领导的权威

执政党意识形态建设不是件容易的事情。意识形态不能及时创新,跟不上现实的实际要求,便失去意识形态所应有的整合社会的功能;意识形态调整过度,甚至否定执政党主流价值观与指导原则,执政党也将削弱权威而失去执政根基。苏共执政不同时期,在意识形态领导方向上大致走向上述两种极端。许多中国学者指出,意识形态管理的封闭性是苏共宣传思想工作上的一大特点。高放等学者指出了苏联集权模式在意识形态管控上的特点,"文化团体国家化,领袖言论神圣化,公共舆论一律化"①,典型的唯上不唯实。尤其在斯大林时期,这一倾向表现得较为明显。例如,制定书报检查制度,对报刊等出版物进行监督审查,并且在苏联政权稳定之后变得更加严厉,不断提高审查标准和扩大范围。同时,采取思想批判的形式,把清洗的触角延伸至史学、文艺学、哲学、生物学等领域。通过20世纪30年代初和40年代末的两次大批判,联共党内和社会形成对斯大林的无限尊崇,以斯大林思想为标准来判定一切问题的是非曲直。

在赫鲁晓夫和勃列日涅夫时期,个人迷信同样存在,这也成为苏联共产党意识形态领域管控的明显表征。同时,在经济领域,固守守旧、僵化的经济理论和发展模式;在社会发展上,鼓吹不切实际的、与现实完全背离的超越发展阶段的"发达社会主义"论断。政治社会化过度,执政党描绘的愿景与民众面对的现实形成巨大反差,社会对执政党的信任度急剧下滑。意识形态管理的封闭,必然造成脱离苏联社会现实的教条化理论宣传,理论创新和思想进步无从谈起,意识形态的脆弱性由此形成。执政党在面临多种社会问题和经济问题时,不能实事求是地正视,相反却搪塞和掩盖,造就阻滞改革的社会思潮。不可否认,苏联自斯大林执政以来,特别是卫国战争之后,意识形态建设不断加强。但与此同时,意识形态建设教条化倾向悄然发展并在随后苏共领导人执政时得以固化,尽管曾经出现短暂的"解冻"。有学者甚至认为,苏联共产党在意识形态调控上的转变或许很早就已埋下伏笔了。不灵活、不开放的管控思维和方式,使得各种思想不能自由交流碰撞,执政党主流价值观吸引力下降,直接损害思想领导的权威性,并由此导致党的权威和社会影响力受到影响,无论是在党内还是在党外苏共均遭遇认同危机。

(二) 意识形态方向性偏离弱化思想领导的权威

如果此前苏共在意识形态建设上表现出的特征是过度封闭和教条主义的话,那么在戈尔巴乔夫执政时期,苏联意识形态建设则发生方向性的偏离,并促推苏共垮台和苏联解体。从某种意义上说,苏共执政后期

---

① 高放、李景治、浦国良主编《科学社会主义理论与实践》,中国人民大学出版社,2008,第115页。

意识形态发生变化与其当时面临着的、不太乐观的国内国际形势有直接关系。军备竞赛、国际争端等问题消耗了苏联国家的财力；国内各项事业发展基本停滞，经济发展缓慢，"到 1982 年，苏联工业总产值的年增长率只有 2.8%"①；政治体制的集权性并没得到根本改变，官僚主义及特权现象突出等。正是在这样的背景下，戈尔巴乔夫及其领导的执政党把改革当作破除体制性危机的良策。改革当然势在必行，但对于什么是改革、如何推进改革以及改革的方向等问题，戈尔巴乔夫等人并没有很深的思考，甚至对改革本身所具有的复杂性也没有充分的估计和预案安排。经济改革和政治改革中的矛盾、迷失和无序，反映在意识形态领域便表现为指导思想的错误。

1987 年和 1988 年，他分别提出"新思维"思想的核心内容和"人道的、民主的社会主义"的价值论断，标志着戈尔巴乔夫在意识形态领导上的转向。苏共对意识形态领导权的失控由此而生。私有化、多党制、议会民主等呼声日益显现，思想上实现多元指导。上述举措在苏共二十八大上均得以体现。这就意味着苏共在指导思想上放弃了马克思主义的指导地位，执政党意识形态领导权萎缩并逐步丧失。与此同时，非马克思主义思潮或反马克思主义思潮成为这个时期意识形态中的主流。对斯大林执政弊端的批判和反思变成对苏共政权建设成就乃至对社会制度性质的否定，对教条主义的批判变成对无产阶级政党指导思想马克思列宁主义的质疑。这个结局与苏共领导人的错误主张有关，但根源依然在于体制性因素。换句话说，执政党在意识形态的调整中没有增强党的活力和号召力，反而因执政党背离政治信仰而致使政党威望下降。一个指导思想多元且混乱的执政党是没有能力带领民众建设社会主义政权的，一个不注重意识形态的发展和创新的执政党也缺乏协调整合多元变迁的社会的本领。执政党的权威首先来自思想领导的权威，来自其所宣扬的主流价值观的先进性和科学性。意识形态的领导权和盘托出、权力的流失，使苏共在该领域的掌控权快速下降。这在客观上直接造成反社会主义思潮的泛滥，纵容反马克思主义思潮的侵蚀，如此必然永久失去执政基础和执政信任。

---

① 王建国、王洪江：《社会主义国家执政党建设的历史、理论与实践》，中国社会科学出版社，2008，第 339 页。

四 经济发展水平难以提高损害党的权威

衡量执政党政党权威巩固的重要标准之一是执政业绩，它包括经济社会可持续发展，社会结构的良序运行，民众生活水平的改善等内容。从一定意义上说，社会民众的生存状况和生活环境最能直接反映执政党的执政能力和执政效力，其原因就在于上述因素是可感知的变量。因此，当执政党拥有超强的资源配给能力时，民众的社会福利可以得到充分保障，执政党在民众中便有权威。相反，当执政党接管民众给予的权力后却不能正确使用权力，并因此失去应有的领导水平和执政水平，经济发展迟缓停滞，民众生活日显窘迫时，执政党必定失去权威。作为执政党，苏共执政期间特别是执政后期明显没有担负起推动经济发展的责任和使命，经济改革缓慢甚至倒退，辜负社会民众对执政党的关切，政党权威急速下滑。

（一）失衡战略制约发展损耗党的威望

任何国家的发展战略都是在一定的历史背景和社会条件下形成的，并不断随着经济环境的变化而改变或转型。如果综合地考察苏联 70 多年的经济发展，不难发现在苏共执政初期，围绕重工业的发展和军事力量的赶超而推行的经济发展战略的确取得了很大的成效。20 世纪 40 年代初，在完成头三个五年计划之后，苏联的社会生产力有了相当大的发展，在与西方国家同期竞争中处于比较优势，这是无可否认的。正是在这样的战略布局的指引下，随着卫国战争胜利结束，苏联逐步形成并确立了优先发展重工业的经济方针。在大力发展工业的进程中，工业产量"1936 年跃居欧洲第一位和世界第二位"。[①] 但是，这种工农发展比例失调、以牺牲农业为代价而发展重工业和军备制造业的战略，随着形势任务的转移越来越暴露出它的不足。农业是整个国民经济的基础。畸形的产业结构和经济政策所带来的最直接结果便是苏联农业发展长期滞后，人民生活水平得不到有效改善，执政党政治威望在社会中不断下滑。不难发现，超越战略或加速战略是苏联经济发展的代名词，斯大林之后历任领导人的执政思路大都与之有

[①] 陈晓红：《斯大林的执政党理论与实践研究》，学习出版社，2014，第 162 页。

关。其主要弊端就在于严重背离现实，没能充分考虑社会民众基本的利益需求，无法提供持续的有效供给，以致生活用品供应紧张。有人做过统计，80年代中期食品不脱销数量的占比不到20%，80年代末期不到10%；而日常用品则更为稀缺，正常供应量仅为2%。

苏共执政时期发展战略的另一大特点集中体现在社会发展阶段的错误定位上。急于建成共产主义社会，没有遵循规律变革生产关系，其结果必定是社会发展停滞不前。超越社会发展阶段的指导思想反映了苏共对于"什么是社会主义，怎样建设社会主义"根本问题的认识是不清晰的。正是在这样思想原则的指导下，农业全盘集体化的大力推进成为其中一个必然选择。农业集体化的确对农村经济社会发展产生了巨大影响，这就为苏共奠定在基层的社会根基创造了条件。然而，全盘集体化运动与当时苏联生产力的实际是相脱离的，不但阻碍了农村农业社会的发展，而且粮食问题最终也未能得到彻底解决。例如，1953年，"人均占有的粮食只有432公斤，比1913年的540公斤还低"。① 特别是以行政手段违背农民意愿，强行推动农业集体化建设，激化社会矛盾，使农民利益极大受损，影响了执政党在农民阶层中的形象，党的权威因此受到冲击和削弱。

（二）传统体制阻滞发展降低党的认同

苏联模式在经济方面的表现之一是过度集中的指令性经济体制。应当说，计划经济体制同样是特定的历史环境和背景条件下形成的，确实对苏联经济发展起到过促进作用。尤其是在面对国内外各种不利因素的情况下，苏共执政时期强调国民经济发展的集中性和统一性，有利于整合和调配全国资源，在很大程度上解决了物质匮乏的问题，促进了社会生产力的发展，因此在一开始这种经济体制还是保持了相当强的活力的。然而，过度集中的经济体制的一个明显的制度缺陷就是对市场的排斥性，对市场需求的反映灵敏性差，不能根据市场的变化而进行相应的调整和改变，资源得不到优化配置，经济效率不高直接影响经济发展水平。

斯大林是指令性经济体制的主张者和推动者。在他的领导下，全国自

---

① 陆南泉、黄宗良等主编《苏联真相——对101个重要问题的思考》（下），新华出版社，2010，第1283页。

上而下、层层分解计划指标。有数据表明，苏联对企业生产分配指标，"20世纪40年代最多时达到120项"。① 以行政方式对国家经济活动进行统一的调节和指导，产供销活动由经济部门来决定，统购统销，这大大抑制了企业经营者和劳动者的生产积极性。这种违背经济规律的指令性经济体制也就为后来经济体发生危机埋下了伏笔。为解决经济体制存在的弊端，赫鲁晓夫执政时期采取了一系列措施，但总体来看没有触碰到经济体制的要害，改革并不彻底和到位。即便是到了戈尔巴乔夫时期，计划经济的色彩依然深厚，国家支配一切的行政管理方式继续在经济发展中得以沿用。企业经济生产受制于单一的国家宏观调控，无法根据实际情况而进行适时调整。20世纪80年代末，"苏联大多数企业的国家订货达到企业产量的95%至100%"。② 在传统计划经济体制条件下，市场主体企业生产受到极大冲击，不能创造出稳定的财富，无法体现法人的自主地位，没有权力决定生产什么、销售什么，投入产出比严重失衡，资源配置明显造成巨大浪费，经济增长缓慢甚至倒退。这些事实多少反映出苏共在推动经济发展方面执政能力的孱弱，深化改革的动力缺失，对经济发展规律缺少科学把握。体制性因素决定了苏联经济发展避免不了陷入官僚意志决定论的窠臼。而经济发展水平长期低迷，与之相关的必定是苏联民众生活生产受到影响。广大社会群体无法从执政党执政行为获得可观的未来预期，执政党缺乏普惠民众的本领和能力，政党认同持续消退，政党权威自然无从谈起。

五 执政后期改革失误加速党的权威流失

改革是社会主义制度的自我完善和发展，改革的深层次动因大都可以聚焦于体制性矛盾的固化。改革的目的不是变革社会制度，当然也不应是细枝末节的修补，而是消除体制机制当中存在的固有弊端，代之以更加科学、更加符合规律的新的体制机制。也就是说，随着执政环境和时代背景的不断变迁，适应经济社会发展的需要而深化改革是国家治理的常态，但

---

① 高放、李景治、浦国良主编《科学社会主义理论与实践》，中国人民大学出版社，2008，第113页。
② 吴家庆：《中国共产党公信力建设研究》，人民出版社，2013，第178页。

改革应当以始终坚持社会制度的性质不变为根本原则。显然，苏联共产党在执政后期推进改革的过程当中没能把握上述根本原则，虽然有所成效，但没能真正解决经济和政治领域存在的突出问题，在推动改革的同时迷失了方向，使改革偏离了社会主义制度的运行轨道，加速了执政党威信的丧失。

（一）经济改革失败影响政党认同

苏共执政后期改革主要体现在戈尔巴乔夫施政期间的种种举措上。20世纪80年代中期，戈尔巴乔夫就任总书记。当时苏联国内经济状况十分严峻，经济效益不佳，财政状况恶化，农业减产，人们日常起居遇到极大问题等。这些都是戈尔巴乔夫执政后所面临的经济困境，执政党面对的不是要不要改革而是如何改革的问题。因此，经济改革是戈尔巴乔夫就任后解决问题的突破口，而并不是有些学者认为的先从政治改革开始。可以说，在1985年至1991年的7年时间中，经济改革是他工作的重心或着力点。1987年，苏联经济改革进入关键阶段，以企业改革为切入点全面推进。客观地说，企业经营机制的改革对企业生产活动乃至整个社会的经济活动都产生了一定的影响和效果。但是由于缺乏相关的配套措施，依然没有从实质上改变指令性的计划经济模式，经济改革纵深推进效果不明显。特别是所谓的"三自一全"的改革方案在实践当中遇到巨大阻力，不能顺利推行，企业并没有真正成为市场主体，经济改革出现踟蹰不前、徘徊停滞的局面，这为后来社会矛盾的激化埋下了伏笔。另外，农业改革严重滞后也是戈尔巴乔夫经济改革中的败笔。由于对农业改革的忽略，大量消费品供应紧张。从更深层次上来说，农业改革还牵涉到产业结构的平衡比例问题，而这些在当时并没充分考虑到，从而影响了整个经济改革的成效。

很明显，这种改革思路与前文我们提到的以重工轻农为主要特征的加速战略有必然的关系。但从根本上来说，苏共经济改革难以顺利推进并见实效是长期以来受"左"的教条主义思想的禁锢，缺乏一个开放、创新、有坚定意志的领导集团。戈尔巴乔夫领导的经济改革难以为继，恰恰给其他激进思潮的介入提供了机会。1990年，随着"500天计划"等之类的方案的酝酿和出台，以私有化或非国有化为标志的经济改革措施成为执政党重振经济的首选。经济改革的思路变更表明苏共执政理念悄然完成由

"左"倾到右倾的演变，也意味着戈尔巴乔夫此前所推行的经济改革彻底失败。关系到国计民生的经济改革不但不能给社会民众带来福音，相反却因出现困境扭转了改革方向，最终远离了社会主义性质，这对曾经带领人民创建世界上第一个苏维埃政权的执政党的威信是一个极大打击。苏共在民众中的影响力逐步丧失，广大党员和民众对执政党的认同度降至最低点。

（二）政治改革转向失去执政信任

在经济改革遭到来自各方的压力和阻力时，戈尔巴乔夫决定进行政治体制改革，欲以此来解决经济体制中存在的核心问题。应当说，经济体制中的痼疾在政治体制领域可以找到根源。比方说贫富分化不易消除，可以从苏联既得利益集团对权力和资源的强势掌控格局中窥见端倪。因此，通过政治改革来解决经济问题的思路并没有错。然而，问题在于如何推动政治改革？政治改革的方向在哪里？而且政治改革敏感性强，涉及面广，一旦处理不好，政治危机爆发不可避免。从今天来看，这些问题苏共领导人并没有完全搞清楚。苏共的政治剧变主要发生在戈尔巴乔夫执政的后期，即大致从1989年至1991年。总体而言，苏共十九大之前，他对政治改革的探索还是注重坚持社会制度不变质，并强调坚持党的领导。从内容上来说，苏共十九大上戈尔巴乔夫所做的报告，就是为解决经济领域的问题而提出进行政治改革的。虽然"民主的、人道的社会主义"思想在该次会议上被首次提及，但并没有得到全党认可，直至1990年这一概念才在正式文件中被使用并得以系统阐述。"多元化""公开性"是其思想的显著表征，公开性助推了多元化思潮，而多元化蕴含了公开性色彩。在舆论造势之下，戈尔巴乔夫采取了一系列改革措施，最明显的是通过倡导把权力归还给苏维埃政权，转移和变相削弱党的领导功能，否定苏联共产党在整个国家政治生活中的核心地位，政党权威受到极大影响。

事实上，1990年2月中央全会之后，总统制的设置便被提上了议事日程，这就意味着戈尔巴乔夫推崇的政治改革逐步向西方三权分立原则靠拢。与此同时，多党制在苏共二十八大上以法律形式得以确认，各种各样的政治组织、社会组织不断涌现，挤占执政党原有的活动空间和范围，苏共面临严峻的执政挑战和威胁。经过上述变革，苏联政治体制或者国家管理体制发生巨大变化，不但没有促进经济社会的发展，相反却与社会主义方向越来越远，最终彻底转向了政治多元化、民主绝对化。一句话，戈尔巴乔夫所领导的政治改革的实质是剥夺执政党的领导权。一个执政74年的老党大党居然以这样的方式失去执政权，对苏联民众的政党认同产生了极大影响，老百姓普遍认为苏共不能再代表人民的利益。不仅如此，苏共党内也存在信任危机，党员退出组织的情况屡见不鲜。"苏共党员占苏联人口比重很大，高峰时党员曾达到1900万，占人口的7%以上"[1]，但到苏联解体前，党员数足足下降了15%左右。社会制度的性质完全因政治变迁失控而出现逆转，苏共完全丧失在广大党员和民众中的威信，政党地位的"陨落"和国家解体是必然的。

第二节　新加坡人民行动党保持政党权威的基本经验

关于如何维护和巩固政党权威，我们已经从苏共的例子中获得了诸多启示。这些启示给长期执政的中国共产党加强政党建设和政党治理提供了思考。比较研究在很大程度上是基于曾经的社会性质、政党体制、意识形态等领域的相似性而展开的。我们当然不能否认苏共曾经在历史上取得的辉煌，以及建立起的权威。我们更多的是从反思教训的角度来研究其权威陨落的问题。从近年来解密的历史档案当中，或许我们还能找到更为翔实的史实，进一步了解苏共权威丧失的其他理由。应当说，苏联共产党执政历程提醒包括中国共产党在内的其他执政党诸多可供警惕和规避的潜在乱象或风险。由此，引发我们思考的下一个问题是，在其他类型的政党体制下政党权威的维护和巩固有没有出现类似苏共的情况，或者说其他执政党又有哪些值得我们借鉴的经验。毫无疑问，这种借鉴前提必须是在批判基础上合理化地吸收和转化，不顾社会制度的性质，简单地断章取义是不可取的。当然，从政治文明成果共享发展的角度来说，制度壁垒并不妨碍我

---

[1] 黄苇町：《苏共亡党十年祭》，江西高校出版社，2004，第124页。

们对其他政党权威维系的机理作深究和思索。尤其在世界政党政治实践中，一些政党在自身建设、治国理政等方面积累了较为丰富且成熟的经验，有效地巩固了政党权威。如能把权威问题研究放置于整个比较政党政治的宏大视野之中，从中析出带有一般性或共性的规律，更有助于将对该问题的讨论引向纵深。换句话说，政党执政必定有着普遍性的东西，政党权威巩固必然存在共通之处。

有鉴于此，在本节当中，我们选取新加坡人民行动党的执政实践为分析样本，主要从经验上寻求该政党在维护和巩固权威方面有哪些值得借鉴之处。人民行动党成立于20世纪50年代，掌权已近60年。从时间跨度上来看，人民行动党算是长期执政的政党。这一点与中国共产党有些相似。人民行动党的党员数量不到全国人口的1%，却是新加坡的第一大政党，也是最有力量的政党。在半个多世纪的执政实践中，人民行动党在政党建设、经济发展、民生改善等方面取得了举世瞩目的成绩，在新加坡民众当中享有较高的威望和影响力。因此，分析长期执政过程中人民行动党权威的树立对执政的稳定性和有效性的积极影响，有着积极的意义。这将促使政党权威的研究建立在更加全面、更加多元的维度和视角上。

一 优先发展经济，塑造政党的权威

从执政周期上看，人民行动党可谓一党长期执政。然而如果严格分析，"一党制"称谓并不完全适用于新加坡的政党体制。从其政党体制的特征分析，"一党居优制"或许更为准确，即行动党独占鳌头，其他小党同时存在。然而，不管出于何种原因，也不论其政党体制如何建构，人民行动党作为新加坡政治舞台上的强党，连续执政快60年，在其国家政党谱系当中几乎处于压倒性的政治优势地位，背后必然有决定性的因素。这个因素首先是经济的优先发展。从历史上看，1980年至2015年近35年的8次大选中，人民行动党的得票率均超过60%；21世纪初的四次大选得票率都在60%以上，最低的为60.1%，而最高的达75.29%（见表3-1）。尽管期间略有起伏，但民意支持率总体较高。选票背后反映的是人民行动党持续赢得社会民众的认同和信任的事实，而优先发展经济应当是诸多因素当中重要的一个。经济立国是新加坡人民行动党立党强党的最根本的政治理念。这一举措在促推人民行动党建立并巩固威望的过程中发挥着重要的作用。

表3-1 人民行动党1984~2015年大选得票率

单位：%

时间	得票率
1984年	64.8
1988年	63.2
1991年	61
1997年	65
2001年	75.3
2006年	66.6
2011年	60.1
2015年	69.86

资料来源：《联合早报》2015年9月12日。

（一）产业适时转型促推发展，建立党的权威

人民行动党领导下的新加坡国家富强、经济发展程度高已为世人所共知。作为世界上最发达的国家之一，20世纪60~80年代中期国内生产总值保持年均增长9%；2013年新加坡人均GDP"达到5.1万多美元，在亚洲排名第一"。① 近年来，受全球经济放缓影响，新加坡经济增速时高时低。2013年至2015年GDP分别为3.7%、3.3%、2.8%。② 但是考虑其经济模式转型，不太可能有高增长率，因此这也是一个适中的发展水平。从总体上看，在执政党几十年的执政时间中，新加坡仍是亚洲乃至世界上较为发达的国家之一。人民行动党在经济建设上的成功治理之道之一，就在于以产业发展的适时转型升级确保经济的可持续发展。

从历史上看，新加坡建国之初曾经面临资源短缺、工业薄弱、种族矛

---

① 国防大学课题组：《新加坡发展之路》，国防大学出版社，2016，第19页。
② 数据根据新加坡历年贸工部发布的信息归纳整理。

盾等一系列制约经济社会发展的棘手问题。然而，正是在这样一种现实背景下，人民行动党紧紧把握住经济绩效这个维系政党权威的关键要素，深刻分析和洞察世界经济发展以及亚洲区域经济发展的总体态势，引领和推动了本国产业模式的四次转型升级。它们抓住有利契机，承接国外产业转移，于 20 世纪 60 年代形成了劳动密集型产业；规避劳力成本等因素，调整发展战略，于 70 年代形成了资本密集型产业；改善经济萧条状况，着眼于国际竞争力的提升，于 80 年代形成了技术密集型产业；适应知识经济、信息经济的时代特点，抢抓机遇，于 90 年代形成了知识密集型产业。人民行动党及其政府主导下的产业政策能够实现四次适时成功转型，不是偶然的而是必然的。产业政策和产业形态适应性调整，充分体现了执政党领导经济建设、跟踪经济形势、优化经济结构、推动经济发展的执政能力和执政水平，反映了执政党对不同时期变化的国内外经济形势的清醒认识以及对本国产业结构特点的敏锐洞悉。从深层次上分析，这还与人民行动党强烈的执政危机意识有某种必然联系。始发于弱小、贫穷等困境，甚至被迫独立建国的事实极大激发了执政党致力于摆脱窘境的能力、发展经济的意志。这也是人民行动党执政不到半个世纪便使新加坡迅速蜕变成为发达国家的主要原因。埃德尔曼顾问公司 2013 年的一项调查显示，新加坡人民对政府的信任度高达 72%。① 正是由于人民行动党及其政府持续信守优先发展经济的根本执政理念，本国产业结构才能及时调整，产业布局才能合理优化，才能在社会民众中始终保有强大的威望和信任感。

（二）新型经济体制保障发展，延续党的权威

除了加快产业转型、引导企业科学管理之外，人民行动党推动国家经济发展的另一个重要措施就是建立起具有新加坡本国特色的自由市场经济体制。体制性的因素确保国家经济在相当长的一段时间里平稳向前发展。近年来全球经济不振，新加坡也无法独善其身，但是仍然能在遭遇经济危机的情况下进行从容应对。从某种程度上看，人民行动党主导的市场经济体制既充分发挥政府的宏观调控功能，同时又成功调动市场机制对资源进行配置，是一种兼具两端特点的该国特色的经济形态。例如，无论是在价

---

① 〔新加坡〕吴元华：《新加坡良治之道》，中国社会科学出版社，2014，第 36 页。

格还是在金融等领域，新加坡均实行自由政策，没有物价、金融等管制制度，有些近似于我国的自由港政策。换句话说，它是一种市场化程度较高的现代市场经济体制。

但是，从本质上说，这样一种市场经济体制实际上又有别于完全放任的西方式市场经济模式，两者之间存在显著的区别。其根本原因就在于，人民行动党及其政府在强调市场作用的同时，也强调自己的职责，这就把"两只手"的功能有机衔接起来。而且，同其他新兴国家相比，新加坡政府在宏观调控方面发挥着突出的作用。例如，在货币政策、财政政策方面，政府强调稳健、从容、高效的思路，其主要目的就在于防范金融风险，维护经济安全。在稀缺的土地资源上，政府通过立法征收后拥有对土地的充分使用权，相当大一部分被用于改善民生。一般而言，"政府在经济实体中一律占有51%的股权"①，这一占比较直观地反映出新加坡政府在经济发展运行中的干预调控程度。体制性的因素常常直接关系着事物发展的根本走向。在新加坡，人民行动党与政府是被大多数民众在同一意义上使用的概念。由人民行动党及其政府所建立的混合型经济体制着实为该国的经济发展铺垫了厚实的制度基础。尽管在近60年的执政历程中，国际金融危机也曾对新加坡经济发展造成不小的影响，但总体上经济运行相对稳当。这与人民行动党所构建的经济体制有关。正是由于把经济发展当作维护政党权威、维护长期执政的政治合法性的重要资源，在面对经济颓势时依然坚定发展理念，人民行动党才会不遗余力地寻求包括健全经济体制在内的各种办法，以期推动本国经济持续健康运行。执政党在推动本国经济发展方面所付出的努力，对于维系和巩固政党权威的意义不言自明。

二 积极普惠民生，提升政党的公信力

民众的认同向来是执政党拥有权威且巩固权威的一个重要标志。新加坡人民行动党之所以能够在社会上保持较高的声誉，和该党愿意倾听民众意愿的执政姿态密切相关，和该党一贯关注社会各阶层的诉求密切相关。而这一切直接体现在人民行动党对民生问题的关注上。人民行动党及其政

---

① 国防大学课题组：《新加坡发展之路》，国防大学出版社，2016，第28页。

府倾尽所能，积极在公共服务事业方面满足人民的要求，把提高社会福利待遇、改善民众生活水平作为执政党赢得公信力的重要手段。可以说，人民行动党的成功之道在亚洲乃至世界范围为人所知晓，其长期坚持的以民为本、普惠民生的思想与实践令人印象深刻。从政党与民众关系视角来看，人民行动党执政聚焦民众的切身利益，抓住了民众的关切，也就自然获得且保持了在社会上的影响力。这样一条执政经验对于旨在长期执政的政党来说值得学习借鉴。

（一）建立保障制度，增强政治信任感

在长期执政实践当中，人民行动党构建了一项具有本国特色的民生保障制度或者社会保险制度。尽管经济的发展给执政党及其政府改善民生、发展社会福利创造了坚实的物质基础，但是人民行动党始终坚持社会事业与经济发展相互适应、相互平衡的原则，主张个人负责，不鼓励"懒人福利"。在这样的理念指导下，中央公积金制度得以建立并随着形势发展变化而不断健全完善，成为社会保障体系的主体。它的建立和推行使得社会中的大部分民众在较短的时间内能享受到养老、医疗、住房等领域的便利，执政党的社会治理能力因而也深受社会民众的认可和尊崇。

这是一个以自助为原则的强制式储蓄制度。它最初是为了解决企业员工的养老问题，后来逐步拓展保障功能，内容涵盖了住房、医疗、教育等领域。中央公积金制度规定，新加坡公民必须缴纳一定数额的公积金，并由国家对其提取和使用进行严格的程序管理和制度化规定。不同经济收入水平的公民，雇主和雇员缴存比例有区别。按照工资收入的20%、6%、4%的不同数额划分普通、保健以及特别账户。从资金累积途径来看，中央公积金制度实际上是一种公民个人长期积累、自我保障的制度模式，中央政府则在税收上给予缴纳人减免。有学者指出其特点："国家将储蓄这种传统的个人保障方式上升为国家行为的产物。"[1] 但是，正是这样一种个人缴存、国家管制的制度，不但在减轻新加坡政府财政负担方面起到重要作用，而且在实现社会阶层安定、改善群众生产生活起居方面起到了非常好的效果。依托中央公积金制度，人民行动党及其政府不断完善老年保障制

---

[1] 李健、兰莹编著《新加坡社会保障制度》，上海人民出版社，2011，第7页。

度、住房保障制度、教育保障制度、医疗保障制度等。人民行动党创新和建构了一套符合本国国情的社会保障制度，使得新加坡民众将过去住贫民窟、生活质量低的日子远远抛开。新加坡民众从普遍得到实惠的过程当中，切实感受到执政党较强的执政能力和执政业绩，进而支持、认可和信任执政党。这是人民行动党在历次选举中总能立于不败之地的重要原因之一。

（二）完善公共服务，增进执政党威信

以中央公积金制度为主体的社会保障制度的完备，显示了人民行动党在社会保障建设水平上的成熟，同时也证明执政党较强的社会建设能力和本领。上述民生保障制度的推行和落实，具体还体现在医疗、教育、就业、养老等方面所呈现出来的丰富多元的服务方式上。新加坡人民行动党在相对完备的社会保障制度基础上，更加重视公共服务质量的提升和优化。1960 年至 2010 年，人民行动党及其领导下的政府大力发展生产力，经济增长指标维系在年均 8% 的水平。虽然近年来受全球因素影响，新加坡国内经济增长有所放缓，但经济发展的总体良好态势为持续提供有效服务奠定了财政基础。

例如，在住房方面，组屋政策是执政党最引以为自豪的公共服务。政府制定计划，明确标准，统一登记，合理配售、租赁组屋。至今，其国内居民公共住房、私人住房和租赁房的比例大约为 8.3∶1∶0.7。有人统计，"人们只需要花费不到 20% 的家庭月入就可以租房或贷款供房"。[①] 2013 年，新加坡政府又制定新政策，首次购买三房或四房组屋的低收入群体均可获得津贴。也就是说，人民行动党在狭小的国土面积中成功实现民众"居者有其屋"的梦想。在最近一次胜选中，执政党支持率（69.86%）超出上一轮选举（60.4%）九个百分点，住房政策的优化给人民行动党加分不少。所以，这是行动党收获社会支持和认同的重要手段。在就业方面，出台入息补助计划，对低收群体进行帮扶，为其减轻经济负担，增加就业机会；而对于其他外因导致不能就业的群体，实施社区援助关怀计划，即给予免费就业指导，并分发现金补助，以帮助该群体渡过难关。这些措施

[①] 严崇涛：《新加坡发展的经验与教训》，江苏人民出版社，2016，第 13 页。

在一定程度上帮助困难群体走出了生活困境,实现了自主就业。正因为如此,在1975年即新加坡建国十年后,全民就业态势大致形成。2015年,新加坡公民和居民的失业率"分别为2.6%和2.5%"①,处于较低水平。李显龙指出,就业能"带给我们机会、希望,以及生活一年比一年好的信心"。② 在教育上,经费投入每年都按一定比例上升。据统计,人均支出"1990年为335.3新元,2000年为1792新元,2010年达2627.6新元"。③ 政府不断推出"低收入家庭托儿补助金计划"、"幼稚园经济援助计划"以及各种大学生经济援助计划等,教育服务项目涉及小学到大学。此外,持续加强教师执教能力,要求教师每隔数年接受后续教育等。人民行动党不断提升公共服务质量,人们享受到生产生活、学习培训、就业就医等方面的便利,对执政党自然能形成较高的认同感。

三 推动族群融合,扩大政党的影响力

族群问题、种族矛盾历来是执政党执政过程中需要面对和解决的重要议题。这个问题解决得如何直接考验着执政党的政治智慧和执政能力,也能反映出执政党在多元种族中的权威性和影响力。新加坡人民行动党能够长期执政,保持在社会民众中的强大威望,与其在多民族矛盾问题上的有效应对有很大的关系。一方面人民行动党强调族群特性,尊重族群习惯和族群文化,支持各族群依照自己的习俗选择不同的生活方式;另一方面人民行动党又宣传"同一国家,同一民族"的思想,强调人人都是新加坡人,主张大民族融合的理念。正是采取这样一种求大同存小异的民族政策,即既强调民族识别,又要求大民族融合,人民行动党成功处理本国的民族问题,最大限度地兼顾到不同族群的利益诉求,避免民族分裂的潜在可能,也有效地建构起党的权威,扩大了党的影响力。

---

① 《新加坡失业率保持较低水平》,新华网,2015年5月2日,http://news.xinhuanet.com/fortune/2015-05/02/c_1115157071.htm。
② 《新加坡去年经济增长率2.8%》,环球网,2015年1月5日,http://china.huanqiu.com/News/mofcom/2015-01/5343513.html。
③ 国防大学课题组:《新加坡发展之路》,国防大学出版社,2016,第158页。

(一) 尊重族群特性,增强党的向心力

新加坡虽然人口只有五百多万,但新加坡是一个多元族群的国家。华族、马来族和印度族是其主要族群,分别占新加坡人口总数的77%、15%和7%。① 三大族群尊崇和信仰不同宗教,包括佛教、基督教、伊斯兰教等。不同的信仰,不同的族群风俗,对人民行动党执政的社会整合力是一个巨大的考验,对其政党权威的维系更是一个不小的挑战。世界上许多政党正是由于解决不好族群纷争、族群冲突而最终失去权威、丧失执政权。新加坡独立前就曾发生过种族矛盾。

但是,人民行动党执政后较有艺术地破解了种族问题,赢得了各族群的执政信任。人民行动党的根本经验之一就在于十分尊重各族群的特性,保护民族文化的多样性。这样一来就容易营造一个各族群相互融合的社会氛围。例如,人民行动党通过的《多元种族社会议案》,从法规上引导公民为建立多元种族、多元文化的新加坡社会而努力。因此,各种族群的文化习俗、特色服饰、惯常礼仪、节日庆典在当地可以明显感受到。它们各有各的特点,多姿多彩,和谐共生。各式各样的街区也是随处可见,各种各样的民族特色小吃应有尽有。同时,人民行动党及其政府也倡导不同族群之间要相互尊重、相互理解,不同宗教之间禁止相互攻击,促进族群间的融合。新加坡实行政教分离。这样一来,从制度上确保了政治问题与宗教问题互不干扰,各族群宗教信仰自由,宗教活动正常开展,从根本上使得国家的政治稳定不因宗教问题而受到冲击和影响。另外,人民行动党及其政府反对族群沙文主义,即文化素质高的族群同化和吸收文化素质低的其他族群。特别是在华族占总人口较多的背景下,执政党并不主张出现上述那样的情形。族群文化共同发展、平等发展是人民行动党在文化政策、宗教事务上的一贯立场。人民行动党执政后,在推进族群融合方面有效地遵循了客观规律,选择"政治一元、文化多元"处理族群关系的根本思路,真正关照到各族群的精神利益和精神需求,成功地解决复杂敏感的族群问题,使各族群和谐相处,党的执政影响力和向心力进一步得以增强。

---

① 柴尚金:《变革中政党:国内外政党建设的经验与教训》,经济科学出版社,2013,第219页。

（二）增进民族共识，增强党的凝聚力

人民行动党尊重不同宗教信仰自由的做法，较有力地推进了各族群的平等发展，保持了族群文化的多样性。另外，在尊重各族群彼此习俗特性的基础上，人民行动党及其政府更加强调民族共识，主张新加坡大民族的融合，即培育共同的价值理念，培养新加坡人的国民意识，形成对整个国家一致的认同感和归属感。这是人民行动党及其政府打破族群隔阂、超越族群观念的一个明显措施。人民行动党采取了许多办法来实现上述目标。例如，积极倡导新加坡的共同价值观，发展本国特色文化；编写教科书，在学生当中进行爱国主义教育；在重大节日庆典中，培育青少年的国民意识，增强对国家的敬仰。应该说，这些具有浓郁的仪式感的活动，对于形成统一的"新加坡民族"观念起到了重要的作用。

不仅如此，人民行动党和政府为推动族群融合还采取了许多其他方法。在政治参与方面，为了充分实现少数族群的权利，避免各族群间参与权的差距过大，有制度做出安排，"在政府12位正部级部长中，一般都有3~4位是马来族和印度族"。[1] 而在议员代表选举中，同样也有着最低不少于25%的少数民族代表比例的相关规定。在实施组屋政策方面，他们充分考虑到加强不同群体交融的重要性，对在社区或公寓的华族、马来族及印度族等群体的居住比例有着明确的规定——这一政策看似略显呆板、生硬，但是它实际上却改变了以往各族群同族聚居的状态，有力地促进了它们之间交流。就连在兵役制度当中，也有着相类似的规定。除了采取这些办法之外，新加坡还颁布了《维持宗教和谐法案》《煽动法》等有关法律，对鼓励、煽动族群冲突、族群矛盾的思想和行为给予严厉惩处。这也从制度法规层面保障了族群融合、宗教和谐的实现。根据2013年新加坡本国的一项调查，民众对不同信仰族群的接受度上，对佛教徒、基督教徒、印度教徒的接受度分别为96.9%、94.7%、92.2%[2]，均在九成以上。不难看出，人民行动党及其政府已经走出了一条独具本国特色的族群共存、族群和谐、族群融合、族群发展的道路。对比世界上其他政党，人民行动党在

---

[1] 李慎明主编《执政党的经验教训》，社会科学文献出版社，2008，第269~270页。
[2] 〔新加坡〕吴元华：《新加坡良治之道》，中国社会科学出版社，2014，第127页。

整合、处理社会民众、多元族群问题上的确是较有效果的。因此，执政党也在聚合社会民众的过程当中不断扩大了自身的凝聚力和权威性。

四　密切联系群众，赢得对政党的拥护

政党与群众的关系问题历来是政治生活中的重要议题。执政党与群众的关系直接与党的权威相关联，与党的执政生命力相关联，与党能否长期执政并受到拥护相关联。我们知道，密切联系群众是中国共产党构建和谐党群关系的基本经验。然而，新加坡人民行动党在处理党群关系方面也遵循着较为相似的规律。人民行动党同样重视处理与社会民众的关系问题。按照李光耀的观点，执政党如果能够同民众相互交融、相互信任，那么必定容易得到民众的认同和追随。在这样一种执政理念的指导下，人民行动党通过建立健全党群制度，要求党的领袖、党员都必须下基层到民众中，了解民情民意，协调解决问题，并渐渐在实践中使这项制度常态化、长效化。人民行动党能够长期执政近60年，应当说与其坚持联系群众、扎根群众的政治价值观密不可分。

（一）倾听民众诉求，赢得民众对政党的支持

应当说，前文所述的人民行动党保持政党权威的经验值得我们学习借鉴。就密切政党与群众的关系而言，中国共产党在这方面则有着更深刻的理解和更丰富的认知，并且在革命、建设和改革的具体过程中高度重视党群关系，特别体现在对长期执政条件下党完全有可能因缺乏外在压力而面临脱离群众的风险的高度警惕和防范上。但是，新加坡人民行动党在处理党群关系上也有其独特之处，否则很难解释执政党能够在近60年中长期占据政治舞台的中心地位。所以，从这个意义上来看，分析和研究人民行动党密切党群关系，保持政党权威的成功经验同样具有价值。

人民行动党在建构党群关系中，保持了一贯的做法，即主动倾听民众诉求，了解他们的现状与处境，过问他们的起居生活等。议员定期接访选民是确保执政党达成上述目的的一个有特色的制度设计。根据这项制度规定，议员每周接见选民一次，每月选区家访一次，五年完成选区的两次家访任务。从接访民众反映的问题来看，有国家大事，然而绝大部分比例是

反映群众的私事。例如，孩子的上学问题，电话费的缴存问题，找不到工作怎么解决，如何移民等。议员能当场解决的，必须解决；解决不了的，要以议员请愿书的形式呈交有关部门，并在一周之内给予回复。这项规定不论对于总理还是对于一般议员而言，他们都得遵守。定期接访选民作为人民行动党长期执政条件下密切联系群众的制度形式被较好地坚持下来，为执政党及时了解广大民众的利益诉求、有效满足利益诉求，确保党情和民意之间形成无缝对接提供了十分重要的沟通平台。对此，李显龙曾经指出，要使民众认可政党、跟随政党，仅凭颁布的好政策是不够的，即便政策完备、科学。他认为，最关键的还要看选民们有没有得到该党成员的持续关注。同时，行动党也紧跟潮流，充分利用网络信息技术，多方收集民意。例如，作为新加坡政府吸纳、评估和分析民意的重要信息平台，REACH民意调查机构发挥了重要的功能。通过这样渠道，新加坡民众不仅对执政党及其政府反馈意见，同时也提出改进政府服务的建议。一党执政条件下，远离群众的问题对于执政党来说都不能轻视。从某种程度上分析，它是由于缺少生存环境的压迫所致。新加坡人民行动党显然知晓这样一种执政逻辑，以制度化的方式规约和督促全党成员必须增强联系群众的主动性。唯有如此，执政党才能赢得人民的拥护，才能持续保持在民众当中的威望。

（二）发挥服务功能，赢得民众对政党的追随

发挥基层组织的服务功能是人民行动党联系群众，扩大党的权威性和影响力的另一主要做法。一个成熟的执政党通常都高度重视基层组织的建构与发展。道理很简单，基层组织建设夯实有力，执政党执政基础牢固，便能长期执政，获得执政信任；基层组织建设软弱涣散，执政党执政根基面临削弱的风险，也就难以获得执政威望。党的基层组织、社区自治组织以及青年团妇女团等是人民行动党服务民众、服务民生所依托的三种组织形态。

人民行动党在国会选区中均设支部，主席是党的议员。人民行动党章程当中第七条就有如下规定："在新加坡地方区域建立分支机构，并保证分支机构在地方区域合理运行。"① 执政党的基层组织主要职责就是服务基

---

① 孙培军主编《世界主要政党规章制度文献——新加坡》，中央编译出版社，2015，第286页。

层群众，联系基层选民，最终赢得对执政党的信任和政治支持。发挥社区自治组织的服务职能是人民行动党联系基层民众的又一途径。由于在新加坡，民众并不总是与执政党公开发生关系，因此依托社区自治组织自然成为更常见的方式。例如，人民行动党社区基金会（PAP Community Foundation）就承担着幼儿教育、特殊教育的职能。此外，还有一些承担舞蹈培训、电脑培训、老年娱乐等项目的社区组织。这些组织由人民协会来统一管理，行动党的党员则负责具体的社区性组织。所以，人民行动党通过这样一种半官方性质的机构运作，展示出执政党执政为民的政治意志。青年妇女组织是执政党联系群众、服务基层的第三种方式。依靠青年组织、妇女协会，人民行动党及时掌握这一部分群体在学习生活方面存在的困难，对国家建设、社会发展的看法等，增强政策制定和调整的针对性。人民行动党以三种不同的基层组织形态延伸了党做群众之手，使政党组织机构由科层化向扁平化转变，增强群众工作的主动性和前瞻性。这对一个旨在长期执政的政党来说是相当重要且必要的。正如有学者指出："没有完善的组织体系，政党同群众的联系就没有凭借。"①人民行动党就是在服务基层选民的过程中不断地增强执政合法性，在解决基层民众实际困难中持续增强党的权威的。

五　恪守政治清廉，增强政党的认同感

人民行动党的政治清廉在世界政党谱系当中人尽皆知。根据全球清廉指数排名，2013年至2015年，新加坡分别位列第五、第七和第八位（见表3-2），始终位于世界廉洁国家的前列，在亚洲也长期居第一位。关键的问题是，上述排名所折射出的一个基本事实，人民行动党较为成功地破解了一党长期执政条件下所面临的权力腐败的问题。尽管不太可能实现"零贪污"，但就反腐实践所展示出来的成效而言，这或许是人民行动党不断赢得民众的认同感、增强政治声望并因此长期执政的最主要原因。在世界政党政治快速发展和党际交流普遍深入的今天，人们都在观察和研究人民行动党究竟以何种方式在治贪治污上取得显著成效，并最终为我所用。在

---

① 余科杰：《政党学概论》，世界知识出版社，2015，第125页。

笔者看来，人民行动党恪守政治清廉、维系和保持党的权威与制度法规的完善和执行的坚决有效密切相关。

表 3-2　新加坡 2009~2015 年清廉指数

时间	分值	全球排名
2006 年	9.4	5
2007 年	9.3	4
2008 年	9.3	4
2009 年	9.2	3
2010 年	9.3	1
2011 年	9.2	5
2012 年	87	5
2013 年	86	5
2014 年	87	5
2015 年	85	8

注：2012 年及之前采取十分制，之后是百分制。
资料来源：依据世界非政府组织"透明国际"清廉指数排行数据整理。

（一）以立法规范行为维系党的认同

人民行动党党章中明确党的核心价值观，其中第一条强调："党将始终保持清正、廉洁、透明。"① 这意味着人民行动党将组织纯洁放在政党执政实践的首要位置，把清正廉洁作为政党生存发展的决定性要素。从人民行动党加强自身建设的经验来看，执政党领袖坚如磐石的执政意志的宣扬、领袖集团洁身自好廉洁文化的大力倡导、合理的薪酬设计等都是执政党保持清廉、不贪腐的原因。或者说，人民行动党政治清廉是诸多因素组合叠加的结果。但是，最根本的原因还是在于法制的完备与健全。法律体系的完备约束、规范并警醒着执政党及其成员审慎对待权力的运行和使用。

在新加坡，大约有 400 多种法律法规，形成相互补充、相互配合的整

---

① 孙培军主编《世界主要政党规章制度文献——新加坡》，中央编译出版社，2015，第 290 页。

体，构建出一套非常严密的法律体系。法的精神和法的威严因此也深入人心。在这些法律法规中，与反腐败直接相关的法规有《防止贪污法》《没收非法财产条例》《不明财物充公法》等。涉及政党的其他法规还有《新加坡共和国宪法》等。此外，还制定了《公务员行为准则》等。《人民行动党章程》则是执政党党内的法律法规。毕竟，法律体系的完善意味着社会的进步。但尽管如此，这只是完成了法律条文的储备和积累，更重要的还在于法的执行和法的落实。人民行动党构建了一套非常严格的执法程序，确保了法律法规不折不扣得以执行，尤其是针对官员贪腐或作风不检点的案件更是如此。例如，对腐败的严惩，并不表现在以受贿金额的多少而给予相应的刑期和刑罚，而是只要涉及贪污，哪怕数额极小也要接受重罚。也不因为没有金钱的交易，就可免于贪污的起诉。新加坡法律扩大了受贿的范围，只要是涉及权力寻租，即使是接受非金钱的便捷服务或恩惠同样被视为非法。同时，新加坡法律加大对行贿的责罚。2008年林德春案、颜伟强案①都以"企图贿赂"罪名而结案。更不因为是政府首脑而得以豁免。1995年，李光耀父子曾因优惠期购房而受到质疑并接受调查就是一个明证。可以说，在新加坡贪污腐败的成本非常高，被指控贪腐的公职人员不仅名誉上受损，连日后的经济来源个人公积金都将充公。人民行动党建构了一个缜密完善的法律体系和执行体系，有力地防止和惩治腐败行为，保证执政党及其成员的政治廉洁，也理所当然地持续保持在新加坡民众中的政治影响力。

(二) 以制度约束行为强化党的认同

与法律法规相比，制度在等级、威严、效力等方面要低。但是，制度是用来约束、规制人的行动的，它在纠正人们行动偏差上同样发挥着重要作用。新加坡人民行动党不但诉诸法律防止和惩治官员的贪腐行为，同时还以制度来防止权力扭曲或权力滥用。首先，为了吸纳更多德才兼备的人进入政府部门，新加坡建立了一套任人唯贤的人才选拔制度。人民行动党秉持的一个基本理念是，要让民众信任执政党就必须把民众信服的精英选拔进来。不唯资历只重品行和才能的选人用人制度，在一定程度上从源头

---

① 吕元竹：《新加坡治贪为什么能？》，广东人民出版社，2011，第93、127页。

上保证或降低权力腐败的可能，增进了服务民众的效果。其次，完善日常行为规范。例如，公务员要将日常私人活动轨迹记录于日记本上，供检查审核。一旦发现有任何行为瑕疵、污点都将给予相应处分。同时对相互往来赠予等事项作了明确规定，严格公务员任前财产申报制度，对不当得利进行严肃追查。最后，建立完善财金制度。人民行动党的政党领袖工资待遇虽然高，但都不存在灰色收入、隐性收入，即实行所谓的"公开、可以辩护及行得通"[①]的薪酬原则。在住房、养老、医保等方面没有任何优惠政策，均和普通新加坡公民一样。公私消费泾渭分明，绝不允许假公济私。

人民行动党能够坚守清廉，或许其政党制度也发挥了不可忽视的作用，甚至在一定程度上"一党居优制"的设计，让执政党始终需要接受外在的监督制衡，进而不断增强执政自律的主动性。"一党独大，多党并存"的政党制度一方面确保行动党始终雄霸权力舞台，免除其他小党对人民行动党执政地位的挑战和威胁；另一方面也正是这样一种制度使行动党必须不断面对来自其他政党的问询，增强执政的危机意识。从监督的实效性来看，异体监督的力量常常优于同体监督的力量。在这样的政党制度下，人民行动党实现了执政的长久性和权力贪腐的有效遏制的双重目标。从客观上说，人民行动党能够实现自我约束与上述制度安排有着很大的关系。正如有学者指出该监督制度的特点，即"并非完美无缺，但事实证明却是非常高效和廉洁"。[②] 人民行动党较高的制度化构建水平保证其在治理腐败上卓有成效，有力地捍卫执政党的政党权威，不断延续在新加坡民众中的心理认同。

本章小结

从执政党建设的规律来看，对政党权威问题的研究仅仅局限在一种类型或一种社会性质的政党显然是不够的，最直接的理由便是无法获得对权

---

① 吕元竹：《新加坡治贪为什么能？》，广东人民出版社，2011，第179页。
② 由民：《新加坡大选：人民行动党为什么总能赢？》，经济管理出版社，2013，第188页。

威问题的一般性的经验抽象，而那种带有普遍性或共性的东西恰恰是执政党巩固政党权威所必须遵循和把握的。忽视或违背它都将可能影响执政党政党权威的顺利巩固，进而也影响执政党其他事业的建设和发展。过去，在对中国共产党建设问题上，我们的研究首先要专注自己的独特性。中国共产党有许多优秀的品质。例如，始终坚持立党为公、执政为民，始终重视加强自身建设，等等。正是这样一种特性，使得党能够带领人民群众成功应对不同风险，顺利推进国家建设和社会发展，赢得民心民意。这是值得我们认真研究的。同时，反思以往研究理路，如果能从比较政党政治的研究视野出发，选取有代表性的现代政党就权威巩固问题进行比照分析，从中析出对政党权威问题的本质性而非现象性的东西，将对中国共产党政党权威巩固产生极佳的参照效应。有鉴于此，我们首先选择苏共政党权威衰微、政权衰败的事实为分析样本。

关于苏联问题的研究自其解体20多年的时间里，不仅没有冷却反而随着研究视角的创新和研究资料的解密而得以不断深化。苏联共产党政党权威丧失也成为众多研究命题当中颇具代表性的一个。的确，当把研究重点落在政党权威之上时，我们发现它与其他苏联问题的研究同样有多种不同的学术结论。但是不管有多少相异的学术见解，对于苏共执政威望陨落仅仅归结为一个或两个原因或者不分主次地罗列缘由，恐怕不是科学的研究逻辑和研究次序。只有从众多纷繁的现象中，抽离出最本质、最核心、最主要的要素，同时辅以间接的、次要的其他要素，共同构成导致政党权威丧失的要素系统，才能够真正全面认识和考察苏联执政党权威问题的深层次东西，并且能为我所批判分析。从这样的逻辑视角出发，苏共权威日渐式微最根本的原因是体制机制的问题。过度集权的体制为苏共解体预设了制度前提，同样也为政党权威的获取埋下隐患。也就是说，尽管这样的体制在特定的年份发挥了组织、动员、凝聚和整合社会的作用，但是在长期执政的条件下，苏联共产党看不到体制的弊病或者看到了却对之束手无策，由此带来一系列问题使执政党失信于民。这告诉我们，只有不断地坚持并深化改革，才能破解政党在长期执政条件下暴露出来的体制性问题，取信于民。承认体制性问题是根本原因，并不否认其他要素对苏共权威流失的影响，或者说其他要素可能还起到导火线、推进器的功效。例如，官僚特权及腐败现象突出，执政后期经济改革和政治改革接连失误，人民生活水平持续走低等，当然也包括政党领导人的执政本领和能力问题。2016年，戈尔巴乔夫在新书《生活中的戈尔巴乔夫》中坦言，苏联政权崩塌和共产党组织瓦解与其有直接关联，无法推卸。可以说，上述要素的组合加速了苏联政权变形和政党权威衰减。由此我们得出的结论或启示是：长期执政条件下，执政党应当高度重视并破解体制机制存在的顽疾，消除政治腐败，发展社会生产力，加强马克思主义在意识形态领域的指导地位，推动意识形态建设的创新性和包容性，以实际成效赢得民心民意。

需要说明的是，基于曾经的社会主义政权衰败的事实，我们对苏共权威问题的分析自然也是从教训的方面入手。唯有如此，才能有更深的警示意义。当然，上述的分析维度并不意味着曾经的苏联共产党或者社会主义国家一无是处。最关键的是，执政党的指导思想是否先进、执政方式是否科学、体制机制是否优化等。它们或许在很大程度上决定后人的研究维度。

新加坡是亚洲乃至世界上相对富足的国家。执政党人民行动党成立至今，执政已近60年。比起其余登记在册的23个政党，人民行动党应当算得上有过较长时间执政经历的政党。同时，新加坡人民行动党在推动经济发展、破解民生顽疾、推动族群融合、构建党群关系以及治贪治污治懒等方面与中国共产党有着较为相似的地方。这些为我们选取人民行动党作为研究对象预设了基本前提，为我们进行政党权威问题的研究奠定了比较基础。在新加坡"一党居优制"的政党体制下，人民行动党究竟在权威构建与保持方面有哪些值得借鉴之处？一方面从执政党自身来说，加强纪律建构，严格纪律要求是人民行动党维护党的权威和党的形象的必然要求。人民行动党通过健全完备的法律法规和制度机制，确保政党与公权的恰当距离，防止沉溺于权力而致使贪腐现象的存在。优化政治形象、恪守政治清廉是人民行动党维护政党公信力的主要经验之一。另一方面，执政党加快经济建设，优先发展经济，并视之为生存之道；使经济发展所带来的成果惠及广大社会民众，改善民众的生活状态和福利待遇。从政党与社会关系来说，人民行动党较为重视民众的利益表达与综合，并以多种形式及时给予意见输出和反馈。无论采取哪种形式，其根本目的都是吸纳广泛的社会认同，扩大执政的社会基础。应当说，对于长期执政的中国共产党，上述经验的确有参考的意义与借鉴的价值。

尽管如此，我们也应当清醒看到，由于国情不同、党情不同、社情不同，对党的权威问题的思考有深有浅，出发点和落脚点也不尽相同。更为关键的是，人民行动党是以认同资本主义的政治统治为前提，维护本国资产阶级利益的，其政策取向和制度设定仍然带有强烈的阶级倾向，是执政党处理与民众关系上的策略调整或方式调整。因此可以说，它所建立起来的权威是政党任期制内的权威，着眼于为日后的连任或再次胜选奠定基础。这也意味着，如果在执政期间政党不注意加强自身建设，不注意涉及民众利益的政策的连贯性和普惠性，政党权威照样有被削弱或丧失的可能。实际上，上述政党也并非在权威认同问题上无懈可击，甚至在具体实践当中也存在一些问题。例如，关于新加坡的政治体制，有学者认为它是强权体制或带有强权政治（它与政党权威有何关系？这些都需要进一步研究和阐明）的特点。人民行动党依靠强权实现对其余政党、对社会力量等的管控，这样一种体制如何与民主化形成有机衔接是不得不面对的问题。因为民主的流失也将有损于党的权威。有鉴于此，批判地吸收和借鉴才是正道。

需要指出的是，从比较的视野出发，选取苏联共产党和新加坡人民行动党作为分析样本，深入研究政党权威巩固问题，理由是中国共产党与上述两党有一定的比较基础或比较前提。当然，这并不意味着我们排除或拒绝与其他政党的比较分析。实际上，在世界政党谱系当中，仍然有一些执政党的治国理政的经验教训也值得我们去观察和思考。例如，英国的工党、瑞典的社会民主党等。工党曾经在1964年至1979年组织四届内阁，在1997年至2010年则连续组阁，执政时间累计长达20多年，党员数量为600多万人。而作为瑞典史上执政时间较长的政党——社会民主党执政周期则从1932年至2006年，跨越时间长达65年，党员数量为100多万人。上述两党都有政党轮替体制下执政较长时间的经历，都是两国当中最有力量的政党之一。值得一提的是，它们在维护政党权威方面也有自己的一些做法，如较为重视民众的利益表达与综合，加强与各组织的协商合作，实施福利制度以及严格纪律要求等。这些也是值得我们认真研究并批判地予以借鉴和参考的。

第四章
当前中国共产党政党权威巩固面临的挑战和考验

从本质上来说，执政党执政的基础来自政党权威，即人民群众对执政党的自觉服从、有效认同以及政治支持。因此，维护和巩固政党权威成为所有旨在长期执政的政党都要面对的重要命题。中国共产党是唯一的执政党，是引领广大群众建设中国特色社会主义事业和实现中华民族伟大复兴的核心力量。历史既赋予中国共产党完成执政使命的时代境遇，也要求中国共产党拥有超强的资源配给能力和社会整合能力。而这一执政本领离不开执政党权威的巩固和拓展，离不开对执政党权威延续中所面临新情况新问题的分析与破解。在庆祝中国共产党成立95周年大会上，习近平指出，我们历史性考试仍将继续。而如何应对挑战、完成答卷将直接决定着中国共产党的政治生命力的持久与否，即长治久安、人心向背的问题。因此，只有把执政党的权威问题置于时代背景和社会发展情境中去观照，置于政党建设与政党发展的过程中去思考，才能有效地规避执政考验或风险，执政党权威才有可能巩固与拓展。本章所要侧重研究和关注的是中国共产党政党权威巩固面临的现实挑战与考验，既对政党主体进行深度解析，也关注政党与社会的互动，以政党整合与社会整合的两维视角，透视和分析当前党内外存在的影响权威的主要问题，为后续的权威巩固路径的考量选定方向。

第一节　党自身建设存在的问题

政党权威问题的探讨绕不开政党本体。作为政治组织，执政党必然存在一般组织运行过程中可能存在的共性问题，也可具体表现为不同政党的个性问题。正视且破解这些问题，执政党权威将得以巩固；而无视问题或在问题面前束手无策，权威的丧失将不可避免。当前我们党在持续推进自我完备、自我调整、提高管党治党科学化水平的同时，也存在部分党员理想信念滑坡、纪律松弛、违法违纪的问题，权力腐败的问题依然存在等。唯有科学分析存在问题的深层次原因，不断加强政党建设和政党治理，积极遏制贪腐行为，健全完善党内各项制度，党的权威才能继续被认可和存续，党的形象才能不断优化和健康。

一　理想信念迷失影响党的权威

理想信念是人的精神世界中最深层次、最高境界的东西，起着指引方向、涤荡灵魂、激发精神动力的重要作用。马克思主义政党之所以有强大的力量，就在于其有着为民谋幸福、为民族谋发展、为人类谋解放的伟大而崇高的理想追求。中国共产党革命、建设和改革的成功历程充分展示了理想信念的强大支撑力量。然而，政党的衰败往往也是从理想信念的滑坡开始的，政党权威的丧失常常也同理想信念的泯灭联系在一起。在党员数量已达 8900 多万的条件下，部分党员理想信念动摇，整个组织肌体形象也受到干扰，同样影响着党的权威的巩固。

（一）理想信念动摇影响党的团结

党的十九大报告指出，理想信念是"保持党的团结统一的思想基础"[1]，

---

[1] 习近平：《决胜全面建成小康社会　夺取新时代中国特色社会主义伟大胜利》，人民出版社，2017，第 63 页。

并强调"要把坚定理想信念作为党的思想建设的首要任务"①。理想信念不坚定作为党内政治生活诸多突出问题之一，影响着党的力量的整合，进而损害着党的权威。我们知道，一个政党的强大首先来自其坚定的理想信念和崇高的精神追求。执政党及其成员越是同心同德，越是拥有执着信念，越是怀抱理想追求，越能汇聚力量，形成超强的政党核心竞争力和整体实力，也就能够增强和巩固政党权威。换句话说，马克思主义政党向心力和整合力的凝结，在很大程度上与其成员能否保持高远理想信念的坚定性和自觉性密切相关。

从当前党自身建设的情况来看，大多数党员信念坚定。但部分党员干部理想信念动摇，精神空虚，不能成为共产主义远大理想和中国特色社会主义共同理想的坚定信仰者和忠实践者，甚至心存质疑，左右摇摆，在追求理想的道路上政治定力缺失。作为党员队伍中的"关键少数"，部分领导干部特别是高级干部理想信念动摇，必然引发不小的负面效应，直接影响着党内凝心聚力的达成。一句话，理想信念迷失或摇摆，执政党丢失的将是立党立国的政治灵魂和精神动力。这对政党的力量整合、集聚和构筑，形成一致的向心力和号召力都将产生较大影响，党的权威将可能就此受到削弱。当前，中国共产党正引领人民向着实现"两个一百年"奋斗目标前进。理想信念动摇，党就不可能团结和凝聚民众顺利完成民族复兴的伟业。从世界政党政治实践来看，一些大党、老党权威丧失、组织衰败，恰恰是从赖以支撑政党建设和政党发展的精神信仰动摇开始的，由其成员信仰迷茫而引发的。中国共产党是一个拥有超大党员规模、成功执政60多年并将长期执政的政党，党的自我调适、自我发展，党所肩负的使命责任都要求其在追求理想信念的道路上不能方向模糊、立场摇摆、定力松弛。唯有如此，党才能坚如磐石，党的事业才可成功推进，党的权威才能持久巩固。反之，党可能成为一盘散沙，党和人民事业受阻，党的权威必然受损。

（二）理想信念滑坡影响党的形象

与前一种情况相比，理想信念滑坡则更为严峻。这一状况表明，理想

---

① 习近平：《决胜全面建成小康社会　夺取新时代中国特色社会主义伟大胜利》，人民出版社，2017，第63页。

信念几乎呈现迷失状态甚至走向相反的一面。党员干部理想信念滑坡同样对党的威信的构建、保持乃至巩固产生较大的影响。事实上,人民群众判定一个政党先进和纯洁与否,是从政党的主流价值观、从政党行动的理论指南、从政党赖以存续的政治信仰科学性以及其政党成员对于上述信条的追求和坚守程度来观察和思考的。长期执政条件下,受到多样化社会思潮的影响,部分党员干部特别是领导干部理想信念呈现从动摇到滑坡的演变,最集中的表现就是不以共同理想和最高理想作为共产党人的精神依托和灵魂,却寄希望于从封建迷信中寻求慰藉;不认同中国特色社会主义制度的优越性,却热衷于西方社会的价值观和向往域外的社会制度形态,失去中国共产党人的政治本色。习近平指出:"有的人奉西方理论、西方话语为金科玉律,不知不觉成了西方资本主义意识形态的吹鼓手。"① 理想信念滑坡的根本原因,在于缺乏对于客观规律的正确认知和准确把握,或者对其根本就是一无所知,不认同、不相信科学社会主义真理。正是对基本理论含糊其辞,模模糊糊,才容易出现立场、方向摇摆不定的状况。

中国共产党作为一个超大型政治组织,党内团结统一的思想基础来自坚定的政治信仰。党员干部理想信念滑坡将直接影响党的政治形象和政治威望。因为没有理想信念支撑的政党,就不可能坚持以人民利益为根本的政治立场,不可能代表和实现最广大人民群众的利益,不可能把人民利益与党的奋斗目标有机结合起来,并且依靠人民帮助人民去实现最终的目标。也就是说,理想信念滑坡完全可能影响党及党员干部的执政为民的根本价值取向。显然,这与马克思主义政党的本质属性和先进特质是背道而驰的。而另外,理想信念的滑坡同时也意味着党员干部在权力使用上可能发生偏离,即权为己所谋而非权为民所用。很明显,权力贪腐将成为一种必然,党的执政形象和权威都面临较大挑战。我们党优于其他组织且成为领导核心,最主要原因还在于执政党高远的政治信念和科学的行动纲领。历史已经证明这一条基本铁律。因此,巩固党的权威、优化党的形象,就不能不高度警惕部分党员干部理想信念滑坡所带来的各种问题,把重塑政治信仰作为加强和规范党内政治生活的首要任务,"让真理指引我们的理

---

① 习近平:《在全国党校工作会议上的讲话》,人民出版社,2015,第8页。

想,让真理坚定我们的信仰"①,永葆党的形象和党的威望。

二 纪律松弛影响党的团结统一

纪律是政党内部的行为规范和行为准则,对政党成员起着调适、引导、约束以及纠偏等作用。一个成熟且现代化的政党必定十分强调党规党纪,而对于执政党而言更是如此。中国共产党是一个高度伦理化和纪律化的现代政治组织,对党的纪律有着明确的要求。而一些党员纪律观念淡漠,不守党的纪律和规矩,做出违背党纪党规的行为,破坏了党的团结统一,影响党中央权威和政党权威。

(一) 缺乏对政治纪律的尊崇影响党的团结统一

充足的纪律供给和纪律储备是政党制度化建设的体现。它使执政党及其广大成员之间思想和行动上高度契合,并且进一步约定组织成员在有不同认知的情况下应当拥有无条件贯彻执行的政治自觉性。在长期执政条件下,中国共产党不断加强纪律建设,其目的就在于为执政党党内政治生活营造一个优良的制度环境、创建一种健康的制度文化,培育起组织成员强烈的纪律观念和纪律意识,进而维护中央的权威和整个政党的威望,带领亿万民众顺利完成历史使命。新形势下绝大部分党员干部在维护和执行政治纪律方面值得肯定。

但是,部分党员干部纪律意识淡化,在重大原则上是非不分,对我们的道路、理论、制度及文化不自信甚至质疑;对党的基本路线、基本方针以及政策制度设计持异议甚至反对态度,个别组织或单位不重视对政治纪律的维系,轻视政治规矩,言行不一,表里不一。党的十八大以来查处的案件中,高级干部违反政治纪律和规矩的现象比较突出。十八届六中全会进一步指出存在的种种问题,如团团伙伙、阳奉阴违等。习近平指出其:"给党的事业造成严重损害。"② 党是高度纪律化的现代政治组织,包括政治纪律在内的六大纪律构建出党的整个纪律体系。其中,政治纪律是摆在

---

① 习近平:《在纪念红军长征胜利80周年大会上的讲话》,人民出版社,2016,第12页。
② 《十八大以来重要文献选编》(上),中央文献出版社,2014,第133页。

首要位置的，是所有党组织和成员在政治立场和政治方向必须遵循的行为规范，对政治原则和政治纪律的强调是我们的突出优势。而纪律松弛、观念淡漠、意识缺失等在党员干部当中呈现出来的问题，对党内政治生活的规范形成严重干扰，也必然影响对执政党政治主张的拥护和执行，影响党中央的权威。"党中央权威，全党都必须自觉维护。"① 更进一步地说，对政治纪律和政治规矩的违背和漠视，表明一些党员干部"四个意识"的弱化，政治敏感性不强。归根结底，执政党成员能不能自觉维护政治纪律和政治规矩，直接关系到执政党党内能否形成强大的凝聚力和向心力，党的团结、党的稳定、党的发展、党的强大都与之紧密相关，党的权威的凝聚和固化最终也取决于对政治纪律的维护。

(二) 缺乏对组织纪律的尊崇影响党的团结统一

组织纪律也是中国共产党纪律体系建设中的重要组成部分。事实上，现代政党发展规律表明，政党特别是追求长期执政目标的政党都十分重视组织纪律的建构与完善，并视之为政党思想统一、步调一致、行动规范的内在制度保证。严密的组织体系和超强的组织协调能力是中国共产党的政治优势，这已经被历史证明并在今天的执政实践中获得传承和延续。在新的历史背景下，中国共产党具备双重身份，即领导和执政的角色。除了获取其他八个参政党以及社会民众的支持和帮助之外，党要完成执政使命更要诉诸组织力量的培育和组织观念的强化。

然而，在社会主义计划经济模式向市场经济模式深度转型的背景下，受资源配置和管理方式变迁的影响，原本个体对组织强大的归属感和依赖感呈现慢慢淡化趋势，给同处变迁环境中的执政党各级组织及成员带来不小的冲击。其中一个结果就是部分党员干部组织观念淡化，组织纪律性弱化。这集中表现为：自由主义盛行，不遵从组织决定；不请示报告，违背组织程序；民主集中制实效性不强，对民主的理解偏差则强调集中，对集中的理解偏差则主张民主等。上述现象成为制约党的建设科学化水平提高的一大问题，这也在客观上损耗党的力量、破坏党的团结、影响党的权

---

① 习近平：《在党的群众路线教育实践活动总结大会上的讲话》，人民出版社，2014，第20页。

威。习近平指出："一个松松垮垮、稀稀拉拉的组织是不能干事、也干不成事的。"① 回顾马克思主义政党组建历程，组织纪律对维护政党权威的经验教训十分深刻，值得吸取。列宁曾经指出："对原则的严重违反必定会使一切组织关系遭受到坏。"② 从组织行为学的视角分析，一个组织没有严密的纪律规约，内耗严重，合力缺失，组织的生命力和持久力都面临较大挑战，更遑论组织权威的生成和维系。这个道理同样适用于中国共产党。换句话说，极端自由化的组织建构模式会让政党松散化，缺乏强大组织力和整合力的政党必将全然无权威可言。从这个意义说，治理党内存在的组织观念缺失、组织纪律松弛现象理应成为中国共产党推动全面从严治党向纵深推进的重要着力点，最终目的就在于促使执政党全体成员形成严明的组织观念以及对组织纪律的敬畏和尊崇。

三 作风贪腐问题影响党的权威

党风问题关系执政党的命运。作风朴实，组织形象健康，组织认同度高；作风浮夸，组织形象受损，组织认同度低。这些都直接关联着政党权威。党风问题又内在地与政党处理权力关系问题的好坏联系在一起。党风正，执政党与权力关系正常，腐败问题得到有效遏制，党的权威巩固；党风不正，执政党与权力关系异常，腐败问题必然滋生蔓延，党的权威必定受到削弱。从这个意义上说，作风问题和腐败问题解决得如何，将直接影响到公众对执政党的信任度。

（一）作风顽疾影响党的权威

党风代表政党的政治形象和政治威望，是政党凝聚力和向心力的外在体现。作风关系政治组织生命力的存续，关系政治组织的社会公众心理效应。中国共产党高度重视党风状况。党的历届领导人均强调要加强作风建设。他们的重要论述有着非常强的思想性和传承性。党的十八大以来，中国共产党在加强作风建设方面取得了相当大的成效。也正因如此，党在社

---

① 《十八大以来重要文献选编》（上），中央文献出版社，2014，第766页。
② 《列宁全集》第14卷，人民出版社，1988，第122页。

会各界中的威望不断提升。

但是，作风问题本身有易变性、传染性、反复性等特点。历史经验证明，党风建设并不能够一蹴而就，浅尝辄止或半途而废都极易使作风问题反弹，党的威望必然受到影响。而中国共产党政治方位由革命党向执政党转变的事实，决定了长期执政历史条件下保持优良党风往往面临种种考验和挑战。例如革命战争年代，党只有密切联系群众，才能获取群众保护并消除生存压力，党改进作风的主动性较强。与夺权时候相比，党获取政治权力后，在缺乏外部压力的环境下，执政自律的动力或许存在不足的可能。这是现代政党政治中带有普遍性和规律性的现象，即夺政之易与掌权之难的显著区别。更何况在一党领导多党参政的政党体制下，在执政党与参政党是领导与被领导关系的条件下，在外在监督机制尚不健全的情况下，中国共产党及其广大成员要持续改进作风确实需要更多地依靠党内监督、自我监督，需要坚定的执政意志和超强的自我规约意识。从当前的情况来看，作风问题尽管有所好转，但在某些地方某些部门某些领域依然存在。据统计，2014 年、2015 年和 2016 年，违反中央八项规定问题的分别达到 53085 起、36911 起和 40827 起。① 有些问题还未能从深层次原因上去思考和破解，群众观念还需增强，工作方法还需转型，能力也需要进行适应性调整，执政党与群众间的机制仍需优化等。这些问题解决得好与坏，社会民众的主观感受最为直接和最为强烈，最终关系到执政党在群众当中权威的持久巩固与否。以习近平同志为核心的党中央正是看到作风问题的顽固性，才把抓好作风建设作为全面从严治党的切入点，反复强调作风问题在新形势下的新特点新趋势及其对党的权威的危害，持续聚焦"四风"问题的解决，指出"这样才能取信于民、取信于全党"。② 反之，不重视作风问题的新特点新动向，任其发展，党可能失信于民。

(二) 权力腐败影响党的权威

腐败的实质是对权力的滥用，权力运行偏离它原本的轨迹，民众的权力委托和权力让渡在实践中发生权力移位。因此，在政治生活中，掌权的

---

① 数据来源于中央纪委监察部网站。
② 《习近平关于党风廉政建设和反腐败斗争论述摘编》，中央文献出版社，2015，第 77 页。

执政党首先要破解的是权力的合理配置和权力的合法运行的问题。权力行使一旦发生错位，必定使执政党权威受损，直到政局受影响。2012年以来，党在自我修复、自我完善上不断下功夫，逐步形成"三不"的反腐态势。腐败存量继续减少，增量的势头得到遏制，党同时高度关注腐败变量。可以说，持续"打虎拍蝇猎狐"，提升了执政的有效性与合法性，巩固了党执政的社会基础，切实增进了人民群众对党的信任度。

但是，权力腐败问题在一定程度上还存在，反腐败形势需要认真审视。2016年1月12日，习近平指出："党风廉政建设和反腐败斗争形势依然严峻复杂。"① 在十八届中纪委七次全会上，他进一步指出："反腐败斗争压倒性态势已经形成……但仍然任重道远。"② 当前腐败的表现形式各异，又分布在一些特定领域，如矿产开发、工程承包、干部选任等方面。不论哪种形式或哪个领域，腐败的深层次原因必定是权力的违规运行，权为己所用。换句话说，民众赋予干部的权力没有回归原初用途，而是出现沉溺权力或滥用权力的情形。权力的授予、执行、决策和监督环节形不成一个有机闭合的系统，权力腐败就不可能避免。而在长期执政条件下，中国共产党要摆脱对权力的贪恋或粘连，依法依规地行使权力，面临考验和诱惑更加巨大。党的十九大报告中，习近平指出："腐败是我们党面临的最大威胁。"③ 据统计，2016年，全国贪污贿赂、职务犯罪立案4.8万人。④ 能不能有效清除腐败历来是衡量执政党政治威望的一个重要指标，甚至是具有决定性意义的指标。执政党的权威来自多个层面，但唯独政治清廉能较好地反映执政党对待公共权力的态度，并且产生相应的权力运作模式，权为公用则巩固政党权威，权为私用则耗损政党信用。也就是说，权力腐蚀对执政党权威存续的影响是负面的，而权力清廉对执政党权威巩固是有利的。如前文所述，苏联共产党执政后期的政治腐败在整个社会中

---

① 习近平：《在第十八届中央纪律检查委员会第六次全体会议上的讲话》，人民出版社，2016，第7页。
② 习近平：《全面贯彻落实党的十八届六中全会精神　增强全面从严治党系统性创造性实效性》，《人民日报》2017年1月7日，第1版。
③ 习近平：《决胜全面建成小康社会　夺取新时代中国特色社会主义伟大胜利》，人民出版社，2017，第67页。
④ 王岐山：《在中国共产党第十八届中央纪律检查委员会第七次全体会议上的工作报告》，中央纪委监察部网站。

产生巨大的反动员力,苏联民众对执政党的质疑、否定之声不绝于耳。中国共产党巩固政党权威,更应当把遏制权力贪腐作为重点,依靠党规党纪、国法,切实有效地规制权力运行。

四 制度法律意识的缺乏影响党的威望

执政党权威的形成和巩固一方面可以依靠执政理念的先进性,另一方面则在很大程度上取决于其执政行为的有效性、规范性、制度化。前者是通过发挥执政党自身的思想感召力和影响力来获取社会民众对政党的认可,而后者则是以党的执政方式的优化与人民群众主观满意度的有效契合性、与推动国家发展进步的有效契合性为前提,来寻求社会民众对政党的支持和追随。对于一个现代化的政党来说,选择哪一种执政行为或执政方式直接反映着其执政思维的科学与否,关系到执政成本的增减与否,最终影响政党权威的巩固和执政地位的巩固与否。新形势下中国共产党面临着历史方位的"两个转变",意味着全新的执政背景下党治国理政应当努力与整个社会发展的主流相适应,与法治经济相适应。

(一) 缺乏对法律尊崇影响党的威望

决定政党权威持续维护与巩固的一个重要因素是能否在政党领导下促成制度化、法治化环境的建构。尽管历史传统赋予中国共产党强大的心理认同和道义支撑,但传统资源总会随着时间的流逝而变得影响力不如从前,它需要不断激发。可以说,受客观条件和环境的制约,新中国成立初期以高度集权化的模式来实现政治领导是一种必然,也是可以理解与接受的。但是变动的社会条件特别是体制转轨社会转型背景下,党执政注定要寻求和实现法治模式所带来的权威认同。这是因为社会主义市场经济本质上是法治经济的特点,客观上要求新的历史条件下执政党政党权威的获取必须切实依照法治思维、法的理念、法的精神来行事。从时间维度上看,中国共产党探索依法执政、建设法治国家历经60多年的曲折实践。1997年,依法治国成为治理国家的基本方略;十六届四中全会提出的"三个执政"反映了党不断走向成熟,执政理念也更加先进。

然而,正如西方发达国家建立法治社会花了数百年,同样这一过程对我们来说也不是一蹴而就的。郑永年认为:"建设法治并不是件容易的事情。"① 今天,执政党及其成员正在经历着向法治思维的转变,也就意味着传统的影响还不可能完全消除,执政和行政中法治观念缺失的色彩依然延续。这表现为部分党员干部以自己个人意志为转移,抛开法律行事;或者以掌握的权力故意压制法的推行等。正如习近平指出:"如果领导干部仍然习惯于人治思维,迷恋于以权代法,那十个有十个要栽大跟头。"② 这种思维的惯性化特点,给执政党权威巩固带来不小的挑战。法治观念缺失表明执政党及其成员将可能跳出法律对于执政行为、执政权力的约束,突破执政党活动的预定前提和既定空间行事。更为关键的是,执政党的成员法治思维的缺失,会连带和传导社会民众法纪观念的淡漠,最终破坏的是整个社会秩序,而这又将反过来影响党的权威巩固。因此,执政党成员不能缺失法律意识,特别是走向现代化的执政党党员更加需要形成和具备这样的意识,处处以法的精神规约自己,要求自己。如果每个政党成员都能做到这一点,党的行动也将容易实现规范化。习近平指出:"维护宪法法律权威就是维护党和人民共同意志的权威。"③ 执政党法治权威的树立将会优化政党形象,获取民众支持,进而提升政党威望,所以这是一个良性互动的过程。

(二) 缺乏对制度尊崇影响党的威望

另一个突出表现,就是在具体实践当中缺乏对制度的敬畏感和尊崇感。何为制度?制度是要为人们的行为提供约束或要求的各种规范的集合。相比较而言,虽然制度在等级性、威严性、强制性等方面逊于法律,但是制度所展示出的规约价值和引导价值的功能却是不容忽视的。离开科学的制度安排和制度供给,执政党执政实践必然引发失序性和无效性的问题。提高执政党执政行为的制度化含量,实际上是要求党的执政活动要遵循政党政治的客观规律,依据约定的基本规则,预期自己的目标并决定政党行为的合理性和合乎逻辑性,防范政党活动的失范性和随意性。

---

① 郑永年:《未来三十年改革新常态下的关键问题》,中信出版社,2016,第121页。
② 《习近平关于全面依法治国论述摘编》,中央文献出版社,2015,第125页。
③ 《习近平总书记系列重要讲话读本》,人民出版社,2016,第98页。

然而受传统封建陋习的影响,中国社会存在抹平制度权威或否定制度权威的文化基因,习惯于在非制度化的框架下行事。这在一定程度上干扰和影响着执政党的执政逻辑与执政行为,表现为我们通常所看到的"一言堂"等主观决断现象。缺乏制度成长的文化环境和社会环境,失去制度运行的文化支撑和物质基础,其所带来的结果便是对制度的漠视、对制度的随意变化甚至对制度的废弃,相反表现出对权力的倚重和偏好。而执政方式非制度化、非科学化倾向影响着党的执政业绩,社会民众对党的心理认同将下滑。这在过去历史中已得到印证,反映在党的其他各项事业的建设中。所以"文化大革命"之后,邓小平同志深刻指出制度建设的紧迫性和重要性。党对执政规律认识不断深化,对制度建设的法理价值和规约价值的认识也在不断上升,运用和诉诸制度规则来指导党的各项活动,规范党的各项行为的自觉性和主动性不断增强。但是,政党制度化本身需要一个过程,在这一过程中,难免会在制度建设和制度成长中出现停摆或迟滞,甚至回到人为主观臆造的治理情境中,而留下制度单一、离散、冲突等制度运转不灵的问题。所以,习近平强调,"要形成尊崇制度、遵守制度、捍卫制度的良好氛围"。① 在新形势新任务新要求下,社会民众对执政党期望更高,标准也更高。一旦持续存在上述问题,老百姓的心理预期将会受到不小的冲击和影响,对党的权威塑造和巩固也较为不利,因此必须给予足够重视。

第二节 党所处的复杂执政环境的考验

中国共产党政党权威的巩固不仅要面对党内各种问题的挑战,更要面对来自党所处的复杂执政环境的考验。这就意味着执政党除了破解自身存在的问题之外,还需要有更加科学的执政预期和更加高超的执政能力、执政艺术去防范和抵御各种风险。事实上,执政党自身建设状况与其应对外界风险的能力之间有着必然的内在关联,它们共同决定着执政党权威巩固的顺利与否。执政党不断加强自身建设,领导水平执政水平持续增强,应

---

① 《习近平总书记系列重要讲话读本》,人民出版社,2016,第118页。

对各种执政风险和挑战的能力也将大大提高，党也因此获取社会民众的广泛认同和支持。相反，执政党如果忽视自我完善、自我发展，领导水平执政水平便停滞不前、左右摇摆甚至倒退，那么必定弱化应有的危机处置能力和复杂局面的处理能力，党也因此失去影响力。因此，两者之间实质上是内外因关系的直接体现，从根本上说决定政党权威巩固的关键因素仍然取决于执政党自身建设和发展的状况。但是，在多元媒体叠加的大数据时代以及社会阶层结构日益分化的背景下，对执政党所面临的执政环境进行科学分析和研判，同样十分重要且完全有必要。从一定程度上看，执政党治国理政水平进步、执政本领的历练的过程正是应对外界挑战的过程，执政党政党权威的增强和巩固也是在上述过程中完成的。在长期执政条件下，中国共产党正是在不断探索处理政党与社会、政党与媒体等的关系中，实现政党发展与政党成熟，并且巩固政党权威的。

一 多元思潮影响党对意识形态工作的领导

执政党政党权威的形成与巩固首先来自思想上的影响力和感召力。尽管执政党的强力也会在社会民众中产生权威，但如果从权威本身内蕴的服从和认可的含义来看，思想领域的先进性则是执政党获取广泛认同并树立威望的根本性要素。换句话说，判断一个政党是否具备向心力和凝聚力，首先取决于执政党意识形态的先进性和科学性，它在决定执政党政党权威持续之时，也将决定其政治统治的恒久。以马克思主义为指导的主流意识形态格局的形成既是由其理论品格决定的，也是中国历史发展的必然选择。中国共产党坚持以马克思主义作为政党建设和国家发展的共同政治信仰，以意识形态的先进性和优越性充分宣示和表达着执政党强大的政党权威。但是，当今多元化社会思潮显然对党对意识形态工作的领导权形成不小的冲击，直接干扰着社会舆论和民众的价值判断，影响着党的权威巩固和延续，必须引起高度重视。

（一）多元思潮影响主流意识形态的吸引力

从根本上说，政党长期执政的基础取决于其在民众中保有的崇高威望，而这种威望的形成又建立在一套科学的信仰体系之上。中国共产党长期执政的地位决定了以马克思主义一元化指导的主流意识形态将为社会成员提供有效的价值导引,为执政党的社会支持提供科学的伦理依据,为执政党的政权领导和政权建设提供有力的理论辩护。用马克思主义一元化去引领和规约其他意识形态,不断增强其动员力,是实现党在意识形态领域的领导权的重要体现,更是巩固中国共产党政党权威的具体体现。

然而,随着社会的发展、社会变迁的加快,体制转型转轨,社会关系日益复杂化,社会矛盾叠加交织,反映在意识形态领域则是社会思潮纷争碰撞,并且在新兴媒体技术的支持下被放大和扩散。根据人民论坛对 2011 年至 2015 年国内外十大思潮的调查,不同的年份有不同特点的社会思潮。而这些思潮背后则隐藏的是不同社会群体的价值判断、思想主张,是非理性、情绪化甚至反主流、反社会的言论的宣泄。从某种程度上看,这些思潮是社会转型过程当中某领域矛盾关系复杂化的直接体现,契合当下社会发展过程中民众的关注热点,迎合部分社会群体的心理特点,因此十分吸引眼球,易于产生"疏离之感"。① 正因为如此,它对党领导的主流意识形态的吸引力、影响力形成不小的传播压力。我们知道,意识形态的重要功能之一是要建设社会普遍认可和接受的观念体系。马克思指出:"理论只要彻底,就能说服人。"② 如果在这过程当中,不能注意主流意识形态建设中世俗化与理性化的结合、继承性与创新性的融通,不能关注民众利益,无法回应社会变迁过程中重大理论和现实问题,那么极有可能在与其他社会思潮的较量之中面临吸引力下降的危险。显然,在面对多元社会思潮交融纷扰的背景下,中国共产党在意识形态领域加强马克思主义一元化指导,就更应当重视处理好"一元"与"多元"之间的关系,并且能够在坚持创新和务实的原则下,切实延续基本理论的生命力。否则,将无法以观念体系的先进性和科学性来实现政党领导的权威性和有效性。

(二) 多元思潮影响主流意识形态的整合力

意识形态的另一大功能是引导和调控社会,平抑观念落差,消除观念分歧,凝聚人心,达成共识,促成对执政统治的一致向心力。中国共产党

---

① 刘明君、郑来春、陈少岚:《多元文化冲突与主流意识形态建构》,中国社会科学出版社,2008,第 185 页。
② 《马克思恩格斯选集》第 1 卷,人民出版社,2012,第 10 页。

政党权威的形成、巩固和持续离不开这样一个整合过程，离不开一套社会共同价值理念去归拢和聚合民意、形成广泛认同。说到底，加强党对意识形态工作领导的重要内容之一是要正确处理好主流与非主流的关系，抵制反主流观念，在坚持基本价值观的同时，建构一套能够代表和反映绝大多数群体利益诉求的思想体系，并在此思想体系的引领和感召下持续保持对执政党的心理认同和情感追随。

然而，意识形态作为观念集合的目的在于解释世界和改造世界，这表征的正是其强大的现实整合力。多元社会思潮汇聚所带来的问题之一便是主流意识形态整合力受到明显挑战。因为思潮多元化，必然带来信仰多元化，非主流意识形态中阴暗、消极、腐朽反动的因素极易影响主流意识形态的整合能力，在人们当中产生价值分歧的同时可能干扰主观认知，进而形成对党的离心倾向，而这将直接影响执政党权威的巩固。这是执政党加强马克思主义主流意识形态领导权必须重视的问题。例如，历史虚无主义思潮反诬马克思主义，其实质是妄图颠覆党的指导思想，争夺舆论话语权；否定党的历史实质是意在损毁国人的信仰基础，直接目的便是否定党的领导和执政地位，企图干扰主流意识形态的导向；污蔑党的领袖，实质是否定党的领导和社会主义制度，否定马克思主义的指导地位。新自由主义思潮的一个倾向是把当前经济困难的原因归结为国企的主导作用，借机对国有经济的主导地位进行否定，实质则是抹平党执政的物质根基。显然，上述思潮表现出的政治立场和政治倾向，正是对党的地位、历史功绩以及现实成就进行极力抹黑和全盘虚无，蛊惑人心，造成人们价值判断的混乱，从而对执政党主流意识形态整合能力形成冲击和挑战。苏联解体的重要原因之一就是意识形态领域管理混乱，最终取消马克思主义的指导地位，也就是放弃苏共的执政权，苏共权威的丧失是一种必然。习近平对意识形态工作提出要求："维护党中央权威、维护党的团结。"① 可以说，在今天思潮分化、价值多元的社会背景下，如果不能抑制反主流或非主流的价值主张，不能在多元价值之间保持张力，那么维系马克思主义一元化指导地位，最大程度地吸纳其他意识形态的合理养分就不易做到，也就不能凝聚民心铸牢对党的认同。只有在多元思潮观念中消除价值冲突，实现观

---

① 《习近平总书记系列重要讲话读本》，人民出版社，2016，第194页。

念整合和思想统一,才能保持对社会制度的信仰,保持对中国共产党的敬仰,维护和巩固党的威望。

二 经济绩效的不确定性影响对党的认同

对于中国共产党来说,新社会制度的建立和执政地位的获得是其建立政党权威的基础性要素,但只是对党过去革命行为和意义的肯定。长期执政条件下,中国共产党政党权威的持续巩固不可能总是停留在对历史资源的挖掘上。因此,除了传统资源、某种人格化的力量、先进的意识形态以及民主制度之外,中国共产党还应当把对经济绩效的维系看成政党权威的重要来源,把对经济发展的维持作为执政有效性的重要基础。党的干部也必须"坚持不懈地提供好的经济绩效"。① 然而,问题的关键在于,经济绩效的增进面临许多国内外复杂因素,影响经济发展的各要素客观上存在不可预知性和不确定性。所以,执政党将政党权威寄托在经济绩效的可持续维系上时,还应当防止另一种现象产生,即一旦经济发展出现停滞和困难,则容易对党的心理认同产生影响。

(一) 经济绩效难以长期带来普遍认同

中国共产党是在经济社会极度落后的情况下建立社会主义政权的,因此加强经济发展、提升经济绩效对于延续和巩固中国共产党政党权威有着重要的政治意义,经济快速发展并且普惠社会的事实在很大程度上增强了民众对执政党的支持和对社会制度的认可。从这个意义上说,在政党权威的来源当中,经济绩效是特别重要的,是一个标明执政正当性的资源。20世纪90年代初,邓小平指出,党受到拥护的原因是"这十年有发展,发展很明显"。② 改革开放以来,中国共产党正是不遗余力地通过有效的经济活动,直接或间接满足广大老百姓的利益需求。

然而,党的权威建立在经济绩效基础之上,并不能就此简单得出经济绩效就一定会带来长期、普遍意义上的社会认同的结论。换句话说,执政

---

① 庞保庆、王大中:《官员任期制度与经济绩效》,《中国经济问题》2016年第1期,第23页。
② 《邓小平文选》第3卷,人民出版社,1993,第354页。

党的权威离不开给予民众的经济利益，利益诉求的满足当然能够使党获得人民群众的直接认同。但是经济绩效与政党权威之间并不必然存在直接的线性关系，或者说依靠经济绩效来维系和巩固政党权威也有一定条件。这首先表现在提升经济绩效而制定和出台的经济政策面对的是个性化、差异化的社会受众，个体的资源、禀赋、能力、机遇不尽相同，对政策的理解、把握和运用也不可能完全一致。其结果可能会是利益差别化或者利益差异化格局的形成，社会民众公平获得感缺失，相对剥夺感却上升，随之连带的是对执政党支持的差异化，这就可能难以完全实现一致的社会认同和政党权威的巩固。这表明，因社会个体存在差异，即便执政党的经济政策相对完备，也有可能无法带来普遍的效率；经济绩效的增进不一定能形成社会满意度的绝对同步增长。如果说，改革开放前意识形态教化和培育发挥着论证执政党执政和社会主义制度的合理性的功能，支撑和维系着执政党政党权威作用的话，那么这种景观在改革开放后得到极大改变。追求经济增长和经济发展成为中国共产党加强政党权威的另一种重要方式，这需要肯定。在新形势下，这种依靠经济绩效所带来的认同还要客观地、科学地去看待。长期执政条件下，中国共产党巩固政党权威，不但要看到经济绩效在其中所发挥的重要作用和积极意义，也要看到它的特点的另一面，那么就才能正确驾驭它，促使党的执政信任进一步巩固。

(二) 经济绩效的周期性影响对党的信任

经济绩效不确定的另一个表现是存在周期性特点。换句话说，经济绩效的周期性或波动性将在一定程度上影响经济发展的可持续性，也将影响着政党权威的巩固和持续。这就是亨廷顿所谓的"政绩正当性困局"情形，即经济绩效无法长久地成为执政党政党权威或政党认同的关键因素。应当说，在科学的制度安排和政策设计下，执政党利用其强大的资源调配和供给能力，在一定的时期完全可能实现经济绩效的获取和维系，经济社会全面协调发展是能够实现的。

但是，不容忽视的是，在经济全球化背景下影响经济发展的国内国外因素不断增多，不可控的因素不断增加，决定了整个经济发展将是一个复杂的、多种要素参与的过程，也会有高峰期和低谷期，不可能长时期保持在一个较高的水平之上，经济绩效的可持续性获得是一个有难度的事情。

特别是我国经济已经快速发展 30 多年，经济高速增长的空间变得相对狭小，原有后发展国家的后发优势不再明显。同时，随着社会主义市场经济体制改革进入关键期和深水区，经济领域许多深层次矛盾凸显出来，如产能过剩问题、有效供给不足问题、科技对经济增长贡献不足等问题。另外，随着对外开放步伐的加快，全球经济的走向对我国经济的影响也越来越大。2013~2016 年我国 GDP 增长率分别为 7.7%、7.4%、6.9%、6.7%。这当然是我国经济发展进入新常态的现实反映，也是经济企稳、提高质量的必然趋势。但也表明经济发展或经济绩效要长期维持在高水平位置上绝非易事。所以，对于经济绩效或经济发展与政党权威、信任的关系问题，需要站在一个理性的、辩证的视角去分析，既要看到经济绩效对于增进政党权威、政党信任的有利一面，又要看到经济绩效对于巩固政党权威、政党信任的相对性，而不能陷入单一的思维定式。执政的中国共产党应当高度重视经济绩效与政党权威、政党信任之间的二维关系，努力规避作为执政党权威资源之一的经济绩效陷入持久力不足的问题，从而使执政党权威的物质基础更加牢靠。

三 社会阶层利益分化影响党的权威

随着市场经济的发展，社会流动频率在加快，人们活动的自由度也在加大，"单位人"到"社会人"的演进表明了人们对原有实体归属感和依赖感的淡化，"四个多样化"的局面逐步形成。由于国家政策或制度设计从出台到实施难以确保全过程的公平，又由于个人能力的差异，利益差距和利益分化成为一种必然。党和政府要成为"利益博弈的裁判和调停人"[①] 并不容易。应当说，适度拉开收入差距有利于良性竞争态势的形成。但是转型时期社会出现分化成为一种事实，在市场因素的驱动下，又形成"马太效应"，让人们对社会公正产生怀疑，这种思想认知的动摇不可避免地会转移和传导到执政党身上，影响执政党政党权威的基础，引发对党的认同和信任问题。

---

① 夏禹龙：《在社会利益分化的条件下，构建社会主义和谐社会何以可能》，《探索与争鸣》2013 年第 3 期，第 31 页。

（一）多元利益诉求影响党的社会聚合力

在计划经济时代，中国共产党依靠组织体系成功实现对社会成员的高度聚合，通过强大的权威配给能力完成对资源的行政分配与再分配。在这种条件下，社会群体利益属性呈现同质化，利益诉求单一，群众的生活水平普遍差别不大。社会流动政策的滞后与城乡二元化户籍制限制人口的迁徙和流动，社会成员额外收入也难以产生。因此，计划经济体制下社会成员在利益上相对平等。

1978年以来的数十年里，我国经济体制由低效体制向高效体制靠拢。与体制转轨同步推进的是社会转型。市场力量嵌入社会领域，在利益机制的调节下，再加上资源禀赋、政策措施、个人能力等的不同，社会阶层结构发生变动，利益分化成为一种必然。社会成员阶级属性不再单一，利益诉求无限接近，取而代之的是利益诉求多元多样的现实，甚至出现利益冲突、利益博弈由偶发到常发的状况——利益格局变动是立体和多维度的。显然，利益属性异质化的增强对执政党的社会聚合能力提出了挑战和考验，执政党社会调控的基本面在增大，几乎覆盖所有的社会群体。执政党如何能够依照公正公平的价值理念，充分发挥利益表达、利益综合功能，最大限度地吸纳多数人的诉求，协调利益关系，解决利益纠纷，平抑利益落差和利益分化，尽可能满足和实现大多数群体的利益需求，并把各阶层群体团结聚合在一起，既成为衡量执政党执政能力的重要标准，又成为衡量执政党执政信任的关键所在。更为重要的是，在不同领域利益分化速率不完全一致，利益分化诱导下的社会稳定问题由萌发到形成的时间在缩短，这些都成为执政党应当关注的焦点。执政党如果能够关照到不同利益群体，就能确保有广泛的执政基础，也就能在社会中塑造和巩固执政威信；如果执政党民意采集能力弱化或缺失，利益表达渠道不畅，不能有效兼顾社会成员利益分化、多样的态势，任由其出现利益纷争或利益对抗，那么党执政的社会基础就薄弱，社会认同度和支持率也就越低，党的权威也将面临受影响的风险。

（二）多元利益主体影响党的社会动员力

在传统的计划经济时代，整个社会结构高度均质化、单一化，利益趋同性明显，执政党利益调节的难度低，能及时、合理、公平地实现社会民众的利益。此时，执政党与民众之间代表与被代表的关系毋庸置疑。但是，社会阶层结构急剧变迁带来社会利益格局的深度调整，利益分化随即形成不同的利益群体，利益目标相异，利益边界就此标定。显然，利益主体由单一到多元的发育是社会结构分化背景下的一个重要特点。那么，利益主体的多元存在意味着潜在的组织化倾向可能——因诉求、兴趣、目标甚至可能面临的共同风险等而迅速抱团、凝聚起来。这或许是在社会阶层分化条件下，执政党与民众关系问题上值得重视和警醒的一面。因为假如当社会民众的利益表达开始成组织化形态的时候，实际上与执政党之间形成了一种关系疏离的局面。不论是何种原因驱使，也不管采取哪种方式，都在事实上对执政党的动员力提出了严峻挑战，进而也对执政党政党权威的巩固造成一定影响，特别是对于一个依靠传统高效的组织体系进行社会整合的党来说尤其如此。

在这样一个问题上，执政党还应当做好充分的心理、资源和行政准备。一般地说，党能代表民众的利益，就没有建立其他组织的必要。况且，执政党也通过组建工会等一些群团组织，拓宽利益表达渠道。然而，随着市场经济的快速发展，社会组织的兴起和发展已经是一种必然，它们甚至承担和提供着大量的物质性服务，弥补着行政整合发挥欠佳或弱化带来的缺陷，因而代表着一部分群体的利益诉求。应当看到，上述组织的存在的确对执政党动员群众、代表群众、宣传群众的能力造成一定的影响。另外，我们也应该认识到，执政党完全可以介入代表不同利益群体的各类组织中，在其中组建党组织，把党群关系由过去的执政党与民众的两点相连，变成执政党、各类组织与民众的三极相通，充分发挥这些组织在畅通民意表达渠道上的桥梁纽带作用，借这些组织延长党做群众工作之手的同时，再次收获民心捕获民意，在社会利益分化条件下真正破解党的利益代表性和群体利益多元性的矛盾，巩固党的威望。

四　新媒体扁平化传播方式考验党的影响力

正确处理党媒关系历来是执政党执政过程中不可忽视的重要问题。借力媒体，执政党可以达到优化执政形象、扩大影响力和增强权威性的目的。随着以互联网为代表的新兴媒体的蓬勃发展，执政党与媒体的关系还需要进一步分析和探讨。一方面，执政党可以通过新媒体传播党的主流声音，宣传党的路线方针政策，展示党的执政理念和政治形象。另一方面，网络媒体也有其自身成长和发展的规律，而且因其扁平化的传播特点在某种程度上很容易代行执政党代表群众、宣传群众、反映群众利益诉求的功能，占领原本属于执政党的活动空间。说到底，全新的媒体格局和舆论传播方式在一定意义上对执政党的影响力、代表性产生一定的作用。因此，党应当从巩固权威的高度，认真审视和把握当前的媒介生态可能产生的积极影响和消极影响，并适时采取应对策略。

（一）政党功能被挤占使影响力受考验

过去，我们常常有一种观点，即认为中国共产党是唯一长期执政的党，与多党制相比较，在多党制条件下多余的政党活动空间，执政党一党就能够接管和占领，所以不太可能存在竞争。然而，新形势下特别是网络媒体迅猛发展的态势已经影响了上述格局。换句话说，我们当然不允许多党制、多党竞争的存在，但是，现代传媒特别是以信息技术为平台的自媒体的发展催生了新情况新问题。

客观地说，网络新兴媒体的产生和发展给执政党带来的影响是双重的。一方面，新媒体的发展在执政党与民众之间架起了一座桥梁，成为连接执政党与民众关系的纽带。执政党通过新媒体传播主流价值观，宣传党的各项事业建设取得的成就；及时有效地吸纳和汇集民意，并快速做出信息反馈和政策调整等。通过互联网，执政党拉近与社会民众的时空距离和心理距离；依靠全新的信息传播技术，执政党与时俱进地塑造公共形象，提升执政公信力。

但是另一方面，随着互联网技术的渗透与升级，执政党面临的媒介环境显然与过去大不相同，自发、去中心化、无时空等是网络媒体的另一显著特点。新媒体超强的社会穿透性既提供机遇，也带来考验。网络信息传递和信息流转的不确定性对执政党舆论引导能力形成挑战。也就是说，全新传播格局给执政党的利益表达功能的发挥增添新的变数，特别是借助信息技术平台的自媒体可能利用自身特点挤占政党动员、宣传民众的功能，并且这种动员是正向的还是逆向的值得关注，尤其在网络受众几何式增长的背景下更是如此。在过去的六年当中，我国网民数量年均增长4600万人，普及率年均增长3.15个百分点（见表4-1）。例如，北非"茉莉花革命"等现象就是线上社会和线下社会、虚拟社会与现实社会的舆论互动后，对执政当局稳定产生负效应，抹黑当地政党的形象和权威。在某种程度上，新媒体的发展影响了执政党对信息的处置权，使社会民众对执政党的依赖性不如过去那么强，独立性增强。从这个意义上说，执政党与新媒体关系处理得当，执政党影响力倍增，政党权威进一步得以巩固；反之，执政党的影响力和权威性都可能受影响。2016年2月19日，就媒体宣传的价值定位而言，习近平在座谈会上指出："都要体现党的意志，维护党中央的权威、维护党的团结。"① 只有认识到新媒体的传播特点和传播规律，中国共产党才能够应对和消解网络媒体对执政安全的不良影响，维系政党形象和巩固政党权威。

表4-1 我国2010~2016年上网网民数量及普及率

单位：亿人，%

时间	数量	普及率
2010年	4.57	34.3
2011年	5.13	38.3
2012年	5.64	42.1
2013年	6.18	45.8
2014年	6.49	47.9
2015年	6.88	50.3
2016年	7.31	53.2

资料来源：中国互联网信息中心历年网络发展报告。

（二）组织结构受冲击使影响力受到考验

传统的政党结构是一个自上而下、层级较多的组织系统，反映了政党

---

① 《坚持正确方向创新方法手段，提高新闻舆论传播力引导力》，《人民日报》2016年2月20日，第1版。

科层化后的突出特点。按照马克斯·韦伯的观点，科层制实际上是依据职位分工而形成的权力层层传导、依规管理的等级组织结构。政党科层化后，权力被根据一定的规则有效分解、传递和执行，最终实现整个组织的有序运转。然而，也正是由于政党组织结构层次多，信息传递效率不高，时效性不够，信息扭曲或失真甚至成为一种常态。更进一步地说，由于整个组织体系压力是自上而下传递的，因此信息流动由上至下可能相对顺畅，但是信息回传由下至上则相对困难，这是等级化的组织结构所产生的沟通弊端，不利于现代社会的组织决策与发展。

而互联网技术的兴起和发展则对传统政党组织结构造成进一步的影响。新媒体的多中心、无边界、交互性的离散结构客观上使得信息发布的节点增多。一旦信息重要且稀缺，它的发布必然成为人们关注的焦点而不顾发布者的身份地位。不难发现，新媒体的出现特别是自媒体在一定程度上分解了政党对信息的支配权。相反，政党对信息的反应在网络时代一旦表现得较为迟滞，可能会因此使政党的影响力、威信受到影响。网络媒体摆脱了诸多限制和不足，大大提升了沟通效率与质量，因而也就可能在与科层化的政党组织结构的比较竞争中处于优势地位。这必然催生执政党组织结构、组织层级扁平化、简化的调整趋势。有学者认为："执政党的影响力与权威性方面必须与全新的媒体格局及舆论生态相适应……才能实现影响力与权威性嬗变，掌握话语博弈主动权。"① 事实上，在网络信息技术迅猛发展的背景下，因组织层级繁多而引致的信息传递的及时性欠缺、回应性动力不足的问题，已被全党清醒地认识到并给予了高度重视。在中央全面深化改革领导小组第四次会议上，习近平指出："要强化互联网思维。"② 中国共产党是个善于自我调整、自我完备的现代政党，必将在研究和掌握现代传媒规律的基础上，在组织结构、活动方式以及行动理念等方面做出适应性调整，在融入和适应新的媒介生态中继续保有政党的号召力、向心力。

---

① 段功伟：《权力的辩护——执政党公共形象传播研究》，广东人民出版社，2015，第141页。
② 《共同为改革想招 一起为改革发力 群策群力把各项改革工作抓到位》，《人民日报》2014年8月19日，第1版。

第三节　国际各种因素的影响

新形势下中国共产党巩固政党权威除了要应对来自党自身的问题和党所处复杂环境等方面的考验和挑战之外，还需要正确看待和分析国外因素可能产生的消极影响。特别是在整个社会主义运动低潮期①，世界社会主义运动出现曲折的背景下，人们对社会主义运动的前景和展望直接影响到对执政党的信仰和追随，进而关系执政党政党权威的巩固与持续。同时，随着政党交流、党际互动的深入发展，不同国家的国情比较、政党体制的比较之后，某些政策特别是涉及民生领域的惠民政策暂时不完善，也可能会引发对执政党认同问题上的分歧和差异。长期执政条件下，中国共产党肩负着带领全体人民实现"两个一百年"和中华民族伟大复兴中国梦的奋斗目标，就更应当正视和直面社会主义建设过程中存在的各种问题，并力所能及地破解这些问题，在充分体现中国特色社会主义制度优越性的条件下，在与不同国别的比较竞争中诠释社会制度的强大生命力，赢得和巩固执政威信和执政认同。

一　国际社会主义运动低潮影响对党的认同

苏联解体对世界社会主义运动发展的影响是深远的。从苏联东欧剧变至今，社会主义运动陷入低谷。一方面它使人们对建设社会主义的难易程度有了直观的认识；另一方面它在一定程度上也影响着人们对社会主义运动发展的心理预期和未来判断。也就是说，社会主义运动的徘徊、停滞甚至倒退首先影响的是社会民众对本国建设社会主义的心理认知，影响到对社会主义制度正当性的信仰和尊崇，进而影响到对执政党执政权威性、有效性或正当性的认同。因此，对社会主义运动的现实状况与执政党权威认同的关联性分析要分成两步。

---

① 对于社会主义运动处于低潮期的判断主要基于以下考虑：资本主义社会政治统治依旧，大规模工人运动没有出现并形成呼应，人们还未完全面临生存危机而要起来抗争，部分国家的共产党还处于成长期或复苏期等。

（一）国际社会主义运动低潮影响对社会制度的认同

客观地说，中国共产党领导的中国特色社会主义是当前整个社会主义运动发展低潮中的"一抹亮色"，是高潮与低潮交织轮替历程中的华彩乐章。在 60 多年的执政历程中，中国共产党持续接力地回答了社会制度建设、政党建设、科学发展、国家治理等一系列问题，无论是从理论阐述方面还是实践探索中都把社会主义运动在中国的实践推进到前所未有的高度。无数事实表明，只有社会主义才能发展中国。这是基本方向，绝不能动摇。

另外，理论认知并不等于充分理解，更不代表能够自觉实践。特别是在世界社会主义运动发展处于低潮期和徘徊期，更在一定程度上影响和干扰了部分人群对基本问题的价值判断。尽管大部分人能够清楚地认识到中国特色社会主义道路、制度和理论体系的科学性与真理性，但是的确有一部分人对此不以为然，集中表现为部分党员干部理想信念缺失。[①] 对此，习近平指出："信仰缺失是一个需要引起高度重视的问题。"[②] 有些干部认为共产主义社会遥遥无期；有些干部对道路缺乏自信，不是真信，口是心非或者彻底不信。他们看不到资本主义社会的新变化，看不到世界各国社会主义运动的策略、阶级力量发展以及各国共产党的组织方式、斗争方式的新趋势新动向新特点。同时，传统思想理论教育在部分程度上也存在回应现实不够的问题，不能够直面社会现实、观照现实不够；对两种社会制度的优劣比较没有给予实事求是、有底气的科学合理解释，人们还没有将马克思提出的"两个必然""两个决不会"思想有机联系起来，深入地去理解，当然也就认识不到当今社会主义运动发展的特点和趋势，也就必然对社会主义制度的前景产生疑虑、动摇。于是，"资本社会主义""国家资本主义"等形形色色的舆论甚嚣尘上。习近平指出："现在……有的想拉回到老路上，有的想引到邪路上去。"[③] 我们需要努力甄别和抵制这些不良思潮。

[①] 我们曾在 947 位领导干部当中进行问卷调查，当问及"当前党员干部思想状况存在的主要问题是什么"时，75.5% 的受访对象认为"理想信念淡化"，34.3% 的人认为身边的党员干部理想信念与一般人无异。参见《严格思想教育，打牢全面从严治党的思想基础》，《中共福建省委党校学报》2016 年第 1 期，第 44 页。
[②] 《习近平总书记系列重要讲话读本》，人民出版社，2016，第 108 页。
[③] 《习近平总书记系列重要讲话读本》，人民出版社，2016，第 30 页。

（二）国际社会主义运动低潮影响对执政正当性的认同

社会主义运动陷入低潮给社会民众造成的对社会制度正当性的认同疑虑，是与对党执政正当性的认同度联结在一起的，对社会制度信仰状况如何直接关系着对执政党的认同度的高低和党的威望的高低。中国共产党带领人民群众武装夺权并建立新中国的历史事实证明了一个基本道理，社会主义制度是人类历史上最为优越的制度，而中国共产党是社会主义现代化建设唯一的执政党。历史功绩天然地给予中国共产党执政的正当性和崭新的社会制度建设的正当性。党执政的有效与否被与社会主义建设优劣连在了一起，对党执政的权威认同也随之被与对社会制度的认同连在了一起。执政党执政行为，不仅在论证着执政的正当与否，同时也在论证着社会制度建设的正当与否。按照这样的逻辑，当人们对社会主义制度信仰和向往时，必然连带着对领导和建设这样制度的执政党的信仰和追随；而当人们陷入对社会制度未来的疑虑或彷徨时，也必然对执政党认同和执政党权威的巩固和拓展形成不利影响。

这与西方国家存在明显不同。西方政党其所谓执政的正当性来自它们"法定"的政党制度等其他因素。其社会制度的因素不太关联至党的执政认同。执政党的执政能力可能有高有低，他们需要通过不断调整来改变，进而收获民意而继续执政。而社会民众对社会制度的认同度或许是另一维度的问题，寻求两者之间的关联性，还需进一步的观察和研判。说到底，引起党的认同的起始动因与我们有所差别。因此，当社会主义运动出现长达20多年的低潮期，当人们对新形势下资本主义社会与社会主义社会的各自存在的新变化、新特点没有足够深入了解和比较研究时，就难以形成对社会主义制度的坚定信念，而这一现实状况就自然会影响到人们对领导党自身的执政向心力。这反映了与资本主义国家执政党执政正当性、执政认同、执政威望来源的一些差别。"理论一经掌握群众，也会变成物质力量。"① 执政的中国共产党要巩固政党权威、延续政党认同，除了不断加快发展，让百姓获得实惠外，还应当发挥凝聚群众的力量，向人们客观解释两种社会制度的现实发展状况，在提升理论解释力的基础上，增强人们对

---

① 《马克思恩格斯选集》第1卷，人民出版社，2012，第9页。

社会主义制度的认同和信仰,进而巩固对领导党或执政党的认同和威望。如果不重视这一点,就难以持久获得政党认同,巩固政党权威。

二 国外发达国家现代化程度影响对党的认同

改革开放以来,我国各项事业蓬勃发展,现代化程度不断提升。当前,我们离实现全面建成小康社会目标的时间节点越来越近;到21世纪中叶,我们各领域各项制度将更加成熟,五大建设和政党建设等将实现全面推进,社会主义现代化水平将越来越高。凭借40年的励精图治,中国共产党在人民群众当中的威望与日俱增,越来越赢得最广大民众的认同和敬仰。从文本意义上看,术语现代化本身是一个多要素集成的概念,是一个内涵不断扩容的概念,它既包括五大领域的现代化,也包括城市和乡村的现代化,还应当是经济发展的诸要素组合方式或机制的现代化和有机化等。中国社会科学院课题组关于中国现代化系列研究报告显示,2009年我国现代化指数在所有参评的131个国家中排在第73位,2010年排在第70位,2011年排在第65位,2012年则排在第62位。[①] 从数据上看,我国的现代化程度逐年提升。

同时,如果与世界上其他先进国家现代化程度相比较,我们还有着不小的差距。例如,2013年,丹麦、比利时、荷兰、瑞典、芬兰等欧洲国家现代化综合指数排在参比131个国家的前五位,综合现代化指数分别为100、99.2、98.8、98.5、98.3,美国则位居第六位(见表4-2)。从主观上来看,上述国家的现代化程度处于世界前列的事实也是被人所感知和认可的。如果把现代化的衡量指标细分为人均收入、城镇化率、教育普及率等项目,那么我国与先进国家相比差距较大。同时我国地区现代化水平也不太均衡。从纵向比,我国各项事业迅速发展,已达到初等发达国家水平;但从横向比,特别与世界发达国家相比现代化水平仍有提升空间。

表4-2 2012年、2013年我国与世界发达国家的综合现代化指数

国家	综合现代化指数	2012年排名	2013年排名
丹麦	100	3	1

[①] 数据根据何传启《中国现代化报告》年度系列资料汇总。

续表

国家	综合现代化指数	2012 年排名	2013 年排名
比利时	99.2	8	2
荷兰	98.8	5	3
瑞典	98.5	1	4
芬兰	98.3	2	5
美国	97.3	4	6
中国	40.1	62	73

资料来源：何传启主编《中国现代化报告 2016：服务业现代化研究》，北京大学出版社，2016，第 235 页。

例如，以衡量现代化水平的重要指标之一社会保障为例。有学者对 1978 年到 2010 年的我国福利水平进行了量化统计分析，从纵向时间维度看，人民福利待遇的确有了较大飞跃；但在同样的时间跨度当中，"我国社会福利水平的年均增长速度仅为 1.36%，远低于年均 10% 的经济增长率"。[①] 福利需求与福利供给之间的矛盾，也折射出当下我国福利政策亟须破解的保障水准问题、覆盖面问题等。英国、瑞典等国的社会保障水平相对较高。英国整个福利开支占国民生产总值的 1/4 左右，福利政策涉及老弱病残孕等七大类人群。瑞典也是西欧高福利国家代表之一。再如，2013 年我国城镇化人口比例为 53.2%，而英美德分别为 81.3%、82.1%、74.9%（见表 4-3）。与欧洲发达国家相比较，我国的确还有很大的提升空间。人口问题是一个方面的原因，也和一些国家不希望看到中国发展而对我国采取防范和遏制手段有关。邓小平指出，我们如果老是发展得比其他国家慢，制度优越性便无从谈起。这就意味着，除了继续发挥曾经的历史传统的作用力、影响力之外，执政党更应当考虑从执政绩效的提升方面继续巩固党的权威，从提升社会民众幸福感的角度来重视社会建设、国家治理，赢得执政认同。否则，随着国际交往和对外交流的深入发展，不同的现代化程度、不同的福利政策比较自然会在社会民众心中形成心理反差，一定意义上会对社会主义制度优越性认同形成干扰，进而给党的权威的巩固造成不利影响。

[①] 杨爱婷、宋德勇：《中国社会福利水平的测度及对低福利增长的分析——基于功能与能力的视角》，《数量经济技术经济研究》2012 年第 11 期，第 13 页。

表 4-3　2013 年我国与世界其他国家的城镇人口比例

国家	城镇人口比例
美国	81.3
英国	82.1
德国	74.9
高收入国家	80.5
世界平均水平	52.9
中国	53.2

资料来源：何传启主编《中国现代化报告 2016：服务业现代化研究》，北京大学出版社，2016，第 246 页。

当然需要特别指出的是，一方面对发达国家现代化发展成就需要学习，国家治理、社会治理好经验可以批判借鉴，另一方面我们也应当对它们的现代化进程进行实事求是的分析，而不是一味盲从、全盘吸纳。尤其对其社会福利政策的认识需要采取客观态度。它们也并非完美无缺，甚至它们本身也处在不断调整和完善当中，并非没有瑕疵。例如，瑞典的福利支出是以高税率作为支撑的，国民工资收入中的六七成要用来交税。如果高福利没有持续经济的高增长，那么其福利政策的改革和完善将是个较为繁重而艰巨的任务。欧盟"国民生产总值占全球 25%，而福利开支却占世界 50%"。[1] 这种制度设计确实存在一定问题，有一定的社会风险，如企业税负加重、经济低迷、政府负债率推高、社会慵懒等。

本章小结

政党权威的巩固不是一劳永逸的。党依靠人民推翻反动政权，给予党的权威的累积和塑造以厚实的历史根基。但是长期执政条件下，仅就依靠对历史传统的动员宣传来延续政党权威和深化政党认同，完成对政党权威的巩固显然远远不够。因此执政党更应思考一个基本问题，即如何规避和破解执政风险，以新的执政成效来巩固政党权威。当前中国共产党巩固权

---

[1]　欧阳实：《欧洲高福利政策为何不可持续》，《光明日报》2012 年 10 月 22 日，第 8 版。

威首先要重视来自党内各种因素的考验,并要努力去克服和战胜存在的问题。纪律意识、规矩意识不强削弱党的团结统一,影响党中央的权威和整个政党权威;党风问题带有顽固性和反复性,作风问题解决不好,损毁执政党的公共形象;权力腐败是执政党执政面临的最大考验,在影响党的权威的同时,还将关系到党的政治生命力。客观地说,上述的问题在其他政党体制下也是可能存在的。然而,在长期执政的历史背景下,这些问题的存在对于我们党来说更具挑战性、风险性。中国共产党只有首先重视且解决执政党自身建设存在的问题,才能继续在社会民众中保有强大的向心力。作为领导党和执政党双重身份的中国共产党也只有不断自我纯洁、自我革新,才能始终保持在人们心中的强大威望。

中国共产党权威问题的探寻不能仅仅停留在政党本身视域之内,要有"跳出政党看政党"的研究思维。特别是在政党与社会互动频繁的今天,研究政党问题还需紧密关注党外因素对执政党权威巩固究竟可能形成哪些挑战以及如何来破解等。因此,透过这样一个研究视角,我们很容易就发现,执政党面临的外部挑战同样值得重视。借助高速发展的信息技术平台,多元社会思潮汇聚,交融交锋,其负面思潮直接冲击党对意识形态的领导权、话语权,削弱主流意识形态的吸引力、感染力,影响党的思想体系的权威性,进而影响执政党的威望。经济绩效好坏是社会民众能切身感受并可直接评判政党能力的指标之一,经济绩效维系的不确定性同样影响民众对执政党的认同度。社会阶层利益分化对党的社会整合力、执政代表性形成挑战。网络媒体扁平化的传播方式给党的沟通能力带来不小压力,科层化的组织结构在应对信息反馈上常常会滞后于网络媒体。这些问题一旦处理不当便可能给党的权威造成影响。此外,执政党权威问题的研究还需有国际视野,充分考虑国外因素可能带来的问题,如社会主义运动发展的低潮曲折对党的权威认同的影响等。

总之,不论政党内部自身的问题,还是党面临的复杂执政环境的挑战抑或是国际因素的影响,都是中国共产党在长期执政条件下和社会转型过程中遇到的新情况,是迈向政党现代化进程中出现的新问题。中国共产党唯有以高度的责任担当、高远的政治智慧和高超的执政能力战胜困难、迎接挑战,才可巩固政党权威和延续政党认同。

第五章
中国共产党政党权威巩固的必要性、重要性和可能性

中国共产党作为执政党的身份表明，它作为推进国家发展的核心地位始终不能动摇，作为实现民族伟业的核心地位始终不能动摇，维系和巩固中国共产党政党权威的意志始终不能动摇。尤其在世情、国情、党情、社情发生深刻变化的历史条件下，在党员数量已达八千九百多万、人口数量已超过十三亿的大国，中国共产党已经成功执政了近七十年，社会稳定、人民幸福、国家富强，党的权威的树立和持续来之不易。中国共产党在承接了新民主主义革命胜利所带来的历史传统的认同资源之外，又通过提升执政绩效、改善民生问题等途径，继续找到广大百姓认可的新增长点，人民群众一如既往地愿意追随和听从党的领导，党的权威也随之实现新的社会背景下的拓展、散布和延续。这对于加强超大型政治组织的建设和推进超大规模的国家治理意义非凡。特别是在新时期新形势下，我们面临着更加繁重的任务，更加风云多变的外部环境，没有一个崇高的政治声望、广泛的执政认同和强大公信力的执政党来引领广大党员和人民群众去破除风险、应对挑战，是不可能完成"两个一百年"宏伟目标和民族复兴的宏伟大业的。从这个意义上来说，在长期执政条件下，中国共产党政党权威的维系、巩固和拓展有着很强的必要性、重要性和可能性，不但要站在执政党政党建设和政党发展的维度来认识，更要从促进国家发展、民族繁荣的视角来审视。

第一节　中国共产党政党权威巩固的必要性

必要性是指基于某种目标或出于某种考虑必须坚持和进行的一种情态，如果由于主客观原因而致行动受阻，那么将无法实现目标甚至可能造成损失。从文法使用意义上来说，必要性的强调意味着事情或任务非做不可，忽视或放弃均可能带来不利结果，因此回旋余地很小。中国共产党政党权威巩固的必要性分析，旨在表明出于执政党自身建设和发展的需要，出于执政党党内各要素系统之间良性循环、和谐互动的需要，出于执政党政治统治的稳定性、恒久性的需要，必须毫不动摇地维护和巩固党的权威。说到底，中国共产党政党权威的巩固，既是确保党永续生存、实现国富民强的必然要求，也是增进党内团结统一的必然要求。对党的权威巩固的必要性分析正是围绕上述两个逻辑向度展开和深化的。

一　实现党的长期执政的必然要求

什么叫长期执政？实际上学界并没有给出清晰的、统一的答案，部分原因可能在于执政时间边界较难厘清，即多长为长期，多短为短期不易区分。① 在笔者看来，长期执政的概念能为大多数人所理解和接受，是因为它表征着执政党在一个既定时期，在与各种风险和挑战的竞争中总能赢得博弈，夯实执政基础，巩固执政地位，延续执政前景，仍存留于世界政党的谱系之中。换句话说，执政地位的永久牢固才是政党长期执政的根本标志。中国共产党具备了长期执政的潜力和能力。在长期执政的背景下，中国共产党巩固政党权威、实现持续的社会认同的迫切性要比其他政党体制下执政党来得更为强烈，因为它涉及执政党的存续，也涉及国家治理的成败。唯有如此，才能真正做到"一张蓝图绘到底"，进而实现"两个一百

---

① 有的学者以时间的长短来界定该概念（例如：20年、30年、50年等）实际上不是很严谨，也不够科学。长期执政，不论从字面意思还是从具体实践来看，它的根本内涵都是指执政党的执政生命力强大而由此带来执政时间的恒久，即我们通常所说的"立于不败之地"。它除了指存续时间的长久外，还包括对政权的牢牢掌控。

年"的奋斗目标。因此，巩固政党权威是实现党长期执政的必然要求。

（一）提升党的执政效能的需要

从主观上说，没有政党不愿意执掌政权，也没有政党不愿意持久存续。但是由于获得政权需要具备各种条件，主观或客观的，因此只有少数政党有资格成为执政党，而能够实现长期执政目标的政党则更是凤毛麟角，为数不多。中国共产党的执政地位是依靠武装斗争夺权而获得的，是历史和人民的选择，因此是历史赋予的并且得到宪法保障的。中国共产党坚如磐石的执政地位的确立，一方面来自对加强执政党自身建设的优良传统的当下承接有关，而另一方面则与新的历史环境下执政效能的不断提升有必然联系。特别是随着执政时间的推移，执政党除了诉诸意识形态的宣扬、制度化的政治运作等方式外，还通过执政成本与执政产出的正向效能比，去赢得民心实现执政地位的巩固和持久。相反，负向执政效能比所衍生出的低效、浪费、无为等不良公共形象，最终损毁的还是执政党的社会基础。

而实现执政效能、执政效力的提升离不开执政党权威的存续，只有执政党权威的加强和巩固才能有效提升执政效能。中国共产党对政党权威的维系和巩固，将意味着政党在社会民众中保有持久的、强大的影响力。人心向背问题是中国共产党长期执政所无法回避的。中国共产党对政党权威、政党认同、政党影响力的考量和追求，表明执政党对社会公共政策的价值指向的聚焦和关注，即尽可能代表和兼顾最广大人民群众的根本利益。这还将进一步说明在公共政策制定和完善过程当中，中国共产党将会充分考虑分化、变迁社会中不同群体、不同阶层的多元多样的利益需求，并将政策的制定建立在广泛的民意调查、民意反馈和民意分析的基础上。当中国共产党和社会民众之间能够建立常态的、互动的沟通机制时，无论哪一方都将从中获利。对民众而言，他们的合理化意见、建议可以被有效吸纳；对中国共产党而言，对政党权威的重视客观上增强政策设计和实施过程中的民意基础，而广泛民意是决定公共政策科学性的有效前提，也直接确保了公共政策的普惠性、公平性、公正性等价值取向的实现，从而最大化地减少政策运作过程中遭遇的各种阻力及其可能引发的社会震荡，执政成本得到有效节约，执政效能得到提升。

(二) 优化党的执政方式的需要

执政党对权威的维系和巩固，实际上说明党的领导方式执政方式有意克服"长官意志"或"一言堂"主观倾向，回到科学执政、民主执政、依法执政的轨道上来。中国共产党与其他政党的最大区别在于，它经历了从革命党角色向执政党角色的转变，这是世界上其他任何政党都不具有的特点。尽管在党的八大上，邓小平已经预见并指出中国共产党在成为执政党后可能面临的严峻考验，但是我们对这一规律的认识实际上经历了一个由不清晰到逐渐清晰再到完全清晰的曲折过程，直至党正式提出"三个执政"的理念。党的十八届三中全会再次强调围绕科学执政、民主执政、依法执政来深化党的建设制度改革。过去党在执政方式上的失误，实际上告诉我们要适应时代环境的变化，优化党的执政方式，从体制变迁和社会转轨的背景来思考执政方式的科学性，从党所承担任务的不同来提升执政方式的有效性，维护党的社会认同和社会影响力。

因此可以说，只有巩固党的权威才可促进执政方式的改进和优化。在长期执政的条件下，中国共产党应当深刻认识到维系政党权威的必要性，认识到巩固政党权威、发挥政党的号召力和凝聚力在整合分化社会方面的重要价值。党的权威问题认识的深化表明，在执政方式的选择上执政党再也不能回到过去那种"群众运动"或"运动群众"的老路上，而应当契合经济社会发展的客观需要进行不断变革和优化。这就迫切需要党能够坚持以科学执政、民主执政、依法执政作为改进执政方式的基本方向。这就是说，"政党执政规律决定党的执政方式的选择"。① 对政党权威的维护和对政党认同的守护，客观上要求中国共产党能够依照上述三大规律的要求，减少决策失误，科学执政；能够在社会权利意识、民主意识日益高涨的背景下充分顾及民众利益的意志表达，健全和完善民主协商表决机制，增强执政党治理的人脉资源总量，在执政党与社会良性互动基础上实现民主执政；执政党及其广大成员能够坚持带头学法遵法守法，所有的执政行为、执行活动都在宪法和法律框架下展开，依法处理好执政党与其他机构的关系等，真正实现依法执政、依法行政、依法治国。党的执政方式的优化，

---

① 刘宗洪：《政党执政规律与党的执政方式现代化》，《探索》2012年第5期，第31页。

表明对革命化整合方式的摒弃,必将得到社会的普遍认可和支持,必将培植党执政的坚实民意。而民心民意的厚实反过来又决定着中国共产党政党治理、国家建设的长期性和恒久性。

二 维护党内团结统一的必然要求

党的十八届六中全会通过的两部党内法规,其目的直指维护党内团结统一。党内团结统一,共识大于分歧,执政党将保持政党合力和竞争力;党内分裂纷争,差异大于共识,执政党合力和竞争力将遭到影响。无论对于哪种类型的执政党来说,维护党内团结统一都是执政党保持政治实力和生命力的基础。毋庸置疑,与交替执政体制下的政党相比较,对于长期执政的中国共产党来说,重视和防止后一种倾向的出现是较为重要且紧迫的,因为中国共产党是现行体制下唯一的执政党,担负着政党建设和国家发展的重任。实现党内团结统一的永续和持久,意味着对中国共产党政党权威巩固的倚重和强调。换句话说,只有不断维护和巩固执政党的权威,消除党内离心倾向,抑制党内分化,才能从根本上确保党内团结统一。

(一) 确保党内思想一致的需要

党内团结统一是执政党建设和治理的重要内容之一。执政党党内团结统一可以指向两个层面:既包括整个政党成员之间、成员与组织之间、地方组织与中央组织之间的思想一致、意志集中的达成,同时也包括各个层面的行动一致、步调统一的实现。可以说,党内团结统一首先是思想的统一。中国共产党是一个超大型的政治组织。根据中组部统计数据,截至2017年底,中国共产党的基层组织达457.2万个左右,党员数量已达8956.4万人,党员成分涉及不同职业不同领域,以改革开放以来成长起来的党员居多,大专以上学历的党员占党员总量的四成左右。要使这样一个职业结构、年龄结构、学历结构复杂的政治组织保持执政合力,没有认识的一致和意志的集中是不可能的。而要确保党内思想统一就必须重视党的权威的巩固,强化对党的政治认同。

中国共产党政党权威的巩固,就是通过铁一般的纪律,依靠党规党纪的力量,使各级组织和广大党员同党中央保持一致,在政治主张上、大是大非问题前保持方向上的一致,切实增强"四个意识"。唯有如此,才能实现党内思想一致、意志统一。如果党的权威没有得到有效巩固,党中央的权威没有得到有效维护,党内成员各作主张、各自为政、各行其是,观念多元,价值纷争,缺乏共识,必定形不成统一思想和政治意志。正如邓小平同志所言:"如果这样,党就分裂了,就没有战斗力了。"① 印度国大党、日本自民党、墨西哥革命制度党以及苏东国家共产党都因党内缺乏共识而发生党内分裂和组织内耗,这样的历史教训尤其值得吸取。长期执政条件下,中国共产党应当随时警惕和防止组织内部因价值观念的差异化而导致组织分化、离心离德的现象发生。这就必须充分认识到维护党内思想统一的重要意义,而要实现党内思想一致、价值趋同、见解相近,就需要进一步巩固党的权威。

(二) 确保党内行动一致的需要

除了思想一致之外,党内团结统一还具体表现在党的各级组织及其广大成员行动上的统一性和规约性,做到与党中央保持高度一致。只有思想一致和行动一致同时具备,党内才能实现真正意义上的凝心聚力。思想一致是行动一致的前提,行动一致是思想一致的结果。然而,两者关系的难点在于后者的不确定性,即行动一致不具有对思想一致的应然性。也就是说,行动一致与思想一致可能存在事实上的背离。列宁曾指出:"当实际上存在着不可调和的分歧时,要始终提防虚假的'统一'。"② 这在实践中表现为部分组织和党员表里不一、言行不一、阳奉阴违,尤其在执行党的决议、政策、纲领时任意取舍,选择性执行或有条件地执行甚至不执行等。这些现象的存在,在一定意义上影响党内团结统一,削弱执政党的凝聚力和向心力,也将挤压政党的合力和竞争力,不利于党长期执政。

正如习近平指出的:"决不允许'上有政策、下有对策',决不允许有令不行、有禁不止。"③ 破解上述问题,依然离不开对执政党权威的强调和巩固。权威的应有之义便是认可与服从,党的权威的巩固必然意味着各级党组织及其广大党员不仅做到在思想上认可,更要在行动上服从。从党的

---

① 《邓小平文选》第 2 卷,人民出版社,1994,第 13~14 页。
② 《列宁全集》第 26 卷,人民出版社,1988,第 130 页。
③ 《十八大以来重要文献选编》(上),中央文献出版社,2014,第 132 页。

组织结构来看，它分为中央、地方和基层；党的基层组织还分为总支、支委。这样一套组织结构呈现出的是严密的领导与被领导的关系，有别于西方一些政党松散的组织构架。中国共产党政党权威的巩固，就是要在庞大的组织网络当中建构和培育起遵从的意识和氛围，努力在行动上做到个人服从组织、少数服从多数、下级服从上级以及全党服从中央。而要在拥有八千九百多万名党员、四百五十多万个基层党组织的执政党组织系统内，真正实现"四个服从"须臾离不开以党章为母法的党内法规制度体系的规范和约束。维系和巩固党的权威，正是依靠党内法规的持续跟进，最终促成全党步调统一，行动一致。党内行动一致意味着执政党内部整合的真正顺畅，对于这样超大型政治组织的核心竞争力、战斗力的发挥意义尤为重大。

第二节　中国共产党政党权威巩固的重要性

重要性通常是指承担或从事某项任务、工作可能产生的意义、价值或影响。而且这种意义或价值一般为正向的或积极的。从文法意义上来说，必要性是出于某种目的必须进行和坚持某事，而重要性则是坚持和从事某事会带来哪些结果或有利于某种结局的实现，两者尽管有所联系但也各有侧重。中国共产党政党权威巩固的必要性分析，是建立在对政党自身建设全面考量的基础上引发的学理追问，而重要性分析则是建立在对党的权威的巩固、党的认同的维系业已达成的前提下，探究可能产生何种正向效应，会对国家繁荣、民族进步、社会发展形成何种积极影响。新的历史条件下，各项事业的发展进入关键期和深水区，一些深层次的矛盾和问题涌现出来并且交织在一起。这就迫切需要在坚持党的领导的前提下全面推进深化改革，着力提升国家治理的成效。因此，中国共产党政党权威巩固的重要性首先在实践层面值得研究，即有利于推进国家治理能力和治理体系的现代化。同时，全面建成小康社会进入决胜阶段，也不断靠近建成社会主义现代化国家的目标。唯有加强和巩固党的权威，才能在迈向这一征程中凝心聚力，攻坚克难，最终完成执政使命。所以，中国共产党政党权威巩固的重要性还在另一个实践层面值得研究，即有利于实现国家富强、民族复兴的宏伟梦想。

一 推进国家治理体系和治理能力现代化的重要保证

这一目标的达成不是一件容易的事情,需要充分的顶层谋划。这一目标获取的标志之一便是中国特色的各个领域各项制度更加成熟、更加完备、更加系统。中国共产党成为执政党后,围绕国家治理问题进行了大量的探索和实践,既有经验,也有教训。事实证明,构建一套整体高效、操作性强的制度体系,提高管理经济社会等各项事务的能力,是一项宏大的工程,需要顶层设计和宏观考量;而"缺乏整体设计……消解了制度的权威性"。① 中国革命、建设和改革的成功实践成就了中国共产党继续作为新形势下事业前行和发展的当然领导核心。党的领导地位和执政地位决定了政党权威的巩固和提升,必将能够提高党在广大民众中的影响力和号召力,能够提高广大民众对党的政治向心力。而中国共产党威望的凝结和拓展从根本上说有利于各方资源整合,汇聚民意民智,铲除执政过程中的积弊,使相关制度优化和完善,执政本领稳步提升。

(一) 推进国家治理体系现代化的重要保证

在中国共产党历经六十多年治国理政实践的基础之上,国家治理的概念渐渐被提及。它既是对历史经验的一种传承和创新,也是适应历史方位由革命党向执政党转变条件下治国策略的现代化转型,更是对马克思主义国家观的重大丰富和发展。它既遵循历史逻辑,又观照社会现实;既以马克思主义基本理论为指导,又吸纳国外治理理念的有益养分,充分反映了长期执政条件下党对执政规律认识的进一步深化。治理体系指的是制度、机制、规则,而治理能力反映成效、水平、本领等。它们共同构成治理问题研究的两大重要内容和重要维度,两者之间密切相关。"国家治理体系是在党领导下管理国家的制度体系。"② 它包括经济建设等在内的五大建设的不同领域、不同层面的制度机制,同时也涵盖党的建设的制度机制。它

---

① 许海清:《国家治理体系和治理能力现代化》,中共中央党校出版社,2013,第18页。
② 《习近平总书记系列重要讲话读本》,人民出版社,2016,第73页。

们形成相互衔接的制度体系，整体性、开放性是其显著特征。国家治理体系现代化的最终目的或者内在标准是什么？笔者认为，应当实现国家治理体系的科学化、规范化和程序化，促使公共权力的运行和公共秩序的维系始终能够处在合理合法的轨道上，实现价值性和工具性的有机统一。

而实现这一切必然离不开中国共产党的主导和推动，离不开执政党权威的巩固和加强。在多元化治理主体结构中，中国共产党是当然的治理核心，与其他治理主体之间是领导与被领导的关系，也是相互配合的关系。中国共产党政党权威的巩固，能够提高社会民众对党的认同度和信任度，增强社会各方对党的追随感和信仰向往，党的领导能够切实得以优化，党的核心作用能够展现，同时协调各方的作用进一步增强，最终顺利推进国家治理体系现代化的进程。尤其在全面深化改革进入关键期和深水区，许多问题盘根错节地凸显出来甚至纠缠在一起，零敲碎打、单摆浮搁的、碎片化打补丁的治理方式已经完全不适应形势的需要。推进国家治理体系现代化正是为避免上述局面而提出的制度安排或制度设计。而这恰恰需要中国共产党的领导和推动，需要中国共产党权威的增强和巩固。

（二）推进国家治理能力现代化的重要保证

"国家治理能力则是运用国家制度管理社会各方面事务的能力。"[①]它与治理体系都是治理实践的重要组成部分，是同一过程的两个不同方面，两者之间存在有机的联系，呈现出一种因果逻辑、前后呼应的关联状态。具体而言应当是这样的：系统、完备、集成的国家治理体系预设了治理能力的基本走向。也就是说，强大的制度积淀、制度基础确保了较高的治理水平。反过来，验证国家治理体系的严密性与科学性，最直观的途径就是进行治理能力的考量和研判。怎么认识与测评治理能力的现代化？笔者认为，它是指治理主体充分发挥现有的制度优势，释放和激发制度体系的能量与活力，依据它们有效治理国家，最终增进国家治理的显性成效。治理思维的介入，完全有别于管理模式。因为参与主体由过去的单一变成多元，主体之间协商合作成为一种常态，治理依据的是制度机制以及相关法律法规等约定，权力流向是自上而下和自下而上相结合等。显然，这就是

---

① 《习近平总书记系列重要讲话读本》，人民出版社，2016，第73页。

当前国家治理的新格局、新特点、新趋势。只有面对且更好地契合当前治理格局，才能有益于实现国家治理效能最大化的达成。

坚持社会主义制度和党的领导，是推进国家治理能力现代化的首要政治前提和政治方向。有学者认为，中国共产党领导下的国家治理模式，"在某种意义上说是一种政党中心主义的现代化方式"①，与西方国家有着较大的不同。中国共产党是多元治理结构中的中心主体和核心主体，中国共产党政党权威的巩固和延续，对于主导、引领和带动其他主体的治理参与，调动各方面的治理积极性和主动性，尽快适应和融入当前治理格局和治理环境，形成执政党领导下的政府、社会组织以及民众多元共治模式具有重要意义。中国共产党政党威望的塑造和拓展，能够在超越社会群体纷争多元的个体利益、摒弃局部利益的基础上，冲破利益藩篱，以民族利益和国家利益为出发点和落脚点，最大限度地健全沟通协商机制，拓宽表达渠道，凝聚共识，加强协同合作，以决策的科学化提高治理水平和治理本领。党的权威的凝结和散布，使其能够在具体实践过程中率先垂范，严格遵循法律行事，严格遵循在制度规范之内进行活动，并据此引导其他各参与主体增强运用法律法规和制度规范治理国家的自觉性和主动性，克服传统治理的随意性，以国家治理的制度化、规范化来切实提高整体的治理能力。

二 实现中华民族伟大复兴的重要保证

国泰民安是我们始终不渝的根本目标。中国共产党成为执政党后，领导着全国各族人民始终不渝地朝着这个梦想不懈奋斗。党的十八大以来，以习近平同志为核心的党中央围绕实现中国梦提出了许多重要思想和重要观点，反映了中国共产党的历史担当、历史责任和使命追求。习近平总书记指出："党要团结带领人民进行伟大斗争、推进伟大事业、实现伟大梦想，必须毫不动摇坚持和完善党的领导。"② 历史已经证明，党是领导人民

---

① 张小劲、于晓虹：《推进国家治理体系和治理能力现代化六讲》，人民出版社，2014，第69页。
② 《高举中国特色社会主义伟大旗帜　为决胜全面小康社会实现中国梦而奋斗》，《光明日报》2017年7月28日，第1版。

建设现代化强国的核心力量。随着中国共产党政党权威的不断增强和巩固，党的执政信任的不断提高，执政认同的不断深化，执政向心力和感召力的不断提升，必将更加有效地凝聚和整合全国各族人民的力量，增强精神力量，为实现中国梦提供重要保证。

（一）全面建成小康社会的重要保证

中国梦是指新一届党中央提出的"两个一百年"的奋斗目标，是一种抽象凝练和形象表述。它的第一个阶段性战略目标是建党一百周年时全面建成小康社会的达成，这是重要里程碑和关键的一步。没有全面建成小康社会，就谈不上民族复兴伟业的实现。改革开放四十年以来，中国共产党从提出"小康社会"的目标，到充实、调整和完善"小康社会"目标要求，再到努力实现这个目标要求，经历了一个较长的过程。"小康"更多地意指人们生活比较殷实、比较宽裕。经过四十年的接力奋斗，小康社会建设取得显著成效，五大建设和政党治理等方面有了巨大的进步和发展，广大社会民众从党所取得的厚实的执政绩效中感受到中国共产党强大的领导水平和执政能力，从不断增强的获得感和幸福感中认同和支持党。

另外，不难看到，要顺利实现这一阶段性目标，要求较高，需要破解的难题不少，许多矛盾和风险依然存在，不可预期的问题常常出现。我国的"十三五"规划在设定和描绘未来五年决胜阶段的目标要求的同时，也指出我们当前所面临的形势和问题。最突出的体现是不同环节、不同领域、不同区域发展的协调性问题，而这些问题正是"全面"一词所涵盖的应有之义。例如，著名的"胡焕庸线"反映出来的除了人口分布不均衡问题外，更指向区域发展的协调性问题。解决这些问题，关键在党。这是我们的政治优势和政治保证，是全体人民的幸福所系，希望所在。中国共产党政党权威的巩固和加强，执政影响力将进一步扩大，执政形象将进一步优化，社会对执政党的认同度将得以进一步地增进和提高。执政党与参政党、执政党与各阶层、执政党与其他群体之间将形成稳定和谐、团结互信的关系。这有利于中国共产党在各区域各领域发展差异性大的形势下，消除各方分歧，整合各界力量，坚持和维护党的统一领导和指挥。权威的巩固和延展为加强党的领导、铸就执政合力铺垫强大的心理基础和情感支撑。这将从根本上防止在风险挑战增多的背景下全面建成小康社会进程的延误等现象的发生，为顺利实现第二个百年目标打下基础。

（二）建成社会主义现代化国家的重要保证

中国梦的第二个具体目标是现代化国家的建成，以 21 世纪中叶为时间节点，并且有着各项事业发达程度的测量指标要求。这是在实现前一个目标基础上继续推进的又一重要里程碑。与之相比，现代化国家的建成又有更高的要求，有着明确内涵的质的规定性。1984 年，邓小平同志在会见中外代表时指出，到了新中国成立一百年左右，经济发展要"力争接近世界发达国家的水平"①；在涉及民主问题时，他又谈到"经过半个世纪以后可以实行普选"②。不仅如此，在文化发展、社会和谐、生态文明以及党的建设等领域，历届党中央领导集体都给予科学预期和科学设想。正如习近平指出的，那时的前景将会是"现代化建设各个方面、各个环节相协调"③。第二个百年战略目标的达成，将为我们实现中华民族伟大复兴的中国梦奠定物质基础。

当然，可以推定，社会主义现代化国家的实现和达成，同样需要经历和面对许多挑战、不同矛盾和风险，也将遭遇前进道路上各种各样意想不到的困难和曲折，甚至可能面临来自国际因素的阻挠和干扰等。毫无疑问，没有超越或优于中国共产党的其他社会力量能够担当和肩负上述任务。而且，历史和现实都证明了人心向背的基本道理。在当代中国，中国共产党已在过往的执政实践中构筑起强大的公信力和政治向心力。中国共产党政党权威持续巩固和拓展，有助于其在领导全国各族人民实现第二个百年目标的征程中，充分发挥执政党强大的资源配给能力和协同能力，充分凝聚社会各阶层的民智民慧，去排除万难、破解困境，在不断的爬坡过坎中赢得一个又一个新胜利，并逐渐接近民族复兴伟业的目标。可以想象，假如没有一个有强大凝聚力、号召力的政治组织，缺乏一个推进事业发展的核心力量，就没有办法形成一股强大的精神纽带，团结和整合最广大的人民群众，也就谈不上历史使命的完成。从这个意义说，中国共产党

---

① 《邓小平文选》第 3 卷，人民出版社，1993，第 77 页。
② 《邓小平文选》第 3 卷，人民出版社，1993，第 220 页。
③ 《习近平关于实现中华民族伟大复兴的中国梦论述摘编》，中央文献出版社，2013，第 7 页。

在巩固自身权威之时，不仅是对政党认同的维系和守护，更是在为实现执政党和民众所共同企盼的宏伟事业积蓄能量。拥有它，建成社会主义现代化国家的战略目标将顺利实现；中华民族伟大复兴将早日实现。

第三节　中国共产党政党权威巩固的可能性

对中国共产党政党权威巩固的必要性和重要性的分析，阐明了这样一个基本逻辑，即为什么要巩固党的权威，以及巩固党的权威可能产生何种结果。从一定意义上说，对上述两个问题的思考，实际上在整个学术论证框架中起着一个承上启下的衔接作用。对党的权威巩固重要意义的研究，将进一步促成对党的权威巩固的现实路径的深度思考。同时，对必要性和重要性的探究，也应更加侧重从现实性的视角来分析问题，不应忽略对事物发展的可能性的研究，即对事物发展前途趋势的预测和探讨。在这里，还应针对中国共产党政党权威巩固的可能性作必要的分析和研究。从方法论意义上看，只有兼顾可能性和现实性辩证统一的关系，才称得上对事物的发展联系有较为全面的把握。有鉴于此，本节将聚焦论证党的权威巩固的可能性问题。中国共产党始终坚持人民主体地位，立党为公、执政为民；党的性质宗旨决定了权威巩固的可能性；勇于自我革命，从严管党治党是中国共产党最鲜明的品格，党的政治品格决定了权威巩固的可能性；中国共产党始终重视加强自身建设，党的高度的执政本领决定了权威巩固的可能性。

一　从坚持执政为民的理念分析

人民是历史的创造者，是推动社会发展和社会变革的决定性力量。中国共产党的宗旨是全心全意为人民服务，中国共产党始终坚持和践行执政为民的根本理念。这是与其他一切政党最本质的区别所在。执政党及其党员干部想问题、作决策、办事情，都必须从人民群众最迫切、最需要、最根本的利益出发，而不是从自己的一己私利出发。这一切都来自于一个基本道理，党执政后最大的政治优势是密切联系群众，而最大的危险是脱离群众。迄今为止，中国共产党已在人口十三亿多的国家成功执政了近七十年，并将继续长期执政。中国共产党的成功之道有许多原因，而其中重要的一条就是始终坚持群众路线、始终代表最广大人民群众的利益，真正实现发展为了人民、发展依靠人民、发展的成果由人民来共享的根本目的。改革开放四十年来，人民群众生活水平不断提升，生活质量不断提高，生活环境不断优化，对党的认同度和满意度也与日俱增。这些都是执政党坚持以人民为中心的具体体现。正是中国共产党始终秉持着执政为民的理念，党的群众组织力在扩大，社会号召力显著增强。尤其是党的十八大以来，党着力解决了人民群众反映最强烈、最突出的问题，党群关系明显改善，党的政治威望和政治向心力不断增强。事实证明，中国共产党完全有可能、也有能力维系并且牢牢巩固党的权威。因为，中国共产党的各级组织及党员干部将永远和人民群众站在一起，而没有脱离群众的任何理由，特别在长期执政的背景下尤为如此。显然，中国共产党先进的执政理念赋予其强大的比较优势，这种力量是其他一切组织所不具备。尽管在实践当中，贯彻和落实执政为民的理念还需要依靠强有力的制度、法规来保障和落实，但是可以肯定的是，不管社会如何变迁和发展，中国共产党一心为民的政治本色永远不会更改。它给党的权威巩固奠定了基础，使潜在的可能变成现实的可能。

二 从勇于自我革命的品格分析

勇于自我革命，从严管党治党，是中国共产党最鲜明的品格。世界上的政党，特别是执政党，或许都较为注重自身的建设和管理，但是究竟采取何种方式才可称为科学？为什么有的政党执政效率不高，甚至迅速衰败垮台、分崩离析，其中关键的问题就在于其缺乏对执政党建设规律的深刻认识。党的十九大提出，要把我们党建设成为始终走在时代前列、人民衷心拥护、勇于自我革命、经得起各种风浪考验、朝气蓬勃的马克思主义执政党，并继续强调了要不断增强自我净化、自我完善、自我革新、自我提高能力的根本要求。这表明了中国共产党强大的政治勇气和政治魄力，也表明对执政党特别是长期执政的政党建设规律认识的日益深化和成熟驾驭。这就是中国共产党的独特性，这有别于其他国家政党的特殊性。事实上，中国共产党自成立以来就表现出优于其他政党或组织的特性，其高度重视党自身的建设，激浊扬清，去芜存菁。改革开放以来，特别党的十八大以来，以习近平同志为核心的党中央勇于直面党内存在的突出问题，全面推进从严治党，并不断将其引向深入，消除了影响和损害党的先进性和纯洁性的因素，党内政治生态明显好转，党的社会公信力和凝聚力显著增强。正是由于中国共产党具备了勇于自我革命的品格，所以能够保证党的建设和党的发展始终处在一个正确的轨道上，党的组织肌体将更加健康，党能够进一步保持先进和纯洁，也就能够巩固党的权威。这是基于党的鲜明的政治品格而得出的基本结论。换句话说，一个居安思危、有强烈忧患意识、高度重视组织内在调适的执政党，赢得人民群众的拥护和支持，可以说是必然的。中国共产党勇于革命的鲜明品格，决定了党对自身建设的严格要求不是短期的而是长期的，不是阶段性的而连续性的，不是表面的而是彻底的，不是漫无目的的而是有强烈问题导向的。中国共产党具备了上述优秀的品格，也就完全能够使其在面对各种风浪考验中保旺盛生命力和强大战斗力，完全能够持久维系和巩固党在广大人民当中的威望。

三　从锻造高强的执政本领分析

坚持执政为民的理念，中国共产党便能巩固在人民群众中的影响力；拥有勇于自我革命的品格，中国共产党便能够保持先进性和纯洁性并同样具备社会威信。上述两个因素的存在，使党的权威的巩固成为可能进而变成现实。但是，衡量党的权威的要素不限于此，还有一个重要的因素是执政本领，即引领社会变革和推动社会进步、实现经济社会和谐发展的能力水平。实际上，这一要素对任何类型的政党而言，都是收获民意、扩大威望的重要指标，长期执政的中国共产党同样也不例外。两者之间的逻辑关系在于，一旦执政本领低下，民众信心不足，执政党权威将面临挑战；执政本领高强，民众信心倍增，执政党的权威将大大增强。毫无疑问，中国共产党始终重视锻造自身的执政本领，重视培养和提高广大党员干部的执政本领。改革开放四十年来，党正是在不断探索并总结经验教训的过程中努力加强自身执政本领，在应对各种风险考验中提升执政能力。人民群众幸福感和获得感的增强，与中国共产党执政本领的提升是相互关联的；人民群众对党不断扩大的认同感也是与之相关的。显然,高强且卓越的执政本领使党的权威的巩固成为可能,并在实践中变成现实。党的十九大报告提出,中国共产党应当增强学习本领、政治领导本领、改革创新本领、科学发展本领、依法执政本领、群众工作本领、狠抓落实本领、驾驭风险本领八个方面。越是面对不同形势和任务,越是要有针对性地增强自身本领;越是面对不同的挑战和困难,越是显示出优于其他组织的不寻常能力。这同样也是中国共产党能够区别于其他政党的独特优势。中国共产党高度强调和重视执政本领的提升,这客观上使党能够保持强烈的危机意识和本领自觉,最终促使党拥有与任务要求相适应的执政水平,提升执政业绩并赢得社会广泛的满意度,完全可以实现党的权威的巩固和拓展。

本章小结

　　本章阐述的是中国共产党政党权威巩固的现实必要性、重要性和可能性,论证和演绎巩固党的权威的重要价值。从党的执政地位巩固视角出发,任何执政党的权威都值得去维护和拓展,都将对政党本身和政权建设形成积极的、正向的影响。因此,没有政党特别是执政党主观上会忽视或者弱化对党的权威的塑造、对党的认同的强化。与其他政党不同的是,中国共产党的领导地位和执政地位是历史形成并得到宪法保障的,中国共产党是唯一的执政党。那么,在长期执政的历史条件下,对中国共产党政党权威问题的思考显然应与其他执政体制有所区别。它具体表现在:巩固党的权威,党将获得广泛社会信任,党也将因此拥有强大的执政根基,党将长治久安,党的事业将得到繁荣发展;削弱党的权威,党的执政认同下降,党的社会基础和阶级基础将受到削弱,党的执政稳定将受影响,党的事业发展也将受阻。也就是说,党的权威关联政党本身,更关联国家命运。党强则国强、党弱则国衰的道理正是如此。也正是基于此,对中国共产党政党权威巩固问题的分析研究有着较强的理论价值和现实意义。具体来说,就现代政党建设而言,巩固党的权威既是实现党的长期执政的必然要求,也是维护党内团结统一的必然要求。其次,现代国家治理成长、民族发展进步需要整合多方力量、汇聚多方资源才能得以顺畅推进。党的权威的凝结与巩固有助于实现上述格局，因此将是推进国家治理体系和治理能力现代化的重要保证，更是实现中华民族伟大复兴的中国梦的重要保证。

  对政党权威巩固的价值或意义的分析主要是围绕政党成长和国家发展这两个方面展开论述的。我们还分析了党的权威巩固的可能性，或许权威价值的分析还可以观照到其他领域，但总体上绕不开对执政党这个政治组织本身的关注，也不能不涉及对国家、民族兴衰成败的历史命运的思考。聚焦到这两大范畴，也就聚焦了政党权威巩固的必要性和重要性问题研究的核心指向。权威问题的价值论证，实际上是为如何巩固权威进行理论准备的。本章的系统论述为后两章即政党权威巩固的战略考量和策略分析以及现实路径作了充分的理论铺垫。

第六章
中国共产党政党权威巩固的战略考量和策略分析

　　战略是指全局性的设计和筹划,策略是指在战略指导下解决问题的思考方式、选取方法的艺术等,它们之间是近似于宏观与中观、从属与被从属的一种关系定位。战略策略问题历来是无产阶级政党领导革命、建设和改革以及加强党自身建设中极为重视的问题。这是因为战略策略关系到党的生命,关系到党的事业的发展。战略策略科学,党的活动顺利推进;战略策略失误,党的活动遭受损失。马克思恩格斯列宁以及中国共产党人都对不同环境背景下的战略策略选择问题提出过许多重要指导思想。它们成为新形势下领导和推动党的各项事业健康发展的基本遵循。对中国共产党政党权威巩固的战略考量,旨在对长期执政条件下党的权威的永续留存和拓展进行全局谋划和顶层设计,从长远的、发展的视角对党的权威持久延伸进行方向性思考和准备,确保党的权威不流失和不受损。对中国共产党政党权威巩固的策略考量,目的在于根据当前的形势任务的发展需要和世情、国情、党情、社情的新变化新特点,从中观层面对党的权威的巩固、传播和散布的方案集合、思维定式的进行总体评估和判断,确保党的权威不受影响和不受冲击。对党的权威巩固的战略考量与策略分析,切入点不同、侧重点不同、聚焦点不同,有着各自的研究路径和推理逻辑。但是两者又紧密联系,战略考量是管总的,带有指导性,缺乏指导的策略分析效力不高;战略考量离不开策略支撑,缺乏策略支撑的战略设计意义不大,因此两方面要综合起来考虑，不能人为主观地割裂开来。

第一节　巩固党的权威的战略考量

"对时代特征和国际形势的变化发展作出科学分析，才能为新历史环境下无产阶级革命指明斗争方向，制定出正确的革命战略和策略。"[①] 在这里，列宁指出制定战略应当着眼于当时的历史背景和历史条件。中国共产党政党权威巩固的战略考量和战略制定，也应当遵循这样的基本原则。从自身所处的方位来看，中国共产党正在经历"两个转变"；从所担当的任务来看，中国共产党正带领人民迈向实现中华民族伟大复兴的征程当中；从面临的外部环境来看，和平与发展仍然是时代主题。我们的发展处在战略机遇期和矛盾交织期，机遇和挑战并存，风险矛盾增多。巩固党的权威的战略考量需要立足于长期执政历史环境下的新情况新特点新趋势，如此才可设计出有预见性的、管长远的战略。

一　落实管党治党的党建战略

党的十八届六中全会强调："办好中国的事情，关键在党，关键在党要管党、从严治党。"[②] 习近平总书记指出："全面从严治党永远在路上。"[③] 在巩固党的权威的战略考量中，管党治党的党建战略是列在第一位的，是在所有战略布局和战略安排中牵头抓总的，因此也是最为重要的一个。中国共产党政党权威的巩固，首先应当抓好政党自我建设和政党自我治理。只有落实好管党治党的党建战略，执政党内部治理和内部建设形成良性循环的态势，党内激浊扬清，风清气正，内部结构继续合理优化，执政党的威望必然得到巩固。所以，管党治党的党建战略发挥着牵引和带动其他三个战略的功效，落实好党建战略是实施其他三个战略的基本前提，

[①] 《列宁选集》第 2 卷，人民出版社，2012，第 4 页。
[②] 《关于新形势下党内政治生活的若干准则》，人民出版社，2016，第 1 页。
[③] 习近平：《决胜全面建成小康社会　夺取新时代中国特色社会主义伟大胜利》，人民出版社，2017，第 61 页。

其他三个战略的启动则是在完成党建战略基础上的进一步深化和拓展。它们之间实际上仍然主要围绕着执政党与社会民众两大主体来谋划设计，组合建构起巩固政党权威的战略体系。

（一）主要内涵

管党治党的党建战略的主要内涵：以保持党的先进性和纯洁性、提高党的长期执政能力和领导水平为主要目标，坚持党要管党、全面从严治党，要害在治，并把全面和严的要求始终贯穿整个过程和不同环节，切实破解党的建设过程中存在的突出问题，促进党的成长与发展，以执政形象的优化和执政素质的提升实现党的权威的巩固。

（二）战略任务

落实管党治党的党建战略，至少需要完成以下几项重要任务。

1. 明确全面从严治党的责任

加强管党治党就必须明确责任，并且要作为最基本的政治责任担负好。责任不清、主体不明，管党治党的任务是不可能完成的。要明确主体责任和监督责任的归属，把党的建设作为最大的政绩，并和中心工作摆在同等重要地位。正确处理好显绩与潜绩的相互关系，坚持做到同步谋划，"两手抓"，真正从巩固党的执政地位的高度增强管党治党的责任意识、忧患意识，提高党建工作的实效性，切实回归党的政治功能。各级纪委应当担负监督责任，履行党章赋予的职责，围绕党的中心工作强化执纪问责，敢于触碰关键领域问题，协助党委落实好党风廉政建设责任制和反腐败工作，防止和避免"宽、松、软"现象的发生。要建立和落实问责机制，真正做到权责一致、有责必问，使问责成为一种常态。从某种意义上来说，明确"两个责任"反映着中国共产党对管党治党规律认识的深化，充分体现出党对自身状况的准确把握和对政党治理的目标任务的清晰定位。承担好"两个责任"，就等于抓住了实施管党治党的党建战略的"牛鼻子"，就能够增强政党建设、政党治理的组织化、规范化水平，也就能够以实际成效取信于民。

2. 净化党内政治生态

党内政治生态健康，风清气正，党内团结和谐，党必然有凝聚力和向心力；党内政治生态污浊，人际关系紧张，团团伙伙，不利于党的团结统一，党必然形不成合力和竞争力。因此净化党内政治生态是管党治党战略的重要内容和根本任务，是执政党党内环境充满生机活力的根本保证。"从严治党必须从党内政治生活严起。"① 从政党属性出发，我们既要对开展党内政治生活关乎党的治理、党的发展的价值有充分理解，更要高度警惕不健康党内政治生活可能带来的问题，把过好党内政治生活作为加强党性锻炼和提高党性修养的有效手段。坚持党内生活中的优良传统，大胆运用批评和自我批评等武器。正如党的十八届六中全会指出的，要打消怕"丢面子、穿小鞋、伤和气、丢选票"② 等顾虑，以对党和事业忠诚的态度与勇气，克服批评乱象，引导广大党员明辨是非，凝聚共识，促进党的和谐统一。党内政治生活的政治性、时代性、原则性、战斗性的提升，必然能够抵制随意化、娱乐化等不正常倾向，荡涤政治灰尘，提升党内政治生活的质量和水平，党内生态环境必然得以净化；广大党员、各级党组织与党中央将能保持高度一致，压缩利益集团生长空间，防止和反对宗派主义、圈子文化、码头文化，党中央权威将得以维系，中国共产党政党权威将得以巩固。

3. 改进党风和惩治腐败

全面从严治党是以抓党的作风建设为切入点和着力点并取得初步成效的。因此落实管党治党党建战略的一项重要内容就是持续改进党的作风。由于作风问题极易反弹和复发，因而要持续不断、持之以恒地加强党风建设。注重经常性，就是要在日常行为习惯养成上下功夫，常抓不懈；注重细节性，就是要在具体问题、具体环节上从严要求，抓早抓小；注重长期性，就是要建立长效机制。长期执政条件下持续加强和改进党风建设，着力解决群众反映强烈的突出问题，必然能够协调好执政党与群众的关系，也能确保党的政治生命力的持久，有利于党的权威的巩固。党风问题与腐败现象有直接的关联，党的作风问题解决不好，腐败便会随之而来。所以，反对和惩治腐败成为落实管党治党党建战略中最为重要的一项内容，是中国共产党始终坚持的重大政治立场、政治方向和政治态度，是长期执

---

① 《关于新形势下党内政治生活的若干准则》，人民出版社，2016，第 1 页。
② 《关于新形势下党内政治生活的若干准则》，人民出版社，2016，第 37 页。

政条件下党必须完成的重大政治任务。党员领导干部要树立正确的权力观和政绩观，清醒认识权力来源，增强权力运行过程中的透明性，真正实现权力来源于哪里，也能回到哪里去的根本目的。执政党拒腐防变的能力与其所获得的公信度是成正相关的，党的这项能力越强，党的威望就越能得到巩固。

二 坚持依法治国的治理方略

依法治国的治理方略是中国共产党政党权威巩固的重要战略之一。管党治党的党建战略涉及的是执政党内部的自我治理和自我完善，而依法治国的治理方略强调的是党领导人民依照法律治理国家的模式。党的十八届四中全会进一步强调全面推进依法治国，并把它作为政治改革的目标，反映着一个基本事实：执政党力图消除和克服传统运动式治理的顽疾，寻求国家治理的科学性、规范性和有效性，"表明党主导下的司法体系和法治体系建设"① 正有力推进。坚持这一方略实际上是为了厘清执政党与法律的关系，即党领导人民制定法律，党又必须在法律范围内活动。有法必依、执法必严必将有力提升执政党在人民群众中的威信。

（一）主要内涵

依法治国的治理方略的主要内涵：以建设社会主义法治国家为主要目标，坚持中国共产党的领导，并贯穿于全面依法治国的整个过程，切实解决当前法治建设过程中存在的不适应、不符合的突出问题，以完备的社会主义法治体系构建党领导人民治理国家的根本遵循，以国家治理的法治化和规范化水平的提升实现党的权威的巩固。

（二）根本要求

坚持依法治国的治理方略，需要坚持以下根本要求。

1. 坚持党的领导

中国共产党领导是中国特色社会主义最本质的特征，是中国特色社会

---

① 郑永年：《重建中国社会》，东方出版社，2016，第167页。

主义制度的最大优势，是全面推进依法治国的政治保证和组织保证。一方面，法治国家的推进必须坚持党的领导，在这一点上，没有任何回旋或折中的余地。坚持正确的政治方向的根本前提就是加强党的领导。缺少党的领导，法治体系建立不起来，即便建立起来也执行不下去，社会主义法治国家建设必然受阻，其实质恰恰是人为地把党的领导与社会主义法治对立起来，目的是否定党的领导。党的领导一旦被架空，谈论党的权威则是一句空话。因此，党的领导下的立法、执法、司法等实践不仅关系到社会主义法治建设的顺利推进，更关系执政党权威的巩固，必须毫不动摇地坚持。只有这样，党的主张才能和人民意愿结合，并上升为国家法律，党的意志才得以体现，党的威望才得以维系。同时，这些要与党在法律范围内活动统一起来。全面依法治国强调的是对国家权力的制约，对执政党行为的约束。中国共产党不仅要成为国家法律的制定者和推动者，更应当成为国家法律的执行者和尊崇者。坚持依法治国的治理方略意味着党的所有执政实践、执政行为都将有其预定的空间和边界。正如党的十八届四中全会指出的："维护宪法法律权威就是维护党和人民共同意志的权威。"① 执政党及党员带头尊法守法执法的行为，会在社会中形成强大的示范引领效应，反过来又在无形中进一步树立和巩固党的权威。坚持党的领导，全面提升依法治国的水平，不断培育法治理念和法治精神，党才能赢得持久认同。

2. 坚持人民当家作主

中国共产党政党权威的形成和塑造、巩固和拓展均与人民群众密不可分。因此，坚持人民至上理念是中国共产党一贯的政治立场和政治主张。这也决定了推进全面依法治国的治理方略中人民群众的主体地位。首先，坚持人民当家作主就是要在制定法律和实施法律的过程中充分吸纳群众的要求，合理反映意见，汇集各方智慧，真正确保整个过程体现人民群众的主体意志，切实把保障民众的合法权益、增进民众的幸福感融入法治建设的进程。其次，坚持人民当家做主还意味着在党的领导下，广大人民群众拥有依法依规采取各种方式管理国家事务的权利，通过有序的民主参与和民主协商，落实管理五大建设等各项事务的权利，实现"替人民当家作

---

① 《中共中央关于全面推进依法治国若干重大问题的决定》，人民出版社，2014，第33页。

主"真正向"让人民当家作主"的有效转变。中国共产党领导人民制定、实施法律的过程,充分证明一个基本事实,权力的最终所有者有权主宰和决定自己的事务。落实依法治国的治理方略,需要依靠包括执政党、政府、人民群众以及社会组织等在内的多个主体的合力参与。中国共产党对人民群众主体地位的尊崇,是坚持唯物主义历史观的本质反映,是对政党是人民群众完成历史任务的工具的自觉认定,是新的历史背景下立党为公、执政为民的价值取向的有力诠释。凭借这一点,中国共产党在科学摆正与人民群众关系、调动人民群众参与依法治国的主动性和创造性、进而赢取广泛执政认同的基础上,必将展示出较高的执政威望和强大的执政向心力。

3. 坚持法律面前人人平等

坚持依法治国的治理方略的一个重要原则就是坚持法律面前人人平等。公平公正是法的精神或法的价值的应有之义和核心要义,是建设社会主义法治体系的必然要求。所谓良法善治的首要前提必定是对公正平等的追认。首先,坚持法律面前人人平等体现在中国共产党领导人民制定法律、执行法律以及其他不同环节上,特别是要坚定不移地推进司法公正。司法不公对社会公正将产生极大的负面影响,最终导致民众对法律和司法机关的质疑。而中国传统社会非制度化参与的惯性依赖则促使民众寻求法治以外的途径,如抗争等。从这个意义说,维护司法公正不仅能恢复社会对法治的信仰和信心,重塑法律的权威,更重要的是能巩固和增强领导立法、司法等过程中的执政党的公信力和威望。要让人民在每一个司法案件中感受到公平正义。其次,坚持法律面前人人平等还体现在法律对所有公民或组织的适应性上,即都必须依照宪法法律的要求用权履职、开展活动,任何个体或组织都不拥有超越或凌驾于法律之上的特殊权力。过去存在的以言代法、以权压法等现象在一定程度上压制了法律定分止争的效力,损害了法律的公信力,更损害了党的公信力。法治的功能之一是制约和规范公共权力,限制权力滥用等不当行为的发生。因此,要通过法律,使权力的运行能"遇到有界限的地方才休止"①。执政党的权力活动应当在遵循法治精神的基础上进行,党员领导干部的权力运作也应当在法治框架

---

① 〔法〕孟德斯鸠:《论法的精神》(上),许明龙译,商务印书馆,2012,第154页。

下推进。一旦出现有违法律的行为都应当受到追责而不因某种理由豁免或法外开恩。如果执政党的执政模式实现向法治的彻底变革,那么这种建立在法治基础上的权威必然有坚实的保障。

三 提高执政绩效的发展战略

"绩效是决定政党能否长期执政的根本。"[①] 提高执政绩效的发展战略是巩固党的权威的重大战略考量之一。发展是中国共产党执政的第一要务,中国的基本国情决定了解决所有问题必须靠发展。提高执政绩效的发展战略在四大战略考量中占有非常突出的地位。实施它就是要把推动经济社会发展作为衡量和测试党的领导水平执政能力的重要参数;落实它既是长期执政条件下中国共产党维护政治统治的有效性、持续赢取政党威望的基础性来源,也是增强广大民众对社会主义制度优越性认同的基础性来源。实践已经并将继续证明,坚持提高执政绩效的发展战略是扩大党的执政基础、增强党的社会认同、维系政权稳定的重要基石。

(一) 主要内涵

提高执政绩效的发展战略的主要内涵:以科学发展、加快转变经济发展方式为主要目标,积极适应、把握和引领经济发展新常态,并贯穿于整个发展全局和发展全过程,切实应对和破解当前经济发展过程中存在的风险和挑战,注重提高投入与产出、成本与收入之比,真正把提高质量和效益作为推动经济发展的出发点和落脚点,以良好的执政业绩推动党的权威的巩固。

(二) 根本要求

提高执政绩效的发展战略,需要坚持以下根本要求。

1. 坚持以人民为中心

提高执政绩效的发展战略是为了最广大人民群众的切身利益,是为了

---

① 李建中:《绩效、制度、意识形态:一党长期执政的基础及战略》,载黄卫平、陈家喜主编《制度建设与政党发展》,社会科学文献出版社,2013,第110页。

增进人民的福祉,即发展为了人民、发展依靠人民、发展成果由人民共享。唯有如此,落实执政绩效的发展战略才能提高和巩固党的权威。坚持以人民为中心的发展战略,反映了执政党鲜明的发展价值取向和价值归宿,是中国共产党性质的展示。中国共产党的宗旨是其区别于其他政党的根本标志,它内蕴着一个基本理念,即党的所有执政实践、执政行为都是围绕着人民群众的根本利益展开的,都是围绕着人民群众的实际获得感的增强来进行。坚持以人民为中心的发展战略再次表明了长期执政条件下政党与群众这对范畴相互依存的关联度及其重要性。党只有密切联系群众,切实把群众作为发展的受益主体,党的执政地位才能巩固,执政权威才能延续。坚持以人民为中心的思想还意味着广大人民群众在提升执政绩效中的重要定位。不管时代如何变迁,社会进步的依靠力量始终是人民群众。这就要求党在想问题、作决策、定方案时应当充分发动群众,广泛听取各方的愿望、诉求,让广大人民投身到提高执政业绩的发展战略进程中来,增强对经济发展走向的预判性,切实减少经济发展过程中的不确定性的影响,在保障人民参与的机会公平、过程公平和结果的相对公平中彰显执政党的为民情怀与执政本色。坚持以人民为中心的发展战略的最终目的是让人民能平等享有发展成果。要尽可能地关注到不同区域民众的利益,平抑社会分化带来的利益落差,弥合利益失衡,使发展成果更多惠及不同阶层的民众。事实上,这样的过程本身就是一个执政党不断巩固权威、不断强化社会认同的过程。

2. 坚持以质量和效益为中心

新常态的背景下,我国发展所面临的内外部因素都发生了明显变化。一方面,我国经济发展是平稳的、向好的;另一方面,结构性产能过剩相对突出,创新驱动力不足等问题同样存在。面对全新的发展格局、发展态势,要实现我国经济持续健康发展、科学发展,经济结构必须进行战略性调整,经济发展方式要由过去的粗放型向集约型、由依靠要素数量向依靠要素质量的提升转变。这也就意味着推动当前经济发展要彻底转变传统观念和摆脱思维定式,落实提高执政绩效的发展战略就是要坚持质量和效益为中心的发展,而不是片面追求高增速,最终以牺牲资源环境为代价的发展。换句话说,经济发展既需要有一定速度,但又不简单地等同于速度增减,是一种内涵式的科学发展。坚持发展质量表明要优化产业结构,确保各产业间形成合理关系；要平衡供需关系，着重推进供给侧结构性改革，增强有效供给能力，使供需维系在较高水平上，真正解决影响执政绩效的发展战略、制约推动经济发展的结构性问题，切实把调结构置于重要地位。坚持发展效益表明要增强成本意识、效率意识、节约意识，注重提高投入与产出的效益比，在实现各生产要素优化组合的基础上，提高全要素的生产贡献率。坚持以质量和效益为中心的发展战略，反映出的是长期执政条件下中国共产党熟悉并灵活运用客观规律，对未来整个发展趋势和走向的深刻把握，是在复杂环境下党领导经济社会发展能力提升的有力展示，更是坚持发展是党执政第一要务的具体体现，终将以良好的执政绩效取信于民。

四 实施利民惠民的民生战略

在巩固政党权威的整个战略体系当中，民生战略是与民众利益最直接相关的。管党治党的党建战略关注的是党的自身建设和党的公共形象，依法治国的治理方略涉及的是党领导人民治理国家的路径遵循，执政绩效的发展战略衡量的是执政党的执政能力执政水平。应当说，前三个战略的有效实施和顺利落实都与民众有关，都影响着民众对执政党的政治认同，都关系到民众的主观感受、关系到人心向背。然而，社会民众对执政党的支持在一定程度上来自其直接体认，来自他们能否拥有实实在在的利益获得感。这是判定执政党权威能否巩固和扩展的有力依据。所以从这个意义上来说，利民惠民的民生战略是最能够直接拉近执政党与民众心理距离的战略。

（一）主要内涵

利民惠民的民生战略的主要内涵：以保障和改善民生、提高人民物质文化生活水平、促进人的全面发展为主要目标，加强党对民生事业的有效领导，并贯穿于整个社会主义初级阶段的全过程，切实解决好人们的利益问题，在公共服务领域取得新进展，以人民得到实惠、生活得以改善、权益得到保障最终实现党的权威的巩固。

(二) 根本要求

实施利民惠民的民生战略，需要坚持以下根本要求。

1. 坚持公平正义

落实提高执政绩效的发展战略是实施利民惠民的民生战略的根本前提。经济发展为改善民生奠定厚实的物质基础，没有经济持续健康发展作支撑，不可能有民生的改善。值得重视的是，社会民众在认同党的执政业绩时又不仅只限于对该能力的认同。发展成果的普惠性、公正性或共享性则是社会民众更为理性、更为直接评判党的权威的指标参数。公平正义是社会主义制度首要的伦理意蕴。今天，由于资源禀赋、个体能力的不同以及把握机会的差异，社会阶层贫富分化已成为既定的事实，而在市场机制的作用下这一趋势还将暂时维持或者可能变化。2008年以来，我国基尼系数呈现回落，但仍在0.46以上。① 从收入分配的效率优先、兼顾公平到强调两者同时兼顾，反映了中国共产党对公正观的坚守和适时调整。当然，坚持公平正义并不只是在收入分配领域体现和执行，只有实现在所有民生领域的全覆盖，也就是现代公共服务领域的公平普惠，才能谈得上利民惠民民生战略的有效落实。同时，坚持公平正义原则还意味着要形成"横向到边、纵向到底"的差异化群体的全覆盖，既关注一般群体，又向特殊群体、重点群体、弱势群体倾斜。另外，坚持公平正义原则还应在公共政策的制定上既体现时效性，又注重可持续性，避免因政策摇摆、不确定而陷入另一种社会不公。对执政党来说，尽管完成上述任务是一个艰难的过程，但仍要竭力去做。因为实现这样的目标表明人们将享有更为平等的权利和机会——按照马克思的公正观，这是在资本主义社会所达不到的价值目标。

2. 坚持基本国情

经济发展促进民生改善，改善民生催生经济发展的内生动力，两者之间形成良性互动的态势。可以看到，我国经济发展进入新常态后，尽管面临压力但总体向好的状况没有发生变化。落实利民惠民的民生战略应当基

---

① 根据国家统计局数据汇总：2008年、2009年、2010年、2011年、2012年、2013年、2014年、2015年以及2016年的基尼系数分别为0.491、0.490、0.481、0.477、0.474、0.473、0.469、0.462以及0.465。

于对当前经济发展水平的理性评估,建立在对当前所处的社会发展阶段的客观分析之上。社会发展的阶段性特征决定了相应的经济发展水平,并将进一步影响支撑民生改善的物质基础。进一步说,发展和改善民生不能脱离我国当前的基本国情,即仍处于并将长期处于社会主义初级阶段。实施民生战略要牢牢把握和立足这个最大的实际。改革开放前,我们制定了一些超越发展阶段的政策,因违背社会发展客观规律而带来了一系列的问题。其中最为关键的是,有些执政承诺严重脱离客观实际,有悖于生产关系要适应生产力的基本原理。那么,这样的一种政治许诺一旦无法兑现,实际损害的是党的威望,影响的是党的社会公信度。实施利民惠民的民生战略目的就是巩固党的权威,也就更不能忽视当前我国所处的社会发展阶段。一方面,群众的利益需求是多元多样的、多层次的;另一方面,要依据现实财力,有计划、有步骤地提升人们的生活水平,最大限度地满足人民群众的不同利益需求。把民生事业的发展建立在财力允许的范围之内,把福利水平建立在经济可持续发展之上,量入为出地为全体人民提供更多实惠。与希腊等国家入不敷出、高福利缺乏经济高增长的支撑状况相反,中国共产党坚持对基本国情的深刻把握,并立足在此之上推进包括民生在内的各项事业的改革,必将能以扎实的成效巩固政党权威。

第二节　巩固党的权威的策略分析

中国共产党政党权威巩固的战略考量勾勒出延续党的认同所要秉持的战略集合或战略体系。以此为基础,在宏观层面上,党的权威的拓展和维护就将建构起强大的战略支撑和战略依托。那么,在中观层面上,巩固党的权威的策略分析又应当注意哪些问题,又该遵循哪些逻辑推理和研究路径?正如列宁指出的:"策略问题提到日程上来以后,就应该坚决着手完成这些任务。"① 毛泽东也指出:"政策和策略是党的生命。"② 中国共产党政党权威巩固的策略分析,旨在聚焦和追问长期执政条件下党的权威的散

---

① 《列宁选集》第 1 卷,人民出版社,2012,第 286 页。
② 《毛泽东选集》第 4 卷,人民出版社,1991,第 1298 页。

布、拓展与某些特定要素之间的相互关联性。它们之间无论是呈现出此消彼长、相互竞争的状态还是相互融合、相互统一的格局，都将对政党权威的巩固产生影响。政党权威巩固的策略分析正是要在两两相关的变量之间寻求大致的平衡，最终累积执政的有效性。

一 把握政党权威与人民民主的关系

在学术研究中，逻辑演绎或理性推演似乎常常能够矫正主观判断，任何直觉感知都无法抗衡强大的逻辑力量，当然假如这种主观推定或感知能够建立在严密的逻辑推理上的话，那么结果则另当别论。在权威和民主问题上，或者具体点，在政党权威与人民民主的关系问题上，人们会不经意间从一种先在思维出发进行主观臆想，或者认为两者之间相互对立，难以融合；或者片面地认为人民民主屈从于政党权威；或者认为政党权威迁就于人民民主等。然而现实证明，上述的直觉假定既缺乏事实依据，也缺乏科学论证，因此是不可靠的、不准确的。对政党权威与人民民主的相互关系需要进一步定位和把脉。

（一）一致性

权威与民主的关系问题需要辩证地看待。那种以权威和民主分别遵循少数和多数裁定原则的思维而就此推导出，增强权威必将抑制民主，反过来发展民主又可能影响权威；或者发展民主能够维护权威，树立权威必将推动民主等观点都把两者关系简单化地对待。在认识权威与民主的关系时，既不能无视区别把它们等同起来，又不能放大差异使它们对立起来，矛盾或趋同都无益于对该问题的把握。有了上述逻辑铺垫，在把握政党权威与人民民主关系上同样更加需要用二维视角进行全面分析和审视，非此即彼、非黑即白的一维判定既不利于发展人民民主，也不利于政党权威的巩固。政党权威与人民民主关系的复杂性要求我们既要看到两者之间的依存性或一致性，又要审慎辨识两者之间的冲突性或协调性。

中国共产党收获强大的政党威望，代表着广泛的民意认同和自觉遵从。民众的意志服从越是齐整和坚定，政党权威越是牢靠和稳定，也就越容易整合资源，促使社会进步和成熟。从这个角度上看，中国共产党长期执政条件下巩固政党权威的实质,正是坚定不移地坚持党的领导地位,绝不能有任何犬儒或骑墙的心态。人民民主是中国特色的运行模式。市场经济的发展激发人们的主体意识,必然带动民主氛围的增长和扩展。执政党应当对此做出及时回应,执政行为和治理实践也应当听从和吸纳人民的意志,唯有如此才能实现更多认同和更高威望。那么,在社会尚未达到成熟的情况下,要发展人民民主,实现在国家治理中人民当家做主,有效行使权利,就必须通过代表人民根本利益的执政党来领导推动。也就是说,在促推人民民主中,党的领导作用非常重要。遵循社会发展的逻辑和人民主体的质的规定性,坚持党的领导将是促进而不是限制人民民主。正是在这个层面上,巩固政党权威与推进人民民主达成内在的一致。政党权威的巩固,党的领导地位恒定,人民民主实践有了真正的领导力量和推动力量;人民民主有序发展,人民依法公平地政治参与、政治决策,管理经济社会各项事务,支持和帮助党提高执政业绩,又将进一步加强党的领导、巩固党的权威,政党权威与人民民主在此基础上达到平衡。

(二) 衔接性

对政党权威与人民民主的一致性作了理论分析之后,我们同时还应当从学理上进一步把握它们之间存在的矛盾性。从某种意义上讲,对权威与民主之间的对立性或相互间的衔接性的关注有着更为重要的价值,注意不到这一点则无法全面、客观、科学地把握两者的关系,甚至可能会在实践中走向相反的极端。从民主的本质上来说,它意味着平等、分权。发展人民民主预示着将有权力从执政者手中分流出去,社会民众将会拥有更多属于他们的权利。因此,这对政党权威或许会产生一定的影响和冲击。这是政党权威巩固问题研究过程当中特别值得重视且不容回避的。尤其是在社会转型和体制转轨的条件下,加上西方负面思潮的渲染,对如何渐进地、有序地发展人民民主需要认真对待和科学考察。盲目迷恋民主或者诱导民主则可能将民主的发展引向无序或失序状态,最终的结果必然是民主变形或民主发展受挫,对政党权威的巩固必定不利,对国家稳定也将产生消极影响。一些国家由于没有预见到发展民主的适度性,纵容民主的自发性,其本身超越了执政系统的承载能力,直至出现民众"参与爆炸"现象,导致国家政权动荡和政党权威丧失。这样的历史教训值得深思和吸取,特别是对于领导亿万人民群众长期执政的中国共产党来说，科学地发展人民民主，整合和调适民众的参与热情，在与维系政党权威之间保持张力才是最为重要的。

另外，在巩固政党权威的共识之下，如果忽略社会民众的利益表达与利益综合，人民便无法参与到国家事务中来，在涉及切身利益问题上不能较好地实现自我做主。这或许是巩固政党权威过程中需要防止的现象。因为民主的理性发展如果受到压制，可能会给民众的民主意识带来影响，不参与或不理性参与是可能的两种结果，这将限制人民民主的健康发展。而且如果缺乏人民民主的约束和掣肘，权力腐败便会随之而来，反过来又将干扰政党权威的巩固。因此不难看出，无论是权威的巩固还是发展人民民主的实践，都与执政党的领导方式执政方式有关，都取决于其领导水平与执政能力。党的作用发挥如何是决定权威与民主有机衔接、统一的关键所在。

二 把握政党权威与党内民主的关系

政党权威与党内民主的关系是权威巩固策略研究需要回答的第二个方面的问题。无论是外在文本形式还是内在核心价值上，党内民主与人民民主都有相类似的地方，都贯穿着民主的原则和价值取向。这就意味着政党权威与人民民主之间所展示出来的某些特征完全可能再现于与党内民主的关系之中。换句话说，政党权威的巩固与党内民主的发展之间如何保持应有的张力平衡依然是我们关注的重点和方向，是权威巩固的策略分析绕不开的命题。当然，与前一个关系范畴明显区别的是，党的权威与党内民主的关系把握实现了在同一个范围、同一个场域不同方面的比较研究，即回到政党本体这个共同对象下来考察，显得更加紧凑且有针对性。

（一）契合性

发展人民民主，主体是社会民众；而发展党内民主，主体是全体党员。正因为如此，它们之间存在质的区别，有着完全不同的运行基础，不能因存在共性而忽略差异性。人民民主的逻辑起点是利益，人民当家做主是因为要维护自己的利益。而党员权利的平等和享有是党内生活的应有之义。党内民主的逻辑起点是党员权利。党内民主是指中国共产党全体党员在事关本党的事务上拥有平等的参与权和决策权，它涉及党内权力委托与让渡、权责对等、义利一致等党内关系的设定和安排。发展党内民主不仅来自人民民主高涨的促推，更重要的是基于以往党内生活的关系不均衡客观事实的反思。例如，"一言堂"、家长制作风盛行；党员权利得不到保障，主体地位体现不了，党员积极性得不到发挥等。上述问题的存在不利于增强党内创造活力，不利于促成党的整体力量，不利于党内团结统一。从这个意义上说，发展党内民主的确是党的生命，"是党内政治生活积极健康的重要基础"①，是理顺党内关系、激发党的内在活力或内生动力的根本保证。

而党内团结统一的达成恰恰是巩固政党权威所追求的目的。正是在这一点上，政党权威与党内民主实现了逻辑契合和价值一致。假如没有党内团结统一，政党内耗严重；宗派主义盛行，自以为是，各自为政；个人与组织、基层组织与中央组织存在分歧，党内形不成整体合力和实力，政党必定失去权威。相反，如果政党权威得以有效巩固，那么必然可以推断出，政党内部离心倾向骤减，向心趋势上升；在党内规范的约束和引导下，党员与组织、下级与上级之间必然形成全方位的一致，政党内部整合力得以提升，党内关系和谐稳定。党的十八届六中全会指出："着力维护党中央的权威、保证党的团结统一。"② 把两者并排在一起，显示出党的权威与党的团结之间的关联性。可以说，中国共产党政党权威的巩固与党内民主的发展都共同指向了党内团结统一这个价值归宿。所以不难看出，透过这样一个分析维度，政党权威与党内民主之间实现了平衡和互动，找到了一个联结双方的逻辑交汇点，并在此基础上捕捉到两者之间业已存在的共通性和契合性，有助于更好地把握它们的关系。

（二）协调性

如同人民民主一样，政党权威与党内民主之间也同样存在不一致或可协调的一面。有所区别的是，在这里，权威与民主的关系定位都是围

---

① 《关于新形势下党内政治生活的若干准则》，人民出版社，2016，第25~26页。
② 《关于新形势下党内政治生活的若干准则》，人民出版社，2016，第5页。

绕着政党这个共同约定的对象来展开的。民主的精神实质与权威的价值内涵在这里形成碰撞或冲突。换句话说，相对人民民主而言，政党权威与党内民主之间的可协调的一面较明确。这的确是我们研究过程当中值得深入思考的问题。从现代政党政治发展情况来看，维系和巩固政党权威是一个普遍共识和既定做法，更是由政党作为政治组织的本质特点决定的客观规律。没有强大的政党权威作基础和保障，政党的生存与发展以及政党所领导的事业都将受影响甚至停滞不前。这对于长期执政条件下的中国共产党来说尤其如此。党的权威越是巩固，党执政的有效性也会越强。

党内民主向前推进特别向纵深发展，则意味着党内权力来源关系进一步理顺，授受关系进一步厘清，党员将享有更多更广泛意义上的权利，党员之间地位平等且拥有对全党事务更多的话语权或表达权。从这个角度来说，党内生活由不够民主向更加民主的转向，对政党权威的巩固可能将产生一定的影响。权力的分解与集中、让渡与吸纳在此时形成一种"拉锯"的状态，分权与收权似乎形成一种较难调适的态势。这反映了在政党权威与党内民主关系的有机衔接上还需科学把握。但如果以此难度为借口，简单认为权威巩固将要限制党内民主，或者发展党内民主要削弱权威都是不可取的，只会使权威的巩固与民主的进步都偏离应有的轨迹和方向而两两受损。2014年，习近平指出，要按民主集中制原则处理党内关系，"发扬党内民主、增进党内和谐，实行正确集中、维护党的团结统一"。① 2016年，党的十八届六中全会指出："任何党组织和个人都不得压制党内民主。"② 因此，要把政党权威建立在党内民主的基石上，克服对政党权威的不利影响，最根本的策略便是对党内民主的发展路径、发展方向、发展时序进行顶层设计和科学考察，实现党内民主的有序推进。从一定意义上说，这样的民主是有节奏的，这样的权威是有理性的。正如有学者指出，"党内民主很重要，但党内民主不应当妨碍政治责任的承担"③，要有担当就应当强调必要的权威。

---

① 《习近平关于严明党的纪律和规矩论述摘编》，中央文献出版社，2016，第45页。
② 《关于新形势下党内政治生活的若干准则》，人民出版社，2016，第26页。
③ 郑永年：《中国模式经验与挑战》，中信出版社，2016，第77页。

三 把握政党权威与领袖权威的关系

政党权威与领袖权威的关系也是巩固党的权威策略研究中不可回避的重要范畴之一。甚至可以这样说，谈及政党权威，就不能绕开对领袖权威的关注；而对领袖权威的研究，则最终将会扩展到对领袖所属的政党及政党权威的考察。因此，从这个意义上来说，政党权威巩固的研究无法离开与其有紧密关联的领袖权威的探讨。与前两对关系范畴相比，它们并不对立。当然，根本的前提取决于对领袖权威的科学把握。也就是说，领袖权威的生成与建立、有效性的传导传播影响着政党权威的巩固，影响着两种权威形态在同一政治系统中的布局，反之亦然。因而，把握好两者间关系的重要性绝不亚于其他范畴。

（一）依存性

领袖权威说到底是一种魅力型的权威形态，是民众对领袖的思想、学识、能力、才华、行事风范等因素认可基础上形成的一种敬仰、追随和向往。就政党与领袖的关系而言，按照列宁的观点，有影响力、富有经验、有威望的人才可以胜任政党内部的重任。这就说明权威的建立在一定程度上决定领袖在政党内部的重要地位和重要角色。更为重要的是，领袖权威的形成与发布能产生强大的凝聚力、感召力以及动员力，这种能量引领和带动政党成员以及广大民众朝着共同目标奋进。人们在树立对领袖的心理认同和情感认同的基础上，调整自己的价值观与行动逻辑并使之符合领袖所指引的方向。人们对领袖的尊崇很自然会形成对政党的信仰，人们对整个领袖集团的认可很自然会延伸至对整个政党的认同，对核心领袖权威、党中央权威的维护则意味着对政党权威的巩固。中国共产党的第一代领导集体尤其是毛泽东同志拥有高超的领导才华、军事才华、指挥才华等素质，充分体现在领导革命斗争和推动政权建设中。正是在这样的过程当中，毛泽东同志的领袖权威得以建立和巩固，整个领袖集体的权威得以被认可，人们认同领袖地位和领袖气质而愿意跟随他们，从一心为民谋幸福的政党领袖的情怀中认清中国共产党与其他政党的本质区别，进而愿意跟随中国共产党。可以说，领袖权威以一种特定的方式诠释着政党权威的存在，它为政党革命和执政赢得有效性和正当性。

反过来，巩固政党权威必然内含着对领袖权威的尊崇，巩固政党权威的重要任务之一就是对政党领袖形象的优化和对领袖地位的确证。正如邓小平指出的："没有核心的领导是靠不住的"①，"因为有这个核心……党的领导始终是稳定的"。② 在这里，邓小平从坚持党的领导的有效性和稳定性的视角，形象地阐明了政党领导、政党权威与领袖权威之间的内在关系。党的十八届六中全会正式提出"以习近平同志为核心的党中央"③，指出"一个国家、一个政党，领导核心至关重要"。④ 党的十九大修改后的《中国共产党章程》规定："坚定维护以习近平同志为核心的党中央权威和集中统一领导。"十三届全国人民代表大会通过的宪法修正案中，关于国家主席任职期限规定的修改，着眼于健全和完善国家领导体制，从法律上维护以习近平同志为核心的党中央权威和集中统一领导。十八大以来党的建设及其他各项建设取得新进展赢得党心民心，离不开以习近平同志为核心的党中央的运筹帷幄，励精图治。在领导和推进党和国家各项事业的发展中，习近平总书记提出了一系列开创性的新思想、新理念、新战略，使中国特色社会主义事业取得历史性成就、发生历史性变革。换句话说，政党整体合力的达成必定要求突出核心领袖，巩固核心领袖的权威。因为领袖权威的淡化本身不利于政党权威的巩固。所以，长期执政条件下，政党权威巩固不能不考虑把领袖权威的维护作为一个重点来把握和强调。领袖是在政党组织或政治集团中有领导力、辨别力、决断力的杰出人物，巩固政党权威必定要求保障领袖权威。

（二）差别性

在对待政党权威与领袖权威的关系上，既要看到两者之间的关联度，同时又要把握两者之间的差别性。显然，从权威的承担主体来看，政党权威是以政党为研究对象的，主要观察执政党在党内党外所建立起的威望或

---

① 《邓小平文选》第3卷，人民出版社，1993，第310页。
② 《邓小平文选》第3卷，人民出版社，1993，第310页。
③ 《关于新形势下党内政治生活的若干准则》，人民出版社，2016，第3页。
④ 《关于新形势下党内政治生活的若干准则》，人民出版社，2016，第13页。

社会公信力，并且由此关注对于政党建设、国家发展以及社会进步可能产生的影响。领袖权威是以领袖或领袖集体为研究对象的，主要观察领袖在政党内外、社会民众当中所形成的威望以及社会认同感，并且据此研究它对政党发展或社会发展可能存在的特殊作用。政党是夺权并掌权的政治组织，领袖则是政治组织中的个人（当然是主要人物）。政党权威与领袖权威必然有不同的特质，尽管存在前文所述的共通性。例如，对于同样的受众对象来说，政党权威展示出政治组织的整体气质，可被感知；而领袖权威则体现出政治领导人的人身魅力，也同样被感知但相对具体。因此，在把握两者关系上，不能用简单思维的方式。否则，不但不利于政党权威的巩固，也不利于领袖权威的维系。

我们还应当注意到的是，维护领袖权威要与个人崇拜区别开来，防止不正确、不科学地对待领袖而形成个人崇拜，克服不科学看待领袖而形成的个人迷信。应当说，上述现象的存在实际上对政党威望的塑造和巩固将造成损害。无论是无产阶级伟大导师马克思恩格斯列宁，还是中国共产党历届中央领导集体都明确反对党内个人崇拜，原因之一正是出于对党的健康发展的重视，对党的权威的有效爱护。关于这一点，正如毛泽东指出的："老祖宗也有缺点，要加以分析，不要那样迷信。"① 习近平同样深刻指出："党内不能搞人身依附关系。"② 十八届六中全会也指出："对领导人的宣传要实事求是，禁止吹捧。"③ 在这里，他强调政党与个体、组织与个人之间的重要区别。这些思想为我们进一步把握政党权威与领袖权威关系提供了重要的理论遵循。可以这样说，对它们各自特征的正确认定，将有助于在辨识和掌握差别性的基础上促进两变量之间的良性互动。

四 把握政党权威与政党监督的关系

把握好政党权威与政党监督的关系是巩固政党权威策略分析中的题中应有之义。正确对待且妥善处理权威与监督之间的辩证统一关系，将

---

① 《毛泽东文集》第 7 卷，人民出版社，1999，第 370 页。
② 《十八大以来重要文献选编》（上），中央文献出版社，2014，第 769 页。
③ 《关于新形势下党内政治生活的若干准则》，人民出版社，2016，第 18 页。

是实现党的权威拓展和延伸的基本前提。可以这样说，政党特别是执政党一旦获得了民众赋予的公共权力之后，对政党的监督就应该与之相伴随，对执政党成员的监督也应该同时跟进。其中的道理很简单，缺乏有效监督的权力极易被腐蚀，缺乏相应约束的执政党成员的行为必然会偏离民众所希冀的轨迹。正如党的十八届六中全会强调的："用权受监督、失责必追究。"① 尽管因监督力量、监督形式的差别而致使结果有所不同，但是监督与接受监督正成为现代政党政治中一个普遍现象。正是在这样的基础上，政党权威与政党监督的关系问题自然被引申出来。执政党接受监督究竟是影响其权威还是巩固其权威？这的确是值得深入研究的问题。

（一）绝对性

在对待政党权威与政党监督的关系上，同样需要防止简单化或片面化的思维，仅从一维视角去推定两者的关系定位，结论既不全面也不科学甚至可能对具体实践产生误导。例如，有种观点认为，巩固政党权威就不能有政党监督，加强政党监督必定会削弱政党权威。这实际上是把政党权威与政党监督直接对立起来，最终是不利于政党权威的巩固和发展的。因此，在把握两者之间的关系上，笔者认为首先需要看到问题的主要方面，抓住绝对性、无条件性，即对政党权威的巩固是一定的，必须毫不动摇地坚持，绝不能有任何迟疑。长期执政条件下，中国共产党政党权威巩固既是政党建设的必然要求，也是整合各方资源和力量推动国家各项事业发展的必然要求，更是带领全国人民实现中华民族伟大复兴的必然要求。没有强有力的权威作基础，党的发展和党的事业都不可能顺利推进。当然，这也是本书研究的核心和关键。所以在任何情况下，巩固政党权威都是首要的、第一位的，对待政党权威的态度丝毫不能有半点含糊和犹豫。换句话说，这种绝对性包含着这样一层含义，即推进政党监督的根本目的最终也应当是着眼于政党权威的维系和巩固。

我们知道，执政党接受民众给予的权力后，执政党与民众的二者关系变成民众、政党、权力的三者关联。在这样的关系中，政党与权力的关系

---

① 《中国共产党党内监督条例》，人民出版社，2016，第2页。

成为焦点。要把权力被滥用的可能性降到最低点，需要监督力量的介入。在与黄炎培的对话中，毛泽东就提出要让人民监督政府。此后，执政党及其党员要接受监督的思想成为历届党中央领导集体从严治党的一贯主张。习近平指出："没有监督的权力必然导致腐败，这是一条铁律"①，"加强对干部的监督，是对干部的爱护"。② 十八届六中全会进一步强调党内监督的任务之一是"维护党的团结统一，重点解决党的领导弱化"③ 等问题。这些都表明，对政党及其成员监督的目的在于确保权力的规范使用，不偏离既定的运行轨迹；在于严肃党内政治纪律政治规矩，加强党的集中统一领导；最终仍然是以保证党的执政清廉、塑造良好执政形象、巩固党的权威为基本归宿。从这个意义上说，加强政党监督与巩固政党权威并不存在矛盾，相反监督有效、到位还有助于执政党及其成员依法依规掌权和用权，更好地延续党的威望。

（二）相对性

在前文的分析中，我们已知，推进政党监督从属于或服务于巩固政党权威的根本目的，这是把握两者关系中绝对性、客观性的重要方面。那么，相对性或有条件性又是指什么呢？这当然不能够被理解成在权威巩固问题的认识与实践上可以模棱两可，可以这样，也可以那样。它是指在坚持巩固政党权威理念不动摇的前提下，意识到党的权威的巩固取决于方方面面的因素，既有政党自身建设的原因，也有政党之外的原因。它们共同决定着执政党权威能否塑造、以何方式巩固以及维系时长等问题。从这个角度来看，巩固政党权威是有条件的、有前提的。这就是把握政党权威与政党监督关系上的辩证性。而在决定政党权威生成、维系与巩固的要素当中，政党监督是一个重要的变量。

实事求是地说，对党的干部进行监督，他们难免不自在。但是，对政党而言，接受监督体现了开放、民主、负责、成熟的政治形象；对党的干部而言，接受监督体现了为民、无私的公仆形象。党的十八届六中全会强

---

① 《十八大以来重要文献选编》（上），中央文献出版社，2014，第342页。
② 《十八大以来重要文献选编》（上），中央文献出版社，2014，第138页。
③ 《中国共产党党内监督条例》，人民出版社，2016，第3页。

调,党组织和党员干部要"自觉接受党内监督、社会监督、群众监督"。①更为重要的是,在现有政党体制下中国共产党是唯一的领导党和执政党,党及党的干部掌握民众赋予的大量权力,拥有调配物资、财政等资源的权力。中国共产党要实现长期执政,首先面临的问题是怎么来确保权力运行在合法的轨道上。因为,权力的转向或扭曲、腐蚀都将意味着政党权威的受损和削弱。要保证政党权力运行不偏移轨道,就得对其进行约束和监督。其次还要面对的问题是执政党的党员如何严格遵守党规、党的纪律。纪律松弛、组织涣散也将对党的权威形成负面影响。《中国共产党党内监督条例》明确提出:"党内监督没有禁区、没有例外。"② 党的十九大报告指出,健全党和国家监督体系。换句话说,没有监督作基础,权威很难真正建立起来,更别说持续巩固了。在这个逻辑上,政党权威的获取和延续有条件性。所以,并非谈及党的权威,它就能自然而然地生成,顺理成章地获取,轻而易举地巩固。对绝对性和相对性特点的把握,实际上描述的是同一问题的两个不同方面,是基于不同的视角对政党权威和政党监督关系的深入剖析。强调绝对性,不能忽视相对性;强调相对性,同样不能撇开绝对性。只有把这两方面有机联系起来,才能正确理解权威与监督间的关联,才能在执政实践过程中既落实监督功能又实现党的权威巩固的终极目标。

本章小结

中国共产党政党权威巩固的战略考量和策略分析是本书的重点章节,旨在对党的权威的巩固问题进行深度梳理和细致探讨,并以此为基础同第七章的现实路径共同形成大致的宏观、中观和微观层面的综合研究范式。专门探讨战略和策略问题,首先是为了契合学科的研究方向,它需要在全书中有所体现、有所侧重、有所深究。但是,研究目的绝不仅限于此。更为重要的是,对党的权威巩固迫切需要有一个宏观站位和顶层设计。巩固

---

① 《中国共产党党内监督条例》,人民出版社,2016,第 18 页。
② 《中国共产党党内监督条例》,人民出版社,2016,第 2 页。

党的权威的战略需要有哪些考量？在策略上又需要有哪些把握？这些都是本章研究的主要内容。战略策略选择的方向性，决定着党的权威巩固的方向性；战略策略制定的科学性，决定着党的权威巩固的科学性。中国共产党政党权威巩固的战略考量和策略分析是围绕政党与群众这一对范畴展开的。这主要是因为它们是所有执政党执政过程中都必须面对的共性问题。党群关系的和谐或冲突、弥合或背离是衡量执政党能否拥有强大威望的晴雨表，因此它必然成为研究政党权威问题的逻辑起点。从这出发，我们可以分解出多个维度来思考权威巩固的战略与策略问题。

在巩固党的权威的战略体系设计中，管党治党的党建战略是着眼于破解党自身建设存在的问题，实现党的自我完善和自我提升；依法治国的治理方略是着眼于破解党在领导人民治理国家实践中存在的问题，实现治理方式的法治化、规范化；提高执政绩效的发展战略是着眼于破解推动经济社会发展中存在的问题，实现党的执政效益的最大化；利民惠民的民生战略是着眼于破解民生建设中存在的问题，实现发展成果普惠民众。这些战略的实施和达成都将对党的权威的巩固产生积极影响。在巩固党的权威的策略分析中，我们重点厘清和分析几对既有联系又有区别的关系范畴，例如权威与民主，权威与监督等。通过科学论证，不难发现，对上述几组关系的把握不能落入简单的思维定式，既应当从中抓住业已存在的一致性、互通性，又必须分辨出差异性，以二维视域审视它们的关系，有助于我们在党的权威巩固的策略选择上做出客观、科学的判断。

第七章
中国共产党政党权威巩固的现实路径

　　在长期执政条件下，中国共产党政党权威巩固必定要有其现实之举或破解之策。党的权威被承认、接受和认可，意味着这些举措或办法是合理的、有价值的。它们共同保障着执政党权威的持续巩固。按照哈贝马斯的观点，执政系统如果抓不住民众对其的信任，那么也就不能确定民众对其永久追随，也就不能确保政治统治地位的稳固。中国共产党要巩固执政基础、扩大群众基础，要实现对权威的持续性维系和拓展，就应当高度重视影响民众认同的关键性资源的开发，高度重视影响政党权威生成和延续的关键性要素的整合。没有这些资源或要素，党的权威根本不可能存在，更遑论权威的巩固。在前文的分析当中，我们对政党权威的理论渊源、思想发展、历史经验等相关重要问题一一作了深入阐述。它们对新的历史条件下党的权威的巩固有着重要的现实指导价值。但是，执政党对权威问题的关注，不能仅仅限于追溯历史或是仅停留在历史资源之上。所以，除了不断激发历史资源的影响力之外，中国共产党更应当把权威的巩固构建于新的资源之上，并及时补充其他资源，使党的权威基础更加稳定和牢固。新形势下中国共产党政党权威的巩固，既要有价值层面的要求，即党的意识形态先进性，给予民众的精神感召力；也要有物质层面的要求，即执政行为的有效性，给予民众利益的持续维护；更要确保执政行动的规约性、合法性，给予民众成熟的政党形象。对于中国共产党来说，做到上述几个方面，权威的巩固便有强大的现实基础。本章将就这些问题作进一步深入探讨。

第一节　意识形态的先进性
——巩固党的权威的价值认同

先进的意识形态是"唯一合乎理性的、有普遍意义的思想"。[①] 列宁指出："轻视理论，对待社会主义思想体系躲躲闪闪、摇摆不定，就必然有利于资产阶级思想体系。"[②] 中国共产党在巩固政党权威时，应当高度关注意识形态的建设问题。党在推进各项事业的进程中，总是要把意识形态建设放在一个非常重要的位置上。无论是从历史还是从现实来看，先进的意识形态始终是政党获得威望、获取力量的根本前提。政党的成长发展总是与意识形态尤其是先进的意识形态相伴随。党的意识形态是科学的和先进的，因为它始终坚持马克思主义为指导思想，代表了社会发展的前进方向，代表了最广大人民群众的根本利益。在庆祝建党95周年大会上习近平指出："没有先进理论的指导，没有用先进理论武装起来的先进政党的指导"[③]，国家统一、民族繁荣富强的目标任务就不可能实现。在2018年全国宣传思想工作会议上，习近平指出："发展社会主义先进文化，激发全民族文化创新创造活力。"有鉴于此，长期执政条件下，中国共产党更应当把加强意识形态的先进性作为巩固党的权威的基本途径，因为党的权威首先就体现在意识形态的先进性上，体现在党的思想理论、主流价值观的权威性上。

一　意识形态的先进性与党的权威的关联性分析

充分认识意识形态与政党权威的关系是研究党的权威巩固问题的必要前提。列宁曾指出："无论经济鼓动或政治鼓动……都能唤起工人觉悟。"[④]

[①] 《马克思恩格斯选集》第1卷，人民出版社，2012，第180页。
[②] 《列宁全集》第6卷，人民出版社，1986，第362页。
[③] 习近平：《在庆祝中国共产党成立95周年大会上的讲话》，人民出版社，2016，第4页。
[④] 《列宁选集》第1卷，人民出版社，2012，第144页。

意识形态特别是先进的意识形态作为社会积极的思想理念，其引领、整合、规约以及辩护功能不容忽视。执政党在寻求社会认同、凝聚政党权威过程中不能不看到这一显著特点。意识形态先进特质决定了其在执政党执政统治中占有非常重要的地位，甚至决定了执政党在社会民众中的人心向背问题。从执政号召力、凝聚力的视角上来说，或许没有执政党不重视意识形态的建设问题，长期执政的中国共产党也不例外。深入分析和研究意识形态与党的权威的关系，有助于我们从更深层次意义上去认识党的权威巩固所需要的基本元素。

（一）先进的意识形态是执政党实现有效领导的观念体系

坚持党的领导本质上就是坚持党的权威、维护党的权威、巩固党的权威和发展党的权威。中国共产党的权威首先体现在思想领导的权威上，中国共产党的领导首先体现在先进的意识形态的引领中。党的十九大报告明确提出，不断增强党的思想引领力，确保我们党永葆旺盛生命力和强大战斗力。换句话说，先进的意识形态是执政党实现有效领导、巩固党的权威的观念体系、信仰体系。长期执政条件下，中国共产党要实现领导的实效性、长效性，必定不是来自强制力，更不可能诉诸暴力，那样只会增大离心力反而失去领导权、削弱政党权威。因此，要达成上述目标，唯一切实可行的便是依赖科学的观念引领，即先进的意识形态的吸引。现实中，党在完成不同时期不同任务时，建构了一套符合历史发展方向、契合人类社会发展规律的理论、路线、方针、政策，形成了一套逻辑严密、先进科学的行动纲领。没有这个作基础，中国共产党不会快速动员群众，保持一贯的领导力；没有这个做基础，中国共产党的权威无法形成，也无法巩固。先进的意识形态、正确的思想理论在展示其无可争辩的生命力之时，在促成广大民众树立和加强对中国共产党的认同和向往方面起到了重要的作用。它是坚持党的领导地位、巩固党的权威的原初、持久要素。可以说，执政党获得有效领导的起始动因是先进意识形态。意识形态的没落、思想理论的衰微则可能成为执政党领导危机的开始。列宁指出："没有理论……不可避免地迟早注定要在政治上遭到破产。"[①] 因此，建构先进的意

---

① 《列宁全集》第6卷，人民出版社，1986，第367页。

识形态对于执政的中国共产党夯实领导地位、维系权威意义非凡,齐整的、自愿的政党认同必然首先来自意识形态的认同。

(二) 先进的意识形态是执政党整合异质化社会的思想基础

恩格斯指出,工人阶级"在力量、知识和组织方面比起初强过百倍"。① 这实际上指出了意识形态整合、动员后的效果。今天,异质化社会的重要特征之一在于社会阶层结构呈现分化状态,不同的群体利益需求相左。这和同质化社会条件下群体之间利益诉求接近且单一的情形有着明显的区别。中国共产党在推进社会建设和社会发展时首先面临的是上述具体现实。党在努力代表和反映最广大群众利益诉求的同时,还有一个如何能够有效整合和凝聚不同群众的思想认识,进而形成对执政党强大向心力的问题,因为这本身关系党的权威的巩固问题。也就是说,分化社会条件下,中国共产党要完成对全社会的聚合和动员、延续党的威信,仅靠满足群众的利益诉求还略显不足,思想共识的达成才是起基础性、决定性作用的。更为重要的是,执政党内部似乎也面临同样的问题。如果缺乏一个政党成员共同认可的价值体系,集体行动的一致性必将很难建立,党的权威也将受影响。正如在 2018 年全国宣传思想工作会议上,习近平指出:"必须把统一思想、凝聚力量作为宣传思想工作的中心环节,更好地强信心、聚民心、暖人心、筑同心。"基于此,先进的意识形态建设的意义不言而喻。其重要作用之一就是社会整合功能。葛兰西喻之为"水泥"的力量,罗金斯称之为"凝合剂"的功效。意识形态积极的社会整合功能被大家所认可。中国共产党加强先进的意识形态建设,就是要发挥它整合社会的功能,倡导道德准则,消解观念冲突、价值分歧,促成人们精神世界的有序化;通过倡导高远的理想信仰,实现有效的社会动员,使社会成员形成思想统一、行动一致的整体。当中国共产党成功夯实全社会共同的思想基础时,就如同在广大民众之间形成强大的感染力和号召力,党的执政基础持续扩大,党的社会认同度提升,党的权威就此得以增强和巩固。

(三) 先进的意识形态是执政党维护执政有效性的理论依据

执政党巩固政党权威、形成执政认同、确证执政有效性,可以依赖专

---

① 《马克思恩格斯全集》第 10 卷,人民出版社,1998,第 286 页。

政机关如军警，也可以诉诸相应的法律法规。在现代社会发展过程中，上述手段都是必不可少的。但是说服和辩护执政地位的合理有效，不完全只靠暴力机器，甚至单纯依靠它还可能促发民众的逆反心理。中国共产党政治生命力的守护、权威的持续，除了依靠国家刚性的力量之外，应当更多地通过发挥意识形态特别是先进的意识形态的辩护功能来实现。它是党的执政有效性、合理性的重要理论依据。诺思认为，意识形态在对事物存在的必然性的论证和解释方面拥有着令人信服的强大力量。中国共产党建构起科学的、代表社会前进趋势的价值符号或观念体系，并通过在广大民众中进行不断宣传、传播和散布，必将能为党的长期执政进行有力的论证，为党所领导社会主义制度进行有力的解释和说明，必将在提升执政成效降低执政成本的同时有力地促进社会成员对党的向往和追随，党的执政有效性最终就能够得到有力保证，党的权威将恒久巩固。由此可见，先进的意识形态在维护党的执政稳定、巩固政权建设方面有着不可替代的说服功能。罗伯特·A.达尔对此作了很好的注解："为他们在体系中的领导地位提供说明和辩护。"① 在 2018 年全国宣传思想工作会议上，习近平指出："要把坚定'四个自信'作为建设社会主义意识形态的关键。"中国共产党高度重视意识形态的建设，大力宣传最新理论成果，而且积极改进和创新宣传方式，就能为党的执政地位和领导地位的巩固在新的话语范式下赢取更多的资源。中国共产党建设先进的意识形态，并积极寻求其主导地位，使广大社会成员认识它、自觉接受它，也就意味着党的权威地位得到认可和巩固。

二 坚持意识形态的先进性巩固党的权威

"统治阶级的思想在每一时代都是占统治地位的思想。"② 先进的意识形态在维护政治统治、巩固党的权威方面发挥着重要作用。因此加强意识形态的建设，努力保持意识形态的先进性就成为中国共产党应当重视的一项重要任务。信息技术升级换代，多元价值观念交融纷争，多元社

---

① 〔美〕罗伯特·A.达尔等：《现代政治分析》，吴勇译，中国人民大学出版社，2012，第80页。
② 《马克思恩格斯选集》第 1 卷，人民出版社，2012，第 178 页。

会思潮竞相流转，给党的意识形态建设带来不小的考验和挑战，也给维护和巩固党的权威提出更高的要求。意识形态建设能否在继承传统的基础上，随着执政环境的变迁与时俱进地调整、完善、创新、发展，以一元化的主流思潮引领和规约多元思潮，在适应和满足社会整合的需要、培育对党的深度认同中显示其先进性和生命力，是中国共产党面临的重要命题。

(一) 牢牢掌握意识形态工作领导权

习近平强调："意识形态工作是党的一项极端重要的工作。"[①] 党的威望的巩固需要先进的意识形态作支撑。而保持意识形态先进性的一个根本原则就是党对意识形态领导的绝对性，展示这一绝对性集中表现为对指导思想的坚持。这关系到方向性问题，而方向性则决定着先进性。马克思主义在主流意识形态的核心地位，是其本身实践性、批判性和革命性的优秀理论品格所决定的，是在与各种思潮较量当中逐步脱颖而出的。它适应了近代中国社会剧烈变迁的需要，提供了正确的目标方向，解决了中国社会根本出路的问题，指引着中国共产党人最终完成族权和主权复兴的双重重任。因此，马克思主义在意识形态的指导地位是历史发展的必然。在长期执政的条件下，以马克思主义为指导的意识形态反映了社会各阶层群体的利益要求，能够把不同群体整合起来，形成对党的强大向心力，并在党的领导下去完成宏伟目标。习近平指出党能完成各个时期的重任，"就在于始终把马克思主义这一科学理论作为自己的行动指南"。[②] 秉承它，意识形态建设就有灵魂，就能展示党的思想理论的先进性和权威性。在社会思潮多元变幻的当下，保持意识形态的先进性，加强党对意识形态工作的领导权，还应当坚持用马克思主义一元化去引领和规约多元化的社会思潮，消除价值纷争，保持价值张力，旗帜鲜明地消除和抵制各种反马克思主义、反社会主义的思潮，激浊扬清，统一社会思想，维护党的执政稳定和执政威信。党的十八大以来，意识形态工作呈现许多新亮点。例如，提出要加强意识形态工作责任制，明确主体责任，强调各级党委（党组）对本地区

---

① 习近平：《胸怀大局 把握大势 着眼大事 努力把宣传思想工作做得更好》，《光明日报》2013年8月21日，第1版。
② 习近平：《在庆祝中国共产党成立95周年大会上的讲话》，人民出版社，2016，第8页。

本部门本单位意识形态工作的领导和管理；加强网络意识形态工作，掌握网络舆论的主动权，新旧媒体融合发展，互联网建设管理运用不断完善等。通过不断完善制度机制，创新工作理念，改进方式方法，牢牢掌握意识形态工作领导权。

（二）注重意识形态的建设性

坚持意识形态的先进性巩固党的权威，要注重建设性的基本取向。促使这种转向的根本原因在于中国共产党已由革命党向执政党的身份地位转变。意识形态注重建设性，强调通过科学合理的方式为党的执政提供理论解释，为党的权威提供理论依据，为党领导的中国特色社会主义提供理论阐述，着重以理服人，在执政的条件下使得意识形态回归到其本原的功能上来。注重建设性，就要坚持理性化与世俗化相结合的原则，增强理论的解释力和说服力。如果党的意识形态回避现实、脱离实际，无法正视和及时回应当代社会发展过程中出现的问题，不能回答党员干部和广大群众关心的理论问题和现实问题，就将面临认同危机。因此，只有不断结合当代中国社会发展的客观现实，切实关照群众的切身利益，并做出相应调整完善才能赢得人们的认同，才能使人们相信党所奋斗的一切内在蕴含着为民的价值取向，进而使党的威信得以延续和拓展。同时，把握意识形态的建设性，要拒绝一成不变的教条化思维，增强理论的创造力和生命力。党的十九大报告指出："建设具有强大凝聚力和引领力的社会主义意识形态。"[①] 只有在秉承根本指导思想的前提下，结合时代要求持续丰富主流意识形态，用最新的理论成果武装全党，并被广大党员乃至民众所认可和接受，党的执政行为才能得到进一步的赞成和支持，党的威望将进一步得以巩固。同时，强调建设性并不意味着在意识形态领域当"开明绅士"。特别在事关大是大非和政治原则问题上要保持清醒，要立场坚定批驳谬误。党的十九大报告指出："落实意识形态工作责任制，加强阵地建设和管理，注意区分政治原则问题、思想认识问题、学术观点问题，旗帜鲜明反对和抵制各种错误观点。"[②]

[①] 习近平：《决胜全面建成小康社会 夺取新时代中国特色社会主义伟大胜利》，人民出版社，2017，第42页。

[②] 习近平：《决胜全面建成小康社会 夺取新时代中国特色社会主义伟大胜利》，人民出版社，2017，第42页。

（三）提升意识形态的包容性

从根本上来说，政党的阶级性决定了其总是代表社会中某一群人，而不可能是全体民众。正因为如此，它的政治主张、意识形态不可能反映所有群体的利益，总是体现特定阶层的要求。但是，政党执政后情况有所不同。执政党既然拥有全体民众给予的权力，那么在此条件下其意识形态所展示和反映的应当是民众的整体利益而不是局部利益。上述客观规律表明，中国共产党要守护权威，保持意识形态的先进性，很重要的一点就是提升意识形态的包容性。同时，随着社会交往交流增多，多元价值观念相互渗透、相互融合、相互作用的局面已在形成。这在一定意义上也促使扩大意识形态的包容性成为一种必然。诺思认为，灵活性是意识形态发挥作用的关键所在。要改变封闭的思维，代之以包容的胸怀去吸收和整合其他意识形态有益的养分，才能不断充实和壮大自己，永葆先进性。中国共产党提升意识形态的包容性，首先，要对多元社会价值观念进行合理化吸纳，对反映不同群体不同利益的价值主张进行合理性反馈，如此才能实现价值整合，从而为大家所接受。其次，要重视对传统价值文化的批判性承接。构建包容性的意识形态不能忽视中国传统文化中积极的价值因子，要以去粗取精、去伪存真的态度充分吸纳其中的有用资源，推动意识形态的建设和发展。最后，还应当加强对人类共同文明成果的吸收，对域外价值思潮的选择性吸取。在多元观念纷争交锋下，坚持党在意识形态领域的主导地位，保持先进性，巩固党的执政认同和执政权威，就应当最大限度地统摄和归整其他意识形态，兼收并蓄，荡涤尘埃，增强底蕴，直至给人们以价值引领和思想引导。

（四）把握意识形态宣传的灵活性

保持党的意识形态的先进性，还要把握好意识形态宣传的灵活性，灵活性决定着宣传的有效性，也决定着人们是否能够真正认可党的思想理论，认同和追随党，巩固党的权威。当前宣传思想战线的主要内容之一就是要加强马克思主义中国化最新理论成果的传播，特别是加强习近平新时代中国特色社会主义思想的传播。同时，值得重视的是宣传方式方法的科学性或策略性问题。正如在2018年全国宣传思想工作会议上，习近平指出:"要加强传播手段和话语方式创新,让党的创新理论'飞入寻常百姓家'。"我们在这方面有改进的空间,现实当中存在实效性不足的问题。坚持和巩固党在该领域的绝对控制力,就必须重视策略方法的重要性。以往经验显示,意识形态工作不能采用强制手段,不能采取简单粗暴的方式。那样只会影响意识形态教育的实效性,并不能真正使思想理论入脑入心,起不到动员说服的效果。新形势下党的意识形态宣传要在坚持已有成功方法的基础上,改进和创新思路。例如,除运用传统媒体外,要重视对以互联网为代表的新兴媒体的运用。在"从一切太阳底下的事物中汲取信息"①的大数据时代,我们要把握网络社会两面性的特点,既要重视和应对它给我们带来的挑战和压力,又要充分借用它即时性、交互性、无时空性、平等性等特点,积极弘扬以马克思主义为主导的主流价值观,弘扬科学真理,阐释科学理论。在此基础上,实现传统媒体和现代媒体的良性互动,网上社会和网下社会的有机结合,真正实现网络社会推进到哪里,党的意识形态工作就延伸至哪里的目标。从一定意义上看,就意识形态内容与其传播方式而言,前者的重要性当然强于后者。但是在社会分化的条件下,不同的群体有着不同的特性和需求,充分抓住这一特点并采取恰当方式有针对性地传播,就能够在把握人们认识活动规律的基础上充分占领思想阵地,为党的领导进行合理辩护,为党的路线方针政策进行有效宣传,为党的执政成绩进行科学传播,进而维护和巩固党的权威。

(五) 规避意识形态调整的危机

意识形态建设实际上指的是在党的领导下意识形态可预期的调整,它包含扬弃、创新、丰富和发展等基本节点。党的意识形态要保持先进性,赢得民众的认同,建构起持久的政党权威,当然也不能缺少必要的调整。但是,要以意识形态的调整确保其先进性,绝不是一件简单的事情,需要采取谨慎稳妥且科学的态度。中国共产党在加强意识形态建设中要规避调整危机,就要防止两种情况的发生。一是想要对意识形态做

---

① 〔英〕维克托·迈尔-舍恩伯格、肯尼思·库克耶:《大数据时代》,盛杨燕、周涛译,浙江人民出版社,2013,第20页。

出相应的调整却没有及时完成；二是在调整意识形态的过程当中超出原有设定的进程，甚至对已有的东西否定。两种结果都需要在意识形态建设中给予高度重视和警惕。前一种情况导致的直接后果就是失去创新意识形态时机，意识形态变得滞后，感染力下降，也就谈不上先进性的维系，党的权威更是无从说起。而后一种情况导致的直接后果就是政党指导理念、行动指南的缺失甚至被颠覆，党的执政地位有可能因此受到较大影响，党的权威也将面临较大挑战。在前面章节当中我们论证过苏联共产党衰落的原因，其中很重要的一条就是意识形态调整不够和调整过度的情形在不同阶段都有存在。意识形态建设中存在"左"与右、僵化与激进的两种倾向，不能不使苏共失去活力、失去权威。中国共产党是一个注重理论指导和理论创新的执政党。党正是能够结合形势任务的变化，适时加强理论创新和理论发展，才能始终坚持在以科学、先进的马克思主义为指导地位的主流意识形态的指引下不断把事业推向前进。这是一条必须长期坚持的基本经验。

第二节　执政党的纯洁性
——巩固党的权威的形象认同

对政党权威巩固的研究仅从意识形态分析还远远不够。如果意识形态是政党的灵魂，组织肌体就是结构。如果意识形态的先进性预示着党的权威获取和建立的可能，那么党的组织肌体的纯洁则表征着党的权威深入拓展与巩固的希望。意识形态建设僵化或教条，展示不出先进性，党面临失去执政根基的风险，党的权威不再。与此相近似的是，党员队伍思想堕落，信念淡化；党的组织一旦被腐蚀，权力被扭曲或滥用，党的形象受损，党同样会面临失去执政地位的风险，党的权威依然面临难以维系和巩固的可能。习近平指出："先进性和纯洁性是马克思主义政党的本质属性。"[①] 在党的十九大报告中，他又指出："以加强党的长期执政能力建设、

---

① 习近平：《在庆祝中国共产党成立95周年大会上的讲话》，人民出版社，2016，第22页。

先进性和纯洁性建设为主线。"① 保持党的组织肌体的纯洁不会比保持意识形态的先进来得容易，甚至由于执政党掌握权力而时刻面临权力异化可能，加强执政党的纯洁性建设则显得较为重要和关键，它是巩固党的权威的形象认同。

一 执政党的纯洁性与党的权威的关联性分析

列宁指出："我们的任务是要维护我们党的坚定性、彻底性和纯洁性。"② 对党的纯洁性与党的权威之间的关系判定，目的是要分析和阐述党的纯洁或不洁会对党的权威的构成和巩固究竟产生何种影响，又能体现在何种程度上。这样一对逻辑关联从党诞生起就一直存在。换句话说，革命战争年代，党的纯洁确保了党的权威，才能保证党的生存和党的革命事业的成功。和平时期，党的纯洁同样维系和巩固着党的权威，同样保障着党的长治久安并推动社会主义现代化建设事业的发展。可以说，党的纯洁与否决定着党的权威的高低，决定着政党及其事业的成败。

（一）党的纯洁性关系到党内优良生态的形成

保持党的纯洁性是党加强自身建设的重要内容之一。党在不同条件、不同背景下始终强调它、重视它、坚持它，就是因为其中蕴含一个基本道理：党保持纯洁，党的各级组织及党员干部廉洁自律，党内风清气正，党就能形成良好的政治生态，党的社会威望自然就建立得起来、巩固得下去。同理，党的各级组织及其党员干部如果不能保持廉政操守，党内污浊，贪腐盛行，就必然无法形成健康的、正常的政治生态，党的权威自然也就维系不了，更谈不上巩固。党的十九大报告指出："要自觉抵制商品交换原则对党内生活的侵蚀，营造风清气正的良好政治生态。"③ 从这个意义上说，这对于政党尤其是执掌政权的政党来说，都不是一个可以轻视的

---

① 习近平：《决胜全面建成小康社会　夺取新时代中国特色社会主义伟大胜利》，人民出版社，2017，第62页。
② 《列宁全集》第7卷，人民出版社，1986，第272页。
③ 习近平：《决胜全面建成小康社会　夺取新时代中国特色社会主义伟大胜利》，人民出版社，2017，第62页。

问题，中国共产党当然也不能例外。一方面，党已经成为长期执政的政党。随着党的不断发展壮大，党员队伍的数量从建党之初的几十人发展到今天的八千九百多万，党的基层组织数量也已达到四百五十万个之多。这种党情的变化，从纵向比，既与党的初创时期不同；从横向比，也与世界上其他政党存在较大的差异。超大型的执政党要保持组织肌体的纯洁性，优化党内生态，维系声望就是一个值得深思的命题。事实证明，保持党的纯洁，不断增强拒腐防变的能力，不断增强自我净化的能力，有利于党内优良生态环境的营造，能够防止和避免公权私用、权色交易等现象的滋生。党员和民众从中可以清楚判别党的状况，进而认同党，党强大的威望就可能持久巩固。

（二）党的纯洁性关系到党的公信力的持久

执政党的公信力是指它在党内党外、在广大党员和人民群众当中所积累的认可度和信任度。毫无疑问，执政党拥有公信力，它就必然能够建立起权威进而巩固权威。相反，执政党失去公信力或者公信力下降，它就必然形不成应有的权威。因此，在这个意义上，党的公信力与党的权威实际上是在同一个内涵上使用的概念。衡量党的公信力的指标有很多，如党的行动纲领的先进、党的执政业绩的良好等。其中，党员队伍的思想纯洁、作风优良、廉洁用权等是关键的指标因子。例如，党的纯洁，意味着党员队伍理想信念坚定，有崇高的精神追求，有朴实的群众观念；意味着党能够充分认识权力的两面性，使权力的运作始终保持在正确的轨道上，权为民所用而不是权为己所谋等。从理论上说，在这样一个场景当中，党的整个肌体不受污染，干净清白，纯洁无瑕。如果执政党能够展示出这样的执政形象，党的公信力不会没有持久提升的理由，党的权威不会没有得到巩固的基础。中国共产党坚持纯洁性的基本出发点和落脚点也正是基于此。尽管从实践层面来看，中国共产党面临着如何提高干部队伍的精神境界，如何有效地保持廉洁自律等均是一个有挑战性的问题，甚至在世界政党政治当中也是一个比较棘手的难题。但这丝毫没有动摇中国共产党保持组织纯洁的决心和信心。党的十八大以来，全面推进从严治党的实践充分说明了这一点。中国共产党越是加强自身的纯洁性建设，越能保持整个组织肌体的纯洁性，越能增强广大党员干部的纯洁意识、净化意识，也就越容易在人民群众当中延续和巩固党的公信力。

(三) 党的纯洁性关系到党的执政地位的巩固

政党掌握政权后自然获得执政地位，且赢得权威，夺权之后掌权是一个普遍规律。但是，执政党掌权后能不能永远守住执政地位、守住权威并不是一个必然的、确定性的事情。也就是说，执政权的获取必须靠政党去奋斗才可实现，政党权威随之生成，它们均不是天然可得的；同时执政地位的夯实和权威的拓展，也需要政党为之做出不懈努力，它们也不是永续恒久的。这种情形对任何政党体制下的执政党来说均是如此。中国共产党的执政地位是历史赋予并且法律予以保障的，党的权威自然随之树立并传播起来。然而，这并不意味着党可以放松懈怠。党的纯洁就直接关系到党的执政基础的牢固、执政地位的保持乃至党的权威的巩固，这成为党在长期执政历史背景下必须时刻重视的问题。执政党保持纯洁，代表着党拥有高尚的政治本色和政治品格，代表着优于其他政党和团体的品质；执政党的各级组织及成员保持纯洁，代表着它们坚持清正的从政行为操守，代表着优于普通民众的高贵品质。执政党及其组织成员做到了这一点，就能够在广大人民群众心中产生强大的触动效应。人民群众能从党的高远的精神追求、严格的政治纪律和组织纪律文化、务实的工作作风以及廉洁行动中直观感受到党的强大和卓越，进而积极拥护、高度认可、持续追随党。中国共产党就能获取社会不同阶层群体最大程度、最广范围的支持，党的执政根基和执政地位得以夯实，党的权威也能够进一步拓展和维系。习近平指出："坚定不移惩治腐败，是我们党有力量的表现。"[①] 说到底，党的纯洁性和党的执政地位、党的权威的关联，是在党的生命力、党的生存与成长等话语情境上来展开讨论和分析的。中国共产党加强政党建设的正反经验一再验证上述逻辑关联，其主要经验在新形势下将继续指导党的建设的新实践。

二 保持执政党的纯洁性巩固党的权威

在深入论证党的纯洁性与党的权威之间的关系之后，接下来我们应当

[①] 《十八大以来重要文献选编》(上)，中央文献出版社，2014，第135页。

讨论的是如何以保持党的纯洁性来巩固党的权威。从某种程度上说，包括中国共产党在内的执政党都会遇到这样类似的问题。正视它、破解它，执政党就能巩固权威且长期执政；回避它、绕开它，执政党权威便难以维系和巩固，执政地位不可能持久维持。在保持党的纯洁性问题上，并不存在政党性质决定论，即党的性质如何确保不了党的必然纯洁。所以，研究这一问题关键要把握其中的核心，才能得出科学的求解之道。党的纯洁包含许多方面的内容，但至少涉及思想纯洁的问题、作风纯洁的问题、用权廉洁的问题等。

（一）保持思想纯洁，巩固党的权威

这是党纯洁自我的根本要求，是表征党的权威的有力指标之一。在各种利益诱惑的背景下，保持思想纯洁是提升党员队伍的精神境界、展示党员队伍先进性的重要途径，是优化党的执政形象的根本举措。

1. 加强理想信念教育

习近平同志多次强调精神补钙的问题。党的十九大报告指出："共产主义远大理想和中国特色社会主义共同理想，是中国共产党人的精神支柱和政治灵魂，也是保持党的团结统一的思想基础。"[①] 这实际上指明了作为执政党的党员队伍、党员领导干部理想信念教育的重要性和必要性。首先，新形势下加强理想信念教育，就要引导广大党员掌握马克思主义基本原理，扎实研读马克思主义经典篇目，弄清搞懂基本理论，领会其中所蕴含的重要立场、重要观点和重要思想。通过系统学习，深刻认识人类社会发展的历史规律，明晰历史走向；要使广大党员特别是领导干部不仅能够真正理解"两个必然"的根本原理，掌握"两个决不会"的客观规律，并且把对两者的学习有机结合起来，切实解决思想层面存在的信仰迷失、信念空虚、信心不足的问题，把理想信念教育依托于坚定的科学原理的认同上。其次，新形势下加强理想信念教育，要学习马克思主义中国化的最新理论成果，用习近平时代中国特色社会主义思想武装全党。最新理论成果是在坚持基本原理基础上的继承、发展和创新，指导着当代中国各项事业

---

① 习近平：《决胜全面建成小康社会 夺取新时代中国特色社会主义伟大胜利》，人民出版社，2017，第63页。

的建设和发展。要使广大党员干部准确掌握当代中国社会的基本国情、面临的挑战以及破解的对策，进而坚定对中国特色社会主义制度的认同和信仰，真正把理想信念教育建立在对当代中国国力国情的深刻认知上。最后，新形势下加强理想信念教育，要抓住领导干部这一关键群体，培养造就一支具有"铁一般信仰、铁一般信念、铁一般纪律、铁一般担当"的干部队伍。作为党的执政骨干，它们的理想状况直接影响着队伍整体的理想状况。因此，重点加强党员领导干部的理想教育，提升他们的思想境界，必然能影响和感染一大批成员，塑造和净化整支队伍的政治灵魂，切实以高远的理想追求展现中国共产党的良好形象，巩固党的权威。

2. 加强党性修养

党性修养或者党性锻炼是党员党性自我改造、自我提升的过程。党性修养与年龄大小、与职务高低并不必然成正相关的对应关系。因此，加强党性修养是中国共产党每位成员都必须进行精神世界修炼的内在心路历程。它是保持党的思想纯洁的题中应有之义。在长期执政条件下，社会多元思潮汇聚、观念交锋。首先，加强党性修养，要引导党员干部树立正确的权力观，切实使他们明白权力究竟来源于哪里，如何正确行使，要为谁所用；明白所追求奋斗的事业的动力源在哪里，如何看待事业发展与个人成长的关系、事业发展与国家发展的关系；深刻认识世界发展变化的规律和趋势，形成科学的立场；培育对待利益问题的正确看法，正确面对利益得失，正确面对公共利益与个人利益的冲突，抵制不当得利，不断在实践中修正利益观并且逐步稳定下来等。在市场经济条件下，各种诱惑"接踵而来"。加强党性修养，就是促使广大党员能够真正经受和抵御来自外界的冲击，坚守政治立场。其次，加强党性修养，要重视过好党内政治生活。要坚持民主集中制，建立和完善贯彻落实的可操作性制度；要坚持"三会一课"制度、民主评议党员制度、党员党性定期分析制度等。要充分运用批评和自我批评的武器，使广大党员尤其是领导干部能够借助这样一种保证党的思想纯洁的涵养方式，去除思想尘埃，解决思想困惑，提高思想认识，净化思想观念，提升思想境界。加强党性修养，执政党的成员具备高于普通民众的思想认知，体现着党员的先进性，就易于维系党员自身的威信，也能巩固执政党的权威。

3. 加强道德建设

保持思想纯洁，还应当加强党员干部的道德建设，尤其是党员领导干部的道德建设。它代表了执政党成员的一种行为操守，是保持思想纯洁中层次较低却是较为必要的一个方面。假如党的干部连最起码的道德操守都不具备，便不可能有更强的党性修养和更高的理想信念。新形势下加强道德建设，首先，要求广大党员干部树立正确的荣辱观，并带头践行和弘扬它。这是最基本的道德要求。什么是光荣？什么是耻辱？这一问题实际上在有些党员干部心中并不是区分得很清楚，甚至互为颠倒，形成错误的荣辱观。树立正确的荣辱观，就是要求广大党员干部明辨是非，区分真善美与假恶丑，使他们成为崇高道德风尚的引领者、倡导者和带动者。其次，加强道德建设，要重视官德教育，努力培育从政之德。相比较而言，这是较高层次的道德要求。广大党员尤其是领导干部是否拥有良好的德行，不仅关系到他们做人，更关系到他们为官。中国历史上留下了许多官德建设的思想。加强官德教育，要善于从这些历史文化当中汲取有益的养分，真正使党员领导干部保持应有的为政之德，进而去影响和带动社会普通群众，同时在实践过程中也让老百姓感受到执政者的高尚品格，增强他们的威信，进而巩固党的权威。

（二）保持作风纯洁，巩固党的权威

作风纯洁是保持党的纯洁性的重要内容。执政党及党员干部作风纯洁，务实为民，将能够在社会民众中建立并牢固维系党的权威，党的凝聚力和向心力也将逐渐增强。这是在历史和现实当中已经得以反复证明的事实。可以说，衡量党的纯洁性的根本指标之一就是作风纯洁，作风纯洁在很大程度上决定着党的纯洁性的成色。

1. 强化宗旨观念

牢固的宗旨观念是加强作风建设、保持作风纯洁的关键所在。党的十九大报告指出："加强作风建设，必须紧紧围绕保持党同人民群众的血肉联系，增强群众观念和群众感情，不断厚植党执政的群众基础。"[①] 中国共

---

① 习近平：《决胜全面建成小康社会 夺取新时代中国特色社会主义胜利》，人民出版社，2017，第66页。

产党是为民谋幸福的执政党,党的一切工作都以人民群众的根本利益为出发点和落脚点。与别的执政党的不同之处在于,中国共产党的政党称谓本身蕴含着密切联系群众的基本思想。换句话说,广大党员干部作为执政党的成员,为民服务、主动联系群众是首要的群众立场和群众观点,绝不能动摇。首先,强化宗旨观念,要求广大党员干部解决好党群、干群的关系定位问题。在长期执政条件下,执政党与群众之间或党员干部与群众之间是什么样的关系?许多人并未十分清楚,甚至把两者关系颠倒过来。强化宗旨观念,就是要正确明晰主仆关系的定位,即党员干部是公仆而不是"官老爷"。其次,强化宗旨观念,要求广大党员干部牢记群众的利益诉求。为民服务并不是一句简单空洞的口号,而是有实实在在的内涵指向。这就是要求党员干部心中要装着百姓,摸清群众的利益问题,关注群众的所思所想所盼,在条件成熟和许可的范围之内,及时、高效、尽责地给予满足。最后,强化宗旨观念,要求广大党员干部灵活掌握和运用现代群众工作方法。社会环境在变化,群众观念在变化,群众甚至发生了分化。这就要求党员干部善于培养群众工作的艺术,提高群众工作的水平,有针对性地采取不同的方法,对症下药,切实提高群众工作的实效性。

2. 弘扬务实精神

务实精神是中国共产党的优良传统,同样也是保持作风纯洁的重要内容,体现着党员干部群众工作的基本态度和价值取向,反映着党员干部真心实意的为民情怀。新形势下大力弘扬务实精神,首先,要求广大党员干部真正从群众的切身实际出发,把精力和时间都聚焦在群众反映的生产生活的难题上,千方百计地出实招、谋策略、想办法,而不是搞花架子、走过场。党员干部不能知难而退、浅尝辄止、半途而废,而要持之以恒地关注群众生活中的实际问题,直至最终取得成效。其次,大力弘扬务实精神,要坚持调查研究。深刻开展调查研究、实地走访、个别访谈等是我们做好群众工作行之有效的方法。新形势下社会问题复杂多变,群众的困难也各不相同。这种情况更加要求党员干部力戒蜻蜓点水、走马观花的工作作风,加强调查研究,切实分析群众存在问题的根本原因,使之成为解决问题的先决条件。最后,大力弘扬务实精神,要结合本地实情。我们国家不同地区情况存在较大差异,即便同一地区不同领域也各不相同,尤其在基层更是如此。弘扬务实精神,就要注意从本地区的具体实际出发,认真思考和研究群众问题的特殊性，问计于民、问政于民、问需于民。弘扬务实精神，群众能更加真切地感受到党的为民情怀，也就更有助于巩固党的权威。

3. 恪守勤俭意识

中国共产党要保持作风纯洁，还有一个重要方面就是要恪守勤俭意识。群众路线教育实践活动主题是反对"三个主义，一个作风"，其中也内在包含着对执政党党员干部克勤克俭的基本要求。在长期执政条件下，中国共产党的党员干部恪守勤俭意识，需要面对来自方方面面的挑战和考验。但是不论时代如何发展，市场经济如何深入推进，保持勤俭作风始终是中国共产党人不变的政治本色。首先，恪守勤俭意识，要继续弘扬艰苦奋斗的精神。它曾是支撑我们革命、建设和改革的精神动力之一。新的历史时期，特别是在迈向全面建成小康社会的征程中，还有许多深层次的问题和顽疾需要去破解。新形势新任务更需要广大党员干部进一步传承艰苦奋斗的精神，团结和带领人民群众排除万难，最终赢取新长征路上的新胜利。丢失这样一种宝贵精神财富，将失去事业前行的精神支撑。其次，恪守勤俭意识，要培育节约观念，反对浪费。从企业发展的层面来看，在经济新常态背景下，节能降耗是一种大趋势；从社会可持续发展的视角来看，对资源特别是不可再生资源的利用也应当倡导保护性的开采策略；从个体家庭来说，节约更是一种需要时刻保持的传统美德。执政党的党员干部践行节约观念，就能发挥以上率下的榜样作用。党员干部树立勤俭节约意识，时刻保持朴实的工作作风、家风，执政党的权威将得以巩固。

（三）保持用权廉洁，巩固党的权威

在《法兰西内战》一文中，马克思曾提出"普选"和"罢免"[①]是人们制约公权的两项权利。的确，执政党要保持清正廉洁，不出现贪腐现象，核心问题正是如何有效地处理好与公共权力的关系，使之不扭曲、不滥用。党的十八届六中全会指出："有权必有责，有责要担当，用权受监督、失责必追究。"[②] 党的十九大报告指出："要加强对权力的制约和监督，

[①] 《马克思恩格斯选集》第3卷，人民出版社，2012，第98页。
[②] 《中国共产党党内监督条例》，人民出版社，2016，第2页。

让人民监督权力,让权力在阳光下运行,把权力关进制度的笼子。"① 巩固党的权威,就必须确保用权廉洁;确保用权廉洁,就必须审慎对待权力;审慎对待权力,就必须提高权力运行的科学性。经过上述逻辑推导,党的权威问题最终被归结到权力的规范化、制度化运行上来。如果权力运行分为授受、决策、执行、监督的话,那么保持用权廉洁就应该在这四个环节上有所突破。

1. 严格规范权力的授受环节

把权力授给少数人是授权环节,是用权廉洁的初始环节。这个环节严格与否,直接关系到权力能否处在正确的轨道上。如何才能做到这一点呢?笔者认为,应该建立一套公开公平公正的、严密科学的干部选拔任用机制,从选拔标准、选拔指标、选拔过程、选拔方式、选拔结果等方面进行科学论证、精密设计和准确预判,使之既能够充分反映人民群众等选举人的意图,又能充分体现党的组织意图,从而使两者有机结合起来,把好干部选进党政班子,把有担当精神、有为民情怀的优秀人才选到党的事业所需要的领导岗位,真正实现把群众手中权力放心交给他们去行使的根本目的。党的十九大报告指出:"坚持正确选人用人导向,匡正选人用人风气,要突出政治标准,提拔重用牢固树立'四个意识'和'四个自信'、坚决维护党中央权威、全面贯彻执行党的理论和路线方针政策、忠诚干净担当的干部。"② 从制度上切实保证把权力交给最合适的人来行使,而不致出现用权贪腐现象。这就从根本上确保授权环节得以规范化、有序化、合理化,在一定程度上避免了过去那种"任人唯亲""跑官要官"等可能致使权力腐败的现象发生,其结果恰恰是保证了党的组织肌体的纯洁,增强和巩固了党的权威。

2. 严格规范权力的决策环节

运用权力决策是第二个环节。决策是"形成和产出具有权威性的新信息的过程"。③ 权力的决策环节同样需要严格规范,不允许出现决策权的滥

---

① 习近平:《决胜全面建成小康社会 夺取新时代中国特色社会主义伟大胜利》,人民出版社,2017,第67页。
② 习近平:《决胜全面建成小康社会 夺取新时代中国特色社会主义伟大胜利》,人民出版社,2017,第64页。
③ 孙健主编《领导科学》,南开大学出版社,2008,第170页。

用情况。严格规范权力决策环节,最关键的一条就是要建立符合民意的、科学的民主决策机制,对关系到重大经济社会发展的全局性问题,采取开放的方式,广泛征求群众的意见、建议,充分吸纳不同群体的利益诉求,在协商的基础上做出最终决策。把决策权的行使建立在吸纳民众的智慧之上,这样就能避免乱用、滥用、私用决策权的情况发生,避免搞"一言堂"而使决策权发生扭曲的情况发生,影响到党的威信的巩固。对关系到民生领域的、与人民群众切身利益紧密相关的重大事项,要建立必要的、常态化的听证会制度、公示制度等,深入听取多方意见,使之汇聚到党委和政府系统的决策层上来。既要力戒以多数人意志剥夺少数人意志、不能最大程度兼顾各方利益的倾向发生,又要克服以"替人民当家作主"掩盖"让人民当家作主"倾向的出现,从而使党的决策权、党员干部手中的决策权真正能够体现为民的本意,不再发生重大决策还是由少数人说了算,甚至出现决策失误的乱象。严格规范权力的决策环节,说到底是使决策权能够始终运行在科学化、民主化的轨道之上,使决策风险降低至最低程度,使党的各级组织和党员干部决策能力得以增强、决策思路更加清晰,以良好的决策结果反衬权力运行的廉洁性,以实际成效取信于民,巩固党的声望。

3. 严格规范权力的执行环节

在授权环节、决策环节之后,就是运用权力执行和落实已制定下来的方案、决策,这就是权力的程序环节或执行环节。同前两个环节一样,权力的执行环节也需要严格规范,确保权力执行不走偏,廉洁用权。可以说,权力执行环节做得好坏直接关系到之前所做的决策能否真正体现为民的根本意图。因此,要把执行权关进制度的笼子里,就要创建一套操作性强的程序和机制,依照相关规定推动权力的有序执行、依法依规执行,不因个人的看法改变而改变,使权力的执行科学化、制度化,切实做到有权要有为、有为必担责、权责相对等。要使权力的执行公开、阳光。权力的基本走向、途经环节、最终归属等均规范化,明确规定哪些可以行使、需要行使、应当如何行使,而哪些权力不能行使,一旦行使可能产生何种影响等。通过明确可执行的权力类别,使权力执行环节全部予以公开。社会各界也可从中及时跟踪权力的执行轨迹,真正确保权力不被扭曲。要建立权力执行的结果反馈机制。执行的情况如何,有没有偏离应有轨迹,是否存在公权私用的情况等,都需要在这样一个机制下向社会公众进行解释说明,并且根据结果及时修正、调整、纠偏,使权力执行始终保持在一个恒定的状态。权力执行坚决、客观公正,特别是能够处处体现权为民所系的基本精神,党员干部廉洁用权,党必然拥有强大的权威。

4. 严格规范权力的监督环节

从权力运作有效性的规律来看,仅有权力的授受、决策、执行三个环节显然远远不够,还需要辅以权力监督环节,使上述四个方面形成一个有机衔接、相互作用、相互闭合的系统,如此才能发挥出更大的威力,确保党及党的干部权力运行的廉洁高效、依规有序。党的十八届三中全会明确提出,要强化权力运行的制约和监督体系,目的就是打造廉洁政治,巩固党的权威。在已有的基础上,有自己特点的、符合现有政党制度的、符合我国国情的权力监督机制在日益健全,监督制度的顶层设计不断优化。首先,要强化党内监督。党的十八届六中全会提出,要建立健全各部门各司其职的党内监督体系,加强对干部用权的监督,促成相互监督,切实解决监督乏力、缺位、问责不力不严的状况,形成用权必受监督的态势。党的十九大报告进一步强调要把党的自我监督放在重要地位,不断增强党自我净化能力。同时,加强巡视监督。要深化政治巡视,建立巡视巡察上下联动的监督网。着力发现在决定重要事项等方面存在的问题,重点是对被巡视单位部门的领导班子及主要领导干部的巡查,着力破解"一把手"监督难的薄弱环节,提高权力监督的效果。其次,要善于运用党外监督的不同形式。十八届六中全会强调"党内监督和外部监督相结合"。[1] 我们已经形成民主监督、舆论监督等好方式,需要在今后的实践过程中进一步协调和完善它们;同时还要规范和运用互联网监督,使之有序、合理地发挥出应有的监督功能;努力拓宽人民监督的渠道,最终使党外监督和党内监督有机衔接起来,构建党统一指挥、全面覆盖、权威高效的监督体系。形成监督合力,真正确保权力来自人民、服务于人民,以干净用权来维护执政党及其成员的纯洁,巩固党的权威。

---

[1] 《中国共产党党内监督条例》,人民出版社,2016,第20页。

第三节　长期执政能力的提升
——巩固党的权威的本领认同

中国共产党政党权威的巩固和拓展，在很大程度上取决于党的自我表现。这一点我们在前面的论证当中已一一予以阐明。党的自我完备包含许多方面的内容，其中就有党的内在修炼所展示出来的外在素养，即党的执政能力、执政水平。这是判别中国共产党能否获取执政认同、巩固党的权威的最直观也是最有效的标志之一。实际上，只要是执政党，就不能不重视执政能力的培养和提升，就不能不把它作为凝聚人心的一项重要任务来抓。道理很简单，执政能力超强，执政绩效斐然，成果普惠民众党的威望巩固；执政能力孱弱，执政绩效低迷，民众无法得到实惠，党的威望岌岌可危。这个道理完全适用于中国共产党的执政实践。所以，长期执政能力的提升是巩固中国共产党政党权威的本领认同。

一　长期执政能力的提升与党的权威的关联性分析

在庆祝建党95周年大会上，加强党的建设的"两个着力"的目标依然被突出强调，其中之一便是着力提高执政能力和领导水平。党的十九大报告突出强调了"长期执政能力建设"。长期执政能力与党的权威之间是正相关关系。长期执政能力的加强意味着全党的执政能力、党员干部个体的执政能力均达到一个相当高的程度，符合现代政党自身建设和发展的规律，与形势任务的要求相适应并且能够适应各种不同的复杂环境。它所能转化的实际效能就是推进各项事业的高速发展。而对于拥有13亿人口的大国来说，发展恰恰是解决所有问题的关键所在。从这个角度看，长期执政能力的显著提升显然将助力当代中国社会种种矛盾问题的破解，党的权威正是在摆脱发展困局中得以强化和巩固的。

（一）长期执政能力的提升是维系党执政正当性的必然要求

长期执政能力或许是执政党所有能力中重要、关键的一种。原因很简单,执掌政权的政党如果不具备很强的治国理政的能力或该能力始终低下,那么这个党或许不可能生存太久,即使上了台也会被民众驱赶下来,这个党也将毫无权威可言。这就证明一个基本规律:长期执政能力是执政党必须具有的素质和水准,它的提升决定着执政党执政的正当性,当然也决定着党的执政权威。在世界政党政治历史上,因缺乏执政能力失去权威而下台的政党不在少数;有了执政能力但不能持久维持或始终徘徊停滞不前而削弱权威的政党也时常可见。中国共产党是唯一合法的执政党,然而,党的执政地位并不是一劳永逸的,执政党及其党员干部执政能力不提高,我们同样也面临执政正当性的风险,政党权威同样面临挑战。长期执政条件下,能力不足的危险时刻存在。习近平指出,与形势任务要求相比,"党员干部素质、能力、作风,都还有不小差距"。① 因此,不断地提高党员干部的长期执政能力、提升党的长期执政能力,推进党的执政能力的现代化,实现国家富强、人民幸福、社会进步,是维系党的执政正当性的必然要求和可取之道。人民群众只有在感受到因执政能力的提升而催生各项事业蓬勃发展的成效之后,才会认可党,认可党的执政地位的应然性或合理性,党的权威才有更加可靠的民意保障和民意支撑。

(二) 长期执政能力的提升是增强党执政向心力的必然要求

执政能力的提升实际上指的是党的整体或党员个体治国理政能力的科学化,能够遵循经济社会发展的规律和党的建设的规律持续履行执政职责,开展执政实践。因此从这个意义上说,长期执政能力提升反映了执政党执政行为的成熟,合乎理性,不盲从,是增强党的执政向心力、巩固党的权威的必然要求。历史教训表明,党的执政能力如果长期弱化,群众对党的离心倾向就明显。要改变这样的局面,就是要不断提高党的长期执政能力,提高党员干部的长期执政能力,促进执政能力的科学化,保持党对社会各阶层的凝聚力。因为长期执政能力的提升,是一个"适应并前瞻性地引导社会变迁的过程"②,意味着党具备了有效动员、协调社会资源的能力,具备了科学分析和评判执政成本和执政产出效率比的能力,党就能够

---

① 《习近平总书记系列重要讲话读本》,人民出版社,2016,第105页。
② 蔡志强:《价值引导制度:社会和谐与党的执政能力建设》,江苏人民出版社,2013,第113页。

在实践当中实现以较低的成本来获取较高的收益的目的。这对于像我们这样的人口众多、资源禀赋并不占优势的发展中国家来说，意义非常重大。也就是说，中国共产党能够依靠自我能力的提升，去尽可能完成一个能够惠及所有民众生产生活的艰巨任务，收获的一定是社会对执政党的一致向往和拥护。事实上，中国共产党一直深谙这个基本规律，总是以强烈的忧患意识和为民意识去改善党的领导水平、执政水平，不断地使党的执政能力适应新的执政使命、适应人民群众的新期待、适应政党现代化的要求。坚持这一点，中国共产党就将长期拥有在群众中的崇高威望。

（三）长期执政能力的提升是增强社会制度自信的必然要求

中国共产党的权威是在领导新生政权建立的过程中形成的，并在社会主义制度建设过程中巩固的。可以说，只有坚持党的领导，维护党的权威，才能坚持中国特色社会主义；也只有坚持党的领导，巩固党的权威，才能发展中国特色社会主义。可以说，党的领导、党的执政与社会制度性质是联系在一起的，执政正当性与社会制度正当性相关，对党的认同和对社会制度的认同也是联系在一起的。这也意味着，执政能力不强，尤其是长期执政能力不强，对执政正当性认同度就不高，那么对党领导的社会主义制度的认同度可能也不会太高，而对社会制度的怀疑或许反过来又将直接影响到对党的认同，影响到党的权威的巩固。按照这样的逻辑推导，比起其他国家政党，对于中国共产党而言，实现长期执政能力的提升意义将更为不一般。因为它首先是一个由于执政党的执政业绩持续突出而使广大民众增强社会制度自信的心理过程，其次还是一个由于对社会制度的信仰和尊崇而进一步引发对执政党的向往和追随的心理过程。从这样的视角去理解中国共产党执政能力的提升，就能够充分感知其深刻的政治内涵。习近平指出："道路就是党的生命。"[①] 在决胜全面建成小康社会和实现社会主义现代化的征程中，中国共产党要排除万难、经受考验，唯有加强自我完善、自我提升，实现长期执政能力的稳步增强，并以此来带动和强化广大群众对党所领导的中国特色社会主义的道路自信，同时又将这种自信再次转化为对中国共产党政党权威的维系。

---

① 《习近平总书记系列重要讲话读本》，人民出版社，2016，第18页。

二 提升长期执政能力巩固党的权威

如前所述,既然长期执政能力的提升与党的权威有着十分重要的关联,巩固党的权威就必然要着力提高党在这方面的水平、提高党员干部在该领域的素质。党要实现长久的执政生命力、统治力,就没有理由不把长期执政能力、执政水平的提高作为加强自身建设的主要内容。的确,广大群众可以从党的执政能力的高低来决定是否信任党。所以,无论是执政党应该具有的本领素养,还是广大群众信任执政党的判定依据,都决定了提高长期执政能力的必然性和必要性。

(一) 治理理念为长期执政能力的提升拓展新思维

党的十八届三中全会提出国家治理等一系列相关重大问题,引发各界对该问题的深层次思索。治理理念也开始被广泛熟知和接受。应当说,治理概念是相对于国家或政府层面而言的,而执政概念则是相对于政党而言的,两者存在区别。但是,治理理念的提出对提升党的长期执政能力有着重要的启发意义。一方面,中国共产党的领导地位和执政地位决定了中国特色的国家治理模式,即党在整个治理过程中是居于领导地位并发挥主导作用;党的执政能力强弱一定意义上关系到治理进程和治理成效。也就是说,中国共产党领导下的国家治理本质上不同于西方治理模式,是在坚持道路、方向不变的意义上党领导人民有效地治国理政。另一方面,治理理念的产生的确为党的执政能力的提高,拓宽了视野,提供了方法论意义上的帮助。我们知道,治理意味着主体多元化,强调参与合作。参与的主体包括执政党、政府、社会组织以及人民群众等,形成多主体合作的治理模式,进而凝聚合力推动治理取得实效。毫无疑问,中国共产党是提升长期执政能力的当然主体或主要承担者,这一点不能动摇或迟疑。但是,党的长期执政能力的提升仅靠自身显然不够,还需要充分发挥政府的力量,政府要把党制定出来的政策执行好,充分体现党的执政理念和执政意图。同时,党还应该在引导和规范社会组织的基础上,充分发挥沟通功能,使之承担更多的公共服务职责,成为延长党做群众工作的"一只手"。党的长期执政能力的提高不能离开人民群众。依靠群众的积极参与,民主协商,建言献策，发挥他们的主观能动性，为党执好政赢得民心。

(二) 提升党的长期执政能力的基本任务

提升党的长期执政能力，应当适应五位一体的总体布局和四个全面战略布局，适应国内国际变化局势的需要，使党在这些方面的能力能够取得新进展，有新突破，符合执政党建设的规律和要求，进而巩固党的权威，延续党的认同。

1. 提高党科学发展经济的能力

新时期，我国经济发展处于机遇和矛盾交织期，不确定风险和因素增多。在此环境下，提高党的科学发展经济能力，首先，要主动适应新常态，优化产业结构，树立"五大发展理念"，使经济发展转变到提高质量和效益上来。其次，提高党的科学发展经济的能力，还要建立健全引领经济发展新常态的体制机制，构建推动我国经济科学发展的制度环境，切实保障我国经济发展的可持续性，兼顾效率和公平，使两者有机统一起来，不断增强我国经济发展实力和经济发展后劲。最后，提高党的科学发展经济能力，最关键也是最根本的一点就是坚定不移地发展中国特色社会主义市场经济体制，坚持基本经济制度，明确改革方向，健全市场体系，使市场起决定性作用，使社会生产力不断得到解放，社会财富涌动，更大程度、更广范围、更高层次上惠及全体人民，社会民众改革获得感增强。可以说，巩固中国共产党权威，要求党不断提高推进科学发展经济的能力，要求党彻底摆脱和摒弃曾经存在的违背生产关系适应生产力发展规律的陈旧思维，认识和把握隐藏在一切经济活动背后的经济规律，实现经济又好又快发展，赢得人民群众对党的高度认同。

2. 提高党民主政治建设的能力

在这个问题上，最重要的就是使党的领导、人民当家做主、依法治国有机统一。其中，党的领导是根本保证，人民当家做主是本质核心，依法治国是基本方略，在此基础上推动社会主义民主政治建设的科学发展、有序发展。当前提高党的民主政治建设能力，首先，要稳妥地推进政治体制改革，解决与发展民主不相适应的问题，着力解决当前该领域体制机制存在的不科学、不配套的问题以及群众反映强烈的问题，不断地进行改革和创新，使各项制度体系化、整体化，最终激发社会各阶层政治参与的主动意识。其次，提高党的民主政治建设能力，推进改革，要坚持正确的政治方向。习近平指出："不走封闭僵化的老路，不走改旗易帜的邪路。"① 既要借鉴，又不能照搬，要从具体实际出发，观照中国的历史传承，聚焦现实问题的解决，进而坚定社会主义政治制度自信，稳步走中国特色的民主政治道路。最后，要进一步健全和完善人民代表大会制等多项制度，激发制度的活力，推进民主政治的规范化、程序化，切实保障人民享有权利，公平参与国家治理的机会。提高党的民主政治建设能力，根本目标就是要保障人民当家做主，实现最广泛的人民民主。党在使人民真正成为国家主人翁的同时，也将赢得人民的信任并巩固党的权威。

3. 提高党文化繁荣兴盛的能力

兴盛能力或者说提高党发展先进文化的能力，是党执政后的一项必备能力。特别是随着社会向更高阶段发展，执政党更应当重视培养和提升这一能力。因为随着社会的进步，人们的精神动力在增长，精神文化需求强烈，所以在文化建设领域的能力将直接影响党在人民群众中权威的巩固。提高党的文化繁荣兴盛能力，首先，要坚持正确方向，积极培育主流价值观，通过采取各种有效的传播手段和传播途径，使这个凝聚中华民族的主流价值观念内化于心、外化于形，不断增强人们的精神力量。要科学吸收中华优秀传统文化的精髓，大力发扬居于核心价值观最深层次的爱国主义精神，使之贯穿宣传教育全过程，增强对国家、对党的认同感。其次，要坚持以人民为中心的创作导向，以满足人民增长的精神需求为出发点，扎根基层、扎根实际，反映安危冷暖，赞颂幸福生活，讴歌壮美人生，才能贴近人民群众，坚定人们的生活信心和对未来的希冀和憧憬，文化发展也就有生命力和感染力，才能引起广泛共鸣。最后，提高党的文化繁荣兴盛的能力，还要深化体制改革。把健全文化服务体系和市场体系作为当前和今后一段时间文化建设的着力点，努力从体制机制上增强社会主义文化的发展后劲，增强文化软实力。从一定意义上说，党不断提升文化繁荣兴盛的能力，保障了人民享受先进文化的基本权益，观照到人民日益提升的文化品位，党的社会认同度也将因此进一步巩固。

4. 提高党维护社会公平的能力

在社会阶层结构变迁和利益分化的背景下，提高维护社会公平的能力

---

① 《中共中央关于全面深化改革若干重大问题的决定》，人民出版社，2013，第6页。

更能体现出党对不同群体不同利益诉求的关心和满足，更能体现出以民为本的执政理念，是维护和巩固党的权威的根本要求。提高党维护社会公平的能力，首先，要努力保障和改善民生，抓住关系人民群众切身利益的问题，聚焦困难群体、弱势群体、重点群体，既把握不同群体不同的个性需求，又从总体上把握不同群体的共性需求，在经济可持续发展和财力可持续增长的基础上，使群众反映的事情有序、分步骤、及时合理地得到解决，不断满足他们的新要求、新期待，使改革成果惠及全体民众。其次，提高党维护社会公平的能力，要完善利益差别和利益纠纷协调机制。执政党的干部要采取有效方式，对本地区本单位本领域群体的利益差别和利益纠纷进行摸底，分类调查。在此基础上，进一步形成排查机制、研判机制、调处机制、补偿机制等，最终目的就是平抑利益落差，解决利益纠纷，促成利益共享，使分化社会条件下各群体之间的利益差别维系在可控的范围之内，利益纠纷维持在较低的频度。最后，提高党维护社会公平的能力，要深化社会体制改革，加快制度创新，形成系统完善的制度体系，为民生事业的持续改善提供制度保障，为不同利益群体均能平等共享改革成果奠定基础。具体来说，要深化教育体制综合改革，实现教育资源的均等化；要健全促进就业创业机制，提供创业平台，促进就业更加充分；要深化分配制度改革，通过工资正常增长机制、再分配调节机制等多种手段，形成合理的分配格局；要健全社会保障制度，提高福利水平。党的十八大以来，针对贫困地区的现状，中央提出实施精准扶贫战略。习近平指出："打赢脱贫攻坚战，保证人民平等参与、平等发展权力。"[1] 可以说，党的维护社会公平能力的提高，将有力缓解"社会阶层固化的现实压力"[2]，使人民群众都能公平享有应有的机会和权利，将扩大党在社会民众中的影响力提高党的权威。

5. 提高党生态环境治理的能力

提高生态环境治理能力是针对当前生态形势任务而对党的执政能力提出的新要求。党的生态环境治理能力的高低，直接影响着人民群众的生命健康，关系着人们生活的幸福指数，因此也决定党的威望的巩固与否。首

---

[1] 习近平：《在庆祝中国共产党成立95周年大会上的讲话》，人民出版社，2016，第18页。
[2] 蔡志强：《价值引导制度：社会和谐与党的执政能力建设》，江苏人民出版社，2013，第48页。

先,提高生态环境治理能力,要树立保护自然、绿色发展的基本理念。习近平指出:"保护生态环境就是保护生产力,改善生态环境就是发展生产力。"① 一定要摒弃过去"先污染后治理""边污染边治理"的错误思维,把握好治理与发展的关系,把绿色发展、循环发展、低碳发展理念融入经济建设之中,两者之间形成既各得其所又相得益彰的局面。其次,提高生态环境治理能力,应当增强系统思维。要极力避免过去各自为政、各管一方的治理模式,要从整体性、系统性的角度加强生态环境建设。要保护土地、海洋等资源以及矿产资源,提升资源环境承载能力;同时又要加强对资源污染的综合治理和生态修复,把生态保护和生态治理结合起来,把各项资源的综合开发和利用结合起来,为人民群众营造安全健康的生产生活环境。最后,提高生态环境治理能力,要建立严格的生态保护制度。强化经济社会发展评价体系中生态文明指标的权重,建立适当的奖惩机制,切实发挥其导向和约束作用;建立责任追究制,明确责任主体,依法依规落实责任、追究责任;进一步改革和完善生态环境管理机制等,使生态环保纳入规范化的路径,让老百姓在感受绿水青山的良好环境之时,更加感受到党为民造福的决心和意志,进一步增强党的威信。

中国特色社会主义进入新时代,新形势、新任务对党提出新要求。这就意味着党要全面提高长期执政能力,还不能仅限于以上五项能力。党的十九大报告指出了八个方面需要增强的执政本领。其中,不断加强党的政治建设、提高政治能力是一项重要内容。旗帜鲜明地讲政治是我们党作为马克思主义政党的根本要求。要以党的政治建设为统领,把党的政治建设摆在首位,全面推进党的其他各项建设。要把坚持党中央权威和集中统一领导作为首要任务,以严格的政治纪律和政治规律,确保广大党员,特别是党员领导干部在政治立场、政治方向、政治原则、政治道路上同党中央保持高度一致。同时,进一步严肃党内政治生活,健全"三会一课"制度,积极有效地开展批评和自我批评,切实发挥这个涵养党的先进性和纯洁性的内生机制,坚决防止和反对个人主义、分散主义、自由主义、本位主义、好人主义,坚决防止和反对宗派主义、圈子文化、码头文化,营造风清气正的良好政治生态,促成党内政治生态由明显好转向根本好转的转

---

① 《习近平总书记系列重要讲话读本》,人民出版社,2016,第234页。

变。政治能力的提高，政治觉悟的提升，有利于在党内形成一致的凝聚力和向心力，强化政治担当，保持政治本色，推动党中央的决策部署得到贯彻落实。政治领导能力的提升，有利于进一步坚持和加强党的全面领导，发挥总揽全局、协调各方的作用，既确保党中央路线、方针、政策得到有效落实，又能充分调动各方面的积极性、主动性、创造性。因此，这是迈向新征程中，克服党内存在的各种问题、应对党面临的各种挑战，而需要不断增强的一项重要能力。

执政党除了应当提高上述能力之外，笔者认为在新的历史时期还有两大能力需要重视且不断增强，即党应对新媒体挑战的能力和应对国际局势和处理国际事务的能力。

执政党与新媒体的关系问题，我们在前文中已有过论证。的确，新媒体特别是自媒体的发展给党的权威巩固带来一些挑战。因此，提高应对新媒体挑战的能力也应当成为党的执政能力的重要组成部分。当前提高党应对新媒体挑战的能力，首先，要坚持党管媒体的根本原则。对待传统媒体，党有一套成熟的经验和办法。对待新媒体尤其是自媒体，党同样要坚持有效管理的理念。通过制定相应的法律法规和条例，把自媒体的运作、传播等纳入制度化、法治化、规范化的轨道，而不是任其发展甚至对党的形象形成挑战。其次，提高党应对新媒体挑战的能力，要提升对常发事件和突发事件回应的及时性。党应当采取有效措施，减少信息传播层级，简化信息传播程序，客观、全面、准确、快速地报道事件，迅速占领新闻传播的权威平台，挤压不良、不实信息报道的途径，提高党的形象和权威。最后，提高党应对新媒体挑战的能力，应当坚持新旧媒体有机整合的策略。传统媒体与新兴媒体各有优势，也各有弱点。党要善于掌握新旧媒体传播的特点、规律，使两者优势互补，最大限度地扬长避短，真正使执政党牢牢占领舆论传播的话语权，以有效、真实的信息快速传播，体现党和政府的权威性。

中国共产党政党权威的巩固还体现在党对国际局势的科学研判与合理应对上，体现在合情合法地处理国际争端的能力上。从某种程度上来说，这些能力展示了大国大党国际交往的政治智慧和政治艺术。提高这些能力，既能增强民众对国家的自豪感，又能巩固执政党的权威。首先，提高党应对国际局势和处理国际事务的能力，就要积极树立维护主权的意识。

在面对国家主权问题上，执政党的党员干部要有高于普通民众的维权观念，牢固树立国家主权神圣不可侵犯的基本理念，在面对一切可能影响或危及国家主权的行径时要与其做坚决斗争。执政党的成员在维护国家主权问题上带头示范，将会在广大普通群众中形成榜样示范效应，有利于促成全民族的国家利益至上的观念。其次，提高党应对国际局势和处理国际事务的能力，就要提高对复杂国际局势的分析研判水平。在国际局势日趋多变的今天，党需要敏锐捕捉和把握国际局势的现状表象，探究背后隐藏的国际动因，更需要科学预测未来可能的发展走向以及对我国产生的潜在影响，并在此基础上制定处理国际事务的有效预案。这是执政党成功解决国际争端的先决因素。最后，提高党应对国际局势和处理国际事务的能力，就要努力构建处理国际事务的长效机制。今天的国际交往更多地体现在国家利益的博弈和妥协上。因此，执政党要积极呼吁、倡导并构建既关照本国利益又兼顾各方利益的国际事务解决机制。依托机制，执政党在国际社会共同认可的规则范围内有步骤、有根据地占领话语权，维护国家尊严和保持国际地位。"一带一路"就是一个各方共赢的战略机制。党提高掌控国际局势、协调国际事务的能力，将有力增强党的执政威望。

第四节　制度法规的完备性
——巩固党的权威的法理认同

　　制度是要为人们的行为提供规范和约束的，因此是引导和规约人们的行为准则。而法律法规则更加体现出对善的褒奖和对恶的惩罚，也是所有人都必须严格遵守和执行的。推进制度的健全和法规的完善，表明长期执政的中国共产党执政理念的日渐成熟，着力摆脱过去那种"长官意志""独断专行""一言堂"的思维，着力摒弃依靠主观裁定解决一切执政事务的色彩，力戒执政行为的无序化、随意性、不讲规律，逐步转变成今天的有序化、规范化和科学化。中国共产党不论是在制度设计、制度创新的努力上，还是在法律法规的修正和完善上，都应当在党员和群众当中积极塑造一个现代化的政党形象。加强制度法规的完备，并积极依照制度和法规行事，保障和巩固党在人们心中的权威。

一 制度法规的完备性与党的权威的关联性分析

党的十八届三中全会指出:"要形成系统完备、科学规范、运行有效的制度体系。"① 党的十八届四中全会又指出,要形成"完备的法律规范体系"和"完善的党内法规体系"。② 中国共产党高度重视和努力推进制度法规建设,以制度的权威维护和巩固党的权威,以党的执政活动和执政方式的法治化、规范化优化党的执政形象。制度法规的完备性是党的权威的法理保障,直接关系和影响着党的权威的持久性和长期性。

(一) 制度法规的完备性有利于规约执政党的执政秩序

现代社会的发展是一个逐步走向秩序化的过程。社会成员的行为有序化代表社会文明进步,党的执政行为的有序化则代表党的成熟发展,意味着威望的巩固和认同的广泛恒久。反之,执政党将会成为"一个没有现代思维方式和行为模式的党"。③ 而这种执政秩序的规约化在很大程度上取决于制度的完备和法律法规的完善。换句话说,制度法规的完备性有利于党的执政秩序的正常、不紊乱的达成,进而确保着党的权威的稳定性。这是由制度法规本身的法理特性决定的。不论是党内党外制度,还是党内法规、国家法律,均对包括党、组织以及个人等在内的主体行为作了明确规定和限定。对执政党及其成员而言,应该做什么、不应该做什么,应该怎么做、不应该怎么做,制度法规均指明了方向。制度法规越是完备,就越能指引党和党的成员朝着正确的路径开展执政实践;制度法规越是完备,就越能纠正党和党的成员的错误执政行动使其不致陷入失序或无序的状态,也越能给予违规行为以相应的惩处和警醒。中国共产党对于加强制度法规完备性意义的认识经历了一个过程,这与党对执政教训的深刻反思有关,与党渐进的理性自觉密不可分。事实证明,党的制度、党内法规的完备性,使执政党内形成良性的循环,始终使政党建设、政党治理处于规范化的氛围;国家制度、国家法律的完备性,则使执政党与社会之间也能

---

① 《中共中央关于全面深化改革若干重大问题的决定》,人民出版社,2013,第 7 页。
② 《中共中央关于全面推进依法治国若干重大问题的决定》,人民出版社,2013,第 4 页。
③ 高新民:《中国共产党活动方式研究》,浙江人民出版社,2006,第 238 页。

形成良性的外循环，使执政党与社会的互动也能始终处在合理化、程序化的情境中。基于制度法规的力量，中国共产党必将展示出优良的执政秩序，合乎规范的执政行为和执政逻辑。这必将确保中国共产党持久存续在民众当中的权威。

（二）制度法规的完备性有利于激发执政党的生机活力

在一个制度体系、法规体系相对匮乏或残缺的执政系统中，不仅执政党运转失灵，而且自身没有生命力。这样的政党全然没有威望可言，也不可能实现长期执政。因此，制度法规的完备性对于激发执政党的生机活力、巩固党的权威意义巨大。有学者指出："制度好，党的一切工作运转就会沿着正确的轨道前进，就可以使党充满生机和活力。"① 有学者则直指党的制度功能，即"调节党内关系，指导党内生活，规范领导行为"。② 制度法规的完备性为什么对党的生机活力如此重要，进而也影响到党的权威的巩固呢？这恐怕还得从制度法规本身的运作机理中去寻求答案。我们知道，制度和法规的重要功能之一在于使实践过程可预期、使实践结果可预判。这个基本道理表明，制度法规越是完备，就越能确保不确定性因素不发生或者至少降低其发生概率。中国共产党推动制度法规的完备性建构，从一定意义上给党履职尽责、开展执政实践铺设了制度化、法治化的轨迹。沿着这条轨迹推进执政实践，党就能够最大限度地减少执政风险和不确定性因素的干扰，极大地节约或降低执政成本。党的执政生机活力将因此充分显现和激发，执政成效明显，执政水平优异。党的成员执政热情迸发，党的成员之间相互信任；党内安逸享乐、消极腐败等现象得以抑制，党的肌体愈发健康。显然，这是整个执政系统良性运转的有力表征。不难看出，制度法规的完备性有力地推动着政党发展和政党成长，有力地保持党内良好的政治生态，更好地帮助党实现目标，将能够增强和巩固党的权威。

（三）制度法规的完备性有利于改善执政党的执政方式

长期执政是我们研究和探讨党的权威问题的一个前提条件和先决条

---

① 卢先福、端木婕：《中国执政党建设研究》，上海人民出版社，2002，第345页。
② 周敬青等：《党的制度创新与执行成效研究》，人民出版社，2014，第35页。

件，党的权威的巩固和拓展始终在此背景下推进。执政条件下党所面临的任务、环境均与革命时期存在显著差别，党的执政方式也应当随之进行适应性调整和针对性改变，绝不能出现以言代法、以权压法等的情况，否则便会影响党的社会认同度和公信力。市场经济是法治经济，执政党就更应当加强制度化建设，依法执政；推进国家治理体系现代化，党同样需要重视制度体系、法治体系的建构；全面从严治党，加强党的建设，更要求加强党内法规的制定、遵照和执行。可以说，不论是党的建设的要求，还是国家建设的需要，党的执政方式都要坚持制度化、法治化的思维。十八届四中全会指出："既要求党依据宪法法律治国理政，也要求党依据党内法规管党治党。"① 而加强制度法规的完备性将有利于党的执政方式改革和完善，推进其依法执政、依规治党。这是因为制度法规的有效供给是执政党执政方式法治化、制度化、规范化的基础。如果制度法规缺失、不健全，相互对抗、冲突，或者制度法规根本体现不了人民群众的意愿，操作性不强，党的执政将面临无法可依的境地。相反，制度法规健全、完备，相互协调，反映人民意志和客观规律，就能够推动执政党有效地依法执政，党和党的成员就能够依照制度和法规开展活动，规矩意识真正实现提升。这将从根本上优化党的形象，深化人民群众对党的认同，党也因执政方式的改善而使权威继续得以巩固。

二 加强制度法规的完备性巩固党的权威

如前所述，制度法规的完备性对党的权威的巩固乃至拓展有着重要的作用。因此，作为一个日益成熟且迈向现代化的政党，就更应把加强和提升制度法规的完备性作为巩固政党权威的重要保障和重要内容。

（一）加强制度法规完备性的基本原则

加强制度法规完备性的基本原则至少应当包含两个方面：一是要坚持整体性和协调性，二是要注重针对性和执行力。

1. 坚持整体性和协调性

加强制度法规的完备性首先应当坚持整体性、系统性和协调性原则。

---

① 《中共中央关于全面推进依法治国若干重大问题的决定》，人民出版社，2013，第5页。

在谈到制度建设时，习近平指出，"必须做到前后衔接、左右联动、上下配套、系统集成"①；在谈到法规建设时，他也指出，"要相互协调、相辅相成，提升法规制度整体效应"②。这些都指明了制度法规建设的根本着力点和努力方向。的确如此，以往在制度建设中或是法律法规体系建设中，都不同程度地存在合力不够、"单打一"的现象。究其原因，就是制度之间或者法律法规体系之间各自为政，单一、短板、离散，甚至相互脱节、抵消，形不成整体效应或综合效应，制度法规便失去应有的价值，也就不能从根本上保障和巩固党的权威。这反映了过去在制度法规建设中过于重视要素建设而在一定程度上忽视体系建设，缺乏系统思维、整体思维，才有了上述情形。新形势下加强制度法规的完备性就是要避免上述倾向，克服碎片化的思维。既要考虑制度之间、法规之间的相互结合，也要考虑制度与法规之间相互衔接；既要考虑党的制度之间相互衔接，也要考虑国家制度之间的相互衔接；既要考虑党内法规之间的相互衔接，也要考虑国家法律之间的相互衔接；既要考虑党内法规与国家法律之间的相互衔接，也要考虑党的制度与国家制度之间的相互衔接等。实现制度建设和法规建设的最佳状态或理想状态。只有这样，制度法规之间才能形成相互补充的状态，构成一条系统化的完整链条，切实增强制度法规的合力，实现制度法规的完备性和体系化。这意味着"人们从对事物的属性认识进入'组织性'、'相关性'、'有机性'的认识"。③ 有了健全完善的制度法规，党的执政行为、执政活动在其引导和规范下就显得更加合理，就更能赢得人民对党的信任和支持。

2. 注重针对性和执行力

注重针对性和执行力是加强制度法规建设要遵循的另一个基本原则。制度法规的完备性在很大程度上体现在它们的执行效率上。如果制度法规的系统性确保了有可供遵循的规范规则，那么这样一套规范规则是否真正科学、可执行关键还看实际效果。习近平指出："要增强制度执行

---

① 《习近平关于严明党的纪律和规矩论述摘编》，中央文献出版社，2016，第64页。
② 《习近平关于严明党的纪律和规矩论述摘编》，中央文献出版社，2016，第63页。
③ 李秀林等主编《辩证唯物主义和历史唯物主义原理》，中国人民大学出版社，2004，第291页。

力。"① 他又指出："提高立法的针对性、及时性、系统性、可操作性。"② 这两句话同时指明了新形势下制度法规建设的重点和方向。从某种意义上说，达成系统性只是完成制度法规整体建构过程的第一步。再好的制度或法规假如只停留在理论条文层面，在实际中发挥不了作用，解决不了问题，那么这样的制度法规必然流于形式。注重针对性和执行力，制度法规首先要具体化。制度法规越是具体化、细化，对具体环节做出明确规定和要求，形成实施细则，就越容易提升实际过程中的可操作性，越能彰显制度法规的威力和成效。同时，注重针对性和执行力，还取决于制度法规的执行主体。执行制度或法规的人缺乏制度意识、规矩意识，有法不依，违法不究，再完备、可操作性再强的制度法规也将被束之高阁。人和物有机结合，才能增强制度法规的针对性和执行力，使执政党及其成员切实依规依法行事，以制度化、法治化的力量巩固党的权威，巩固党的社会认同。

(二) 加强制度法规完备性的具体思路

制度法规包含了党的制度、国家制度，也包含了党内法规、国家法律，加强制度法规的完备性应当进一步健全和完善它们，真正树立起制度权威、法治权威，以此来维系和确保党的威望。

1. 健全以党章为根本的党内法规制度体系

党内法规制度体系是全面从严治党向纵深推进的重要依据，是巩固党的权威的制度保障。党内法规几乎涵盖了党的建设多方面的内容，其中党章是最根本的法规。正如宪法在国家整个法律体系中的地位一样，党章是党内的根本大法，是全党必须遵守的总规矩。在整个党内法规序列中，党章是排在第一位的；其次是准则、条例、规则等。所有法规都必须以党章为依据，不得与其相抵触；所有其他党内法规都是对党章条文内容的细化和延伸。加强制度法规完备性的建设，首先就要健全以党章为根本、以民主集中制为核心的党内法规制度体系。2013 年，党内立法法的出台为制定

---

① 习近平：《在党的群众路线教育实践活动总结大会上的讲话》，人民出版社，2014，第 18 页。
② 习近平：《在庆祝全国人民代表大会成立六十周年大会上的讲话》，人民出版社，2014，第 9 页。

党内法规明确了要求和方向，在一定程度上避免了过去存在的党内法规之间冲突的现象。以此为基础，《关于新形势下党内政治生活的若干准则》等多部党内法规相继出台。根据 2017 年出台的《关于加强党内法规制度建设的意见》，构建以党章为根本的法规体系，要牢牢把握党章的精神实质和根本标准，加强其他关系到党的建设和党的发展的法规的建立和完善，即推进党的组织法规制度、领导法规制度、自身建设法规制度以及监督保障法规制度等的完善，既确保各项法规的科学性，又做到相互之间不对抗、不打架、不抵消，进而真正形成若干配套体系，提升整体合力和实际执行力，共同保证党的广大成员遵纪守法，共同抵制各种违规违纪行为，共同维护党的肌体的健康，共同促使党的行为更加规范化、秩序化，以良好的形象延续党的威信，以党内法规制度体系的完备铸牢党的权威。

2. 加强党内法规与国家法律的衔接和协调

比起国家法律，党章及其他党内法规标准更严。党内法规是针对全党而言的，而国家法律则是针对包括党的干部在内的全体公民而言的。如何让以党章为根本的党内法规体系与国家法律之间形成无缝对接，既发挥各自的功能，又相互取长补短，是加强法规的完备性的重要任务和重要内容。在以往的实践中，存在党内法规与国家法律交叉重复的情况，党内法规替代了国家法律的某些功能；有的党内法规条文论证不够充分，有的经过深化后应当进一步转化为国家法律却没有实现等。因此，加强两者之间有机衔接和相互协调是中国共产党重视制度法规建设、以制度法规的权威性来体现和巩固党的权威的直接表现。新形势下加强两种法规之间的联动，要在切实遵守党章和国家宪法的基础上，着手对党内法规进行修订、完善、废除以及开展对条文的解释工作。这就需要我们分清不同的情况，有针对性地给予区别对待和合理解决。例如，党内法规在某方面做出的相关要求，但从实际运行的角度来看，由国家法律法规进行规定更为适宜，应当尽可能由国法予以明确。又如，假如国家法律对某类事项不宜做出规定同时又没有做出规定的，党内法规应当填补该空白，体现其应有的作用。还如，经过实践证明，与形势任务的要求不相符合甚至滞后于时代发展的党内法规，在充分论证基础上要及时给予完善或废除。再如，明确只能由国法来规定的事项，党内法规不应该重复规定；一些在日常运行中较为成熟的党内法规，可以转化成国家法律的要及时转化。坚持党内法规与国家法律的有机衔接，充分表明中国共产党理性执政的科学态度，确保以规范化、制度化的实践发挥其权威性的影响力，并牢牢保持这种影响力。

3. 完善以宪法为核心的国家法律体系

这是全面推进和实施依法治国战略的根本要求，也是加强制度法规完备性的重要内容，更是中国共产党巩固政党权威的法理保证。当前法治建设还存在种种问题，例如一些法律法规的科学性不够，有法不依、执法不公的问题还存在，部分干部法治意识不强等。因此，要坚持以宪法为核心，不断健全和完善国家法律体系。党的十八届四中全会提出："要形成完备的法律规范体系、高效的法治实施体系、严密的法治监督体系、有力的法治保障体系。"① 这为我们指明了努力方向。一方面，从横向看，完备的法律规范是法治建设的第一步，应当坚持理论与实际相结合的原则，以强烈的问题导向反思法律文本滞后或缺失的问题，提高立法质量，增强法律法规的适用性。而高效的法治实施体系是确保有法可依、有法必依的关键，为提高法律的执行力和有效性提供保证；法治监督体系和保障体系将确保执法必严、违法必究的真正实现。另一方面，从纵向看，宪法是起主导和指导作用的根本大法。要以宪法为核心或依据宪法精神，形成涉及不同领域不同内容的普通法，如民法、刑法、婚姻法等。作为"母法"的宪法和作为"子法"的普通法之间同样需要构建一个完整的法律链条，既要实现宪法与普通法之间的衔接和配套，又要实现普通法之间的衔接与互补，共同发挥出法律体系的整体合力。只有从上述两个方面来完善以宪法为核心的国家法律体系，党的领导方式执政方式才能真正法治化和规范化，党的威信才可永久巩固。

第五节 执政效果的良好
——巩固党的权威的目标认同

执政效果是指执政党履行执政行为之后产生的结果，可能是理想的，

---

① 《中共中央关于全面推进依法治国若干重大问题的决定》，人民出版社，2014，第4页。

也可能是不理想的。从巩固党的权威路径来看，意识形态的先进性、组织肌体的纯洁性、长期执政能力的提升，以及制度法规的完备性，均是以动态的形式论证权威巩固的方式。而执政效果的良好，更多强调的是以静态的形式来测量权威巩固的标准。因为，党的权威的巩固与否归根结底是需要与执政效果联系在一起。所以，执政党采取哪些措施，以及这些措施最终产生何种结果，从逻辑上说两者之间是前后承接、相互呼应的。正是基于上述分析，笔者认为对执政效果的分析和研究，有助于使本章结构更加完整、合理和充实。

一 执政效果的良好与党的权威的关联性分析

党的十九大报告指出，我国社会主要矛盾的变化，使发展不平衡不充分的问题更加突出。因此，应当"着力解决好发展不平衡不充分问题，大力提升发展质量和效益，更好满足人民在经济、政治、文化、社会、生态等方面日益增长的需要"。① 提高党的执政效果，应当紧扣新时代主要矛盾的变化，统筹推进党和国家各项事业向纵深发展。毋庸置疑，执政效果的良好与党的权威的巩固之间是呈正相关关系的。

（一）良好的执政效果是衡量党的权威的直接标准

从一定意义上说，党的权威的巩固不可能始终处于静态的过程中，而是处于动态变化中。当然，上述判定是基于一个较长的时间周期作出的。实际上，在一个给定的阶段，党的权威可以保持在一个较为恒定的状态。但无论如何，既然党的权威是有变化或起伏的，即可能强化也可能弱化；那么保持党的权威就成为执政党必然的执政行为。而如何衡量党的权威的维系或增进，就应当有一套相对成熟且客观的判定标准。这既是遵循现代政党政治发展普遍规律的直接体现，也是符合中国共产党自身建设特殊性的要求。从现实维度出发，衡量党是否拥有权威，以及是否在人民群众当中形成强大的向心力和影响力，可以有多种标准。例如，党群关系距离的

---

① 习近平：《决胜全面建成小康社会 夺取新时代中国特色社会主义伟大胜利》，人民出版社，2017，第12页。

拉近、创新发展战略的实施、经济结构的优化调整，甚至管理体制的改革完善等，都可以用来测评党的权威的存续状态。但是，上述因素更多的是侧重过程的导向，并非结果导向。而衡量党的权威的直接的、客观的标准，应当是党履行执政实践而形成的执政效果，而且应该是较为理想的而不是差强人意的效果。现代政党执政效果的好坏直接决定着执政党的人心向背。中国共产党作为长期执政的政党，同样需要把良好的执政效果作为检验执政行为是否科学的第一要素，把良好的执政效果作为提高执政能力、维护党的权威的重要目标。也就是说，有效果但不理想，同样无法获取和保证政党的权威。联共执政七十多年，正是因为执政效果不理想而最终失去民心和威望，世界上还有其他一些政党下野、权威受损也出于同样原因。正是因为深谙其中的逻辑关联，中国共产党正在不断提升执政水平，改进执政方式，真正以实际成效取信于民。

（二）良好的执政效果是维护党的权威的基本依据

执政党在其执政过程中，会面对各种各样的风险和挑战，甚至挫折和失败。在此情况下，党的权威将会面临考验。因此，维护党的权威成为执政党必然的执政行为。从文法意义上说，巩固党的权威内在包含着维护党的权威，权威的巩固首要前提是权威的维系或保持。那么，以什么方式来维护党的权威呢？不同体制下不同类型的政党选择的方式会有所不同。但是，不论哪种形式，维护党的权威基本的、有说服力的依然是执政效果与执政业绩。良好的执政效果是维护党的权威较有分量的依据。中国传统文化十分强调选贤任能的基本理念，治国之道务在举贤，即选出来的为政者一定是有才能、会实干的领导者。其中深层次道理就在于，有能力、有才干的人能够为国家、为百姓做出一番事业。这反映的正是治理国家或社会的效果。同样道理，在现代社会中，良好的执政效果仍然是决定政党权威能否有效维护的最基本的、最核心的要素。中国共产党坚持立党为公、执政为民，坚持人民主体地位，努力把党的群众路线贯穿于治国理政的全过程。党的执政行为能否最大限度地获取人民群众的认可，良好的执政效果是评判依据。事实上，改革开放40十年，特别是党的十八大以来，中国共产党牢牢把握住这一铁律，以人民高兴不高兴、答应不答应、满意不满意来评价执政行为，真正实现了以良好的执政业绩维护党的权威的目的。

(三) 良好的执政效果是增强党的权威的现实要求

良好的执政效果既是衡量党的权威是否存续的直接标准,也是党的权威得以有效维护的基本依据,更是党的权威不断增强的现实要求。在维护党的权威的基础上,增强党的权威成为执政党应高度重视的任务。政党权威本身可能处在动态演进中,减弱、存续及增强是其可能的三种形态。所以,对权威问题的思考,就不应停留在对权威的维护层面,更要探究如何增强权威这一环节。权威增强是指基于权威得以维护基础上的程度变化。换句话说,执政党有效维护权威,维护党在人民群众当中的影响力,与此同时要继续扩大这种影响力,增加它的有效覆盖面。维护党的权威有赖于良好的执政效果,增强党的权威也取决于良好的执政效果。党的权威的增强,表明党在人民群众中政治向心力的不断提升,这就需要创造更好的执政业绩来赢得民心民意。特别是随着社会的发展,人们的要求不断提高,评价标准也不断提高,党就应当随时调整执政策略,提高执政能力和执政水平,以更理想的执政效果增强党的权威。国外许多政党在执政多年后,执政动力不足,形成执政倦怠,客观上弱化了执政本领,由此导致执政业绩不佳,政党权威不仅没有增强反而弱化。中国共产党是为人民谋幸福、为民族谋复兴的政党。党的使命任务内在要求创造出更好的执政成绩,普惠于民。改革开放四十年,特别是党的十八大以来,人民群众的满意度不断提高,党的威望不断提升,正是良好的执政效果使然。

二 以良好的执政效果巩固党的权威

良好的执政效果不是笼统的,而是具体的,这反映在党和国家各项事业取得的显著成效上。党的十九大报告指出:"五年来的成就是全方位的、开创性的,五年来的变革是深层次的、根本性的。……解决了许多长期想解决而没有解决的难题,办成了许多过去想办而没有办成的大事,推动党和国家事业发生历史性变革。"[①] 在新的历史条件下,在迈向全面建成小康

---

① 习近平:《决胜全面建成小康社会 夺取新时代中国特色社会主义伟大胜利》,人民出版社,2017,第16页。

社会和实现中华民族伟大复兴的征程中，更要紧紧围绕当前社会主要矛盾的变化，进一步提高执政成效和执政业绩，巩固党的权威。

（一）人民生活更加宽裕

党的十九大描绘了未来三十年国家各项事业发展的分阶段目标和远景目标，并且提出到2050年要把我国建成富强、民主、文明、和谐、美丽的社会主义现代化强国。新时代党的执政能力的提高，必然体现在推动各项事业发展的水平上，良好的执政效果也将最终体现在各项事业取得的重要进展上。新的历史条件下，提升执政效果，巩固党的权威，就需要不断增强前瞻性、预见性和主动性，合理确定良好执政效果的内在指标。人民生活的更加宽裕，应当成为衡量党的执政效果的主要指标之一。两者之间的相互逻辑关系前文已有过多次论证。党的十九大报告对2020年至2035年这一阶段奋斗目标作出战略安排时，明确指出："人民生活更为宽裕，中等收入群体比例明显提高，城乡区域发展差距和居民生活水平差距显著缩小，基本公共服务均等化基本实现，全体人民共同富裕迈出坚实步伐。"① 人民群众的生活水平是提升党的执政成效必须首先考虑和重视的问题，特别是当主要矛盾发生变化之后，破解区域差距、城乡差距等不平衡的问题，有效缩小社会不同阶层群体收入差距，进一步抑制社会分化是必须考虑的深层次问题。党的执政效果如何，人民生活水平宽裕程度是较为明显和直观的表征。中国共产党在继承已有的经验基础上，完全有能力带领人民群众实现这一目标，以良好的执政成绩不断扩大党的社会威望。

（二）法治社会基本建成

法治社会的建成是一个社会进步和成熟的象征。它包含人们对法的尊重的意识和精神，自觉依法办事，认同法律至上的理念，并主张依照法律解决问题和纠纷。同时，法治社会的建成还包含法律法规的健全和完善。不难看出，法治社会的基本建成所强调的是，在更大程度上祛除人为的观念，摆脱依靠行政命令、个人意志进行管理，而主张一切问题诉诸司法途

---

① 习近平：《决胜全面建成小康社会 夺取新时代中国特色社会主义伟大胜利》，人民出版社，2017，第28页。

径和司法程序。因此，它可以成为衡量良好执政效果的一个主要指标。实际上，法治社会的建成与法治国家、法治政府的建成，是一同被提及的。党的十九大报告指出："人民平等参与、平等发展权利得到充分保障，法治国家、法治政府、法治社会基本建成，各方面制度更加完善。"① 这意味着，不论党员干部还是普通群众，都需要自觉养成法的意识，树立法的理念，培育法的精神，才能形成全民守法的良好氛围。党员领导干部应当带头遵守宪法和法律，维护宪法权威，不得有超越宪法法律的特权，真正以实际行动影响、感染、带动社会民众尊法守法。要通过大力培养社会主义法治文化，牢固树立法律面前人人平等的法治理念。在司法实践中，要切实发挥法律定分止争的作用，让人民群众能在每一个司法案件中感受到公平正义，感到法的力量，树立对法的信仰。我党领导和推动法治社会的基本建成，必将反过来优化党的形象和增强党的威望。

（三）文化软实力显著增强

文化的发展是一个国家的内涵之美。如果说硬实力是指国家在经济社会发展等方面取得成就而展示出来的雄厚物质能力，那么文化软实力则是一个国家持久屹立世界民族之林的深层次的精神力量，是确保一个民族始终立于不败之地的观念层面的意识形态。中国特色社会主义文化博大精深，向全世界展示了独特的魅力和强大的感染力。因为它"积淀着中华民族最深层的精神追求，代表着中华民族独特的精神标识，是中国人民胜利前行的强大精神力量"②。党的十九大报告指出，未来十五年在文化建设领域，要实现"社会文明程度达到新高度，国家文化软实力显著增强，中华文化影响更加广泛深入"③ 的基本目标。因此，文化软实力是否增强，应当成为衡量良好执政效果的重要指标。中国共产党是传统文化的继承者，同时又是先进文化的建设者，这就需要有科学心态实现传统文化的创造性转化和创新性发展，以不断提升文化软实力。随着社会的不断发展，人们

---

① 习近平：《决胜全面建成小康社会 夺取新时代中国特色社会主义伟大胜利》，人民出版社，2017，第 28 页。
② 习近平：《在纪念红军长征胜利 80 周年大会上的讲话》，人民出版社，2016，第 13~14 页。
③ 习近平：《决胜全面建成小康社会 夺取新时代中国特色社会主义伟大胜利》，人民出版社，2017，第 28 页。

物质需求不断得到满足的同时,精神需求也会不断增强。这就要求党不断推动文化兴盛、发展文化事业、创造文化精品、启迪人们灵魂。可以说,文化软实力的显著增强,是新时代党创造良好执政业绩必不可少的衡量指标之一。

(四) 现代社会治理格局基本形成

由社会管理到社会治理的转变,倡导多元治理模式是一个较为明显的变化。党的十八大以来,社会治理的有效性增强,良好的社会秩序不断巩固,社会治理体系更加完善,社会大局保持稳定。随着社会的发展及改革进入深水区,执政党会面对来自不同领域的挑战和风险,能不能进一步构建并基本形成适应形势任务需求的社会治理格局,是检验中国共产党执政成效的又一重要指标。党的十九大报告指出:"加强社会制度建设,完善党委领导、政府负责、社会协同、公众参与、法治保障的社会治理机制,提高治理社会化、法治化、智能化、专业化水平。"① 这就为今后一段时间提升社会治理的有效性和针对性明确了基本方向。中国共产党应当把形成现代社会治理格局、改善社会治理方式、提升社会治理水平,作为赢得民意民心、扩大社会威望的一项重要任务来推进。特别当人们生活水平不断提升时,自然更加向往和追求美好生活,更加注重和追求获得感、幸福感和安全感。加强和创新社会治理,就是要进一步推动重心向基层下移,保障人民群众的"民生三感"明显增强,人民群众的满意度指数不断提升,社会更加和谐且充满活力。人民群众的主观感受和情感体验得到满足,必然会增强对党的深度认同、支持和拥护。

(五) 生态环境根本好转

考量党的执政效果是否良好,除了上述几个方面之外,还包括生态环境治理成效。随着社会的不断进步和发展,生态环境的优劣越来越成为广大社会民众关注的焦点,因为人们对生态环境治理的重视程度甚至超过对其他社会问题的关注度。也正因为如此,生态环境的根本好转,应当成为

---

① 习近平:《决胜全面建成小康社会 夺取新时代中国特色社会主义伟大胜利》,人民出版社,2017,第49页。

衡量党的执政能力、执政水平必不可少的指标之一。党的十八大以来，生态文明建设成效显著，环境质量得到明显改善，人们从中感受到执政党强大的生态治理能力。同时，也应当看到，生态环境保护任重道远，一些地方不同程度还存在水污染、空气污染、环境质量检测不达标等问题。中国共产党要把创造和提供优质生态产品、满足人民群众对优美生态环境需要，作为提高执政效果的一项重要任务来落实，不断推进生态环境根本好转。党的十九大报告指出："坚定走生产发展、生活富裕、生态良好的文明发展道路，建设美丽中国，为人民创造良好的生产生活环境。"① 比起领导经济、推动社会治理等，生态环境治理要面对不一样的难题、有许多不一样的要求，是我党需要不断学习、不断提升的执政能力。党着眼于加快实现生态环境根本好转这个目标，就等于抓住了广大人民群众的关切，自然能够赢得广泛的社会认同。

本章小结

政党权威的恒久性和稳固性是有条件的。它不是天生、自然的，即使权威业已建立、获得，也完全可能随着环境条件以及政党自身等问题而发生转变、弱化，直接影响着政权稳定和政党地位。因而，巩固权威对政党特别是执政党来说，是一项必需的任务。显然，长期执政的中国共产党更应当重视它，并且尽可能完成好。中国共产党政党权威巩固的具体对策包含五个方面：坚持党的意识形态的先进性、保持党的组织肌体的纯洁性、提升长期执政能力及增强制度法规的完备性，以及良好执政效果。上述五个方面相辅相成，相互补充，缺一不可，共同构成了中国共产党政党权威巩固的现实路径。其中，先进的意识形态在维系党的有效领导、聚合社会心理、保持对党的一致向心力上发挥着不可替代的作用；党的组织肌体的纯洁从更深层次上要求执政党必须厘清和明晰与公权的边界，以权力的规范化运行展示优良的政治形象；执政能力的不

---

① 习近平：《决胜全面建成小康社会 夺取新时代中国特色社会主义伟大胜利》，人民出版社，2017，第24页。

断提升确保和巩固了党的执政的正当性和党所领导的社会制度的正当性；完备的制度法规促推党的执政行为始终处在制度化、规范化的轨道，而不是陷入那种主观的、随意的、无序的模式；良好的执政效果则是衡量党的权威巩固的标准。它们组合在一起，形成合力，从思想观念、组织架构、能力素质、制度保障以及执政成效五个层面，共同确保了新形势下中国共产党政党权威得以顺利巩固。

结束语

中国共产党政党权威的巩固问题是一个十分有价值、有意义、有学术生命力的研究课题。权威的本质是认同，政党权威的本质实际上是广大群众对执政党的自觉认同。然而，党的权威所包含的基础要素是随着社会环境的变迁而变动的。例如，革命战争年代，党的权威的生成和发展，在很大程度上取决于党的奋斗目标与穷苦大众的利益的契合性，即取决于符合民众变革社会、翻身作主人的要求。由于党的斗争行为满足人民的价值诉求，中国共产党因此在与国民党的比较竞争当中构建起强大的民意基础，随即赢得认同。社会主义现代化建设和改革开放新时期，党的权威要实现巩固和拓展，就需要动员和发掘新的执政资源来延续这种认同。可以肯定的是，以阶级斗争为纲的执政行为不再具有现实有效性和合理性，是应当给予摒弃的。中国共产党赢得权威，更重要的是靠党的自身建设的突出成效和党领导经济社会发展的实际业绩。在长期执政条件下，中国共产党要通过各项事业所取得的辉煌成就巩固权威、延续政治认同。因此，从这个意义上来说，不同历史背景下支撑政党权威的核心因素有所不同，甚至有巨大差别。也正因为如此，政党权威不是永恒的，即不可能天然获取，也不可能永久持续，所以需要不断地巩固。中国共产党重视权威问题，就可能获得人民的持久认同。换句话说，加强政党权威巩固是中国共产党需要认真思考和高度重视的重要问题。对党的权威问题的分析和探讨至少可以得出以下几点启示。

第一，要遵循党的执政的根本规律。从党的建设的历史进程当中，我们形成和积累了权威巩固的许多经验；从世界政党政治发展的实践来看，也有不少可以把握的共性的客观规律。它们都是在新的历史条件下中国共产党巩固权威可以汲取和吸收的有益养分。换句话说，巩固党的权威要遵循政党建设和政党执政的根本规律。这个规律不但指中国共产党自身建设的历史上形成并在实践中被证明是正确的系统性认识，值得运用；也指整个政党政治发展过程中带有的普遍性认识，同样值得借鉴。如果我们采取了一些错误的方法去维护党的权威，实际上反而是损害和削弱了党的权威。究其原因，就是没有很好地把握、认识客观规律，最终适得其反。改革开放四十年来，党的权威不断得以巩固和增强，原因就在于很好地意识到并且遵循了党的执政规律。同理，世界上一些政党曾经赢得了民众的认同，必然也是因为它们对政党执政规律有清醒的认识。因此，只有严格依照这些规律来设计对策路径，中国共产党才能真正持续巩固党的权威。

第二，要把握党的历史方位的变迁。一方面，中国特色社会主义进入了新时代；另一方面，中国共产党已经由革命党转变成执政党，已经由领导计划经济条件下的执政党转变成领导市场经济条件下的执政党。中国共产党当前的主要任务之一是带领全国人民实现"两个一百年"的奋斗目标和中华民族伟大复兴的中国梦。这些共同构成了中国共产党巩固政党权威的时代背景。在这样的长期执政环境下，党的权威的巩固必须综合考虑来自多个层面的问题和挑战。比如，执政党与公共权力的关系，它涉及权力运作的规范化问题，而以权谋公或以权谋私则分别在两个相异的路径上对党的权威产生正反不同方向的作用力。执政党与群众的关系，涉及党风问题，是密切联系群众还是脱离群众分别演绎着执政党不同的执政形象，也与党的权威有直接关联。与革命的历史境遇不同的是，执政的中国共产党还需要特别重视对执政业绩的维系、执政成就的累积——这或许是新形势下决定党的威望持续巩固的一个根本。同时，党在治国理政中还要应对其他考验与难题，应对和破解这些问题不可避免地会对党的权威产生影响。

第三，要增强党的权威巩固的多维解析。对中国共产党政党权威巩固的战略考量和策略分析指明了大致的着力点和应当把握的多维关系，从宏观和中观层面尝试着对权威问题进行更为理性的思考、更为全局的把握、更为系统的透视和更为深层次的辨析。从某种程度上说，战略考量和策略分析框定了党的权威巩固的基本边界。在这样一个空间场域中，进行权威巩固的努力符合中国共产党的执政逻辑和领导逻辑，因而必定是安全的、可行的、有效的，也是值得期许的。战略考量实际上涉及的是党领导的各项事业如何取得相应的成就，并以此促成对党的权威巩固的问题；而策略分析则涉及党应当如何处理好与权威有关联的相关问题，并以此更好地巩固权威。应当说，中国共产党政党权威的形成或建立是一个渐进的过程，同样权威的巩固和拓展也是一个渐进的过程。因此，我们还应当从可操作性的价值维度上寻求具体的对策设计。在所有的实现路径中，制度化的建构、制度体系的推进对于巩固政党权威是至关重要的。或者说，其他四个方面都与制度化推进密不可分。意识形态的先进性维系需要制度介入，权力的廉洁行使更需要制度法规的保障。因此只有回到制度化、法治化的轨道，党的长期执政能力的提高方可见成效。当中国共产党在政党治理、国家治理以及社会公共治理当中告别了低效化、主观化的色彩，转而诉诸制度化、法治化的均衡推进时，党的权威将得以巩固和增强。

第四，要着眼党的执政地位的巩固。中国共产党需要通过自我整合和自我完善，来破解执政困境和执政难题，继续塑造和延续党的权威。在这一过程中，执政党需要以政党与党员、政党与群众、政党与社会、政党与政权等多个范畴为主要内容来考虑问题。或者说，执政党权威的巩固不管从哪个视角去认识，总是离不开从上述范畴去设计目标指向。当对政党权威巩固问题的探讨接近尾声时，似乎还有一些基本问题，即权威的巩固究竟又是以何种价值导向为依归的；为什么要持之以恒地重视和推动它；党的权威巩固必定不是问题研究的终点，或者说党的权威巩固的逻辑起因和现实归宿是什么。显然，中国共产党政党权威巩固的根本目标是实现党的执政地位的守护和执政基础的夯实，确保党能够长期执政、永久执政。也就是说，党的政治安全才是党的权威巩固的最终方向。只有中国共产党能够带领人民发展社会主义事业、发展社会生产力，能够整合各方力量和资源实现国家繁荣、民族复兴、人民富足的奋斗目标和发展成就。而实现这一切，就得坚持和巩固党的长期执政地位；巩固党的权威就是巩固党的长期执政地位，就是确保党长期执政。一个政党、一个国家，领导核心至关重要。新形势下增强和巩固党的权威，要坚定不移地维护以习近平同志为核心的党中央权威和集中统一领导，牢固树立"四个意识"，坚持在党爱党、在党言党、在党为党，不断提高党的建设质量，不断增强党的政治领导力、思想引领力、群众组织力、社会号召力，始终获得广大人民群众的信任和支持。

参考文献

一 经典著作与重要文献

《马克思恩格斯文集》第1~10卷,人民出版社,2009。
《马克思恩格斯选集》第1~4卷,人民出版社,2012。
《列宁全集》第8、9、11、24、36、38、39、41、42、43卷,人民出版社,1986、1987、1990、1985、1986、1988、1987。
《列宁选集》第1~4卷,人民出版社,2012。
《毛泽东选集》第1~4卷,人民出版社,1991。
《毛泽东文集》第1、2卷,人民出版社,1993。
《毛泽东文集》第3~5卷,人民出版社,1996。
《毛泽东文集》第6~8卷,人民出版社,1999。
《毛泽东著作专题摘编》,中央文献出版社,2003。
《邓小平文选》第1、2卷,人民出版社,1994。
《邓小平文选》第3卷,人民出版社,1993。
《江泽民文选》第1~3卷,人民出版社,2006。
《论党的建设》,中央文献出版社,2001。
《江泽民论加强和改进执政党建设》,中央文献出版社,2005。
《胡锦涛文选》第1~3卷,人民出版社,2016。
《习近平谈治国理政》,外文出版社,2014。

《习近平总书记系列重要讲话读本》，人民出版社，2016。

《论群众路线——重要论述摘编》，中央文献出版社，2013。

《习近平关于实现中华民族伟大复兴的中国梦论述摘编》，中央文献出版社，2013。

《习近平关于全面依法治国论述摘编》，人民出版社，2014。

《习近平关于全面深化改革论述摘编》，人民出版社，2014。

《习近平关于党风廉政建设和反腐败斗争论述摘编》，中国方正出版社，2015。

《习近平关于协调推进"四个全面"战略布局论述摘编》，中央文献出版社，2015。

《习近平关于严明党的纪律和规矩论述摘编》，中央文献出版社，2016。

《习近平关于全面从严治党论述摘编》，中央文献出版社，2016。

《关于新形势下党内政治生活的若干准则》，人民出版社，2016。

《中国共产党党内监督条例》，人民出版社，2016。

《十四大以来重要文献选编》（上），人民出版社，1996。

《十四大以来重要文献选编》（中），人民出版社，1997。

《十四大以来重要文献选编》（下），人民出版社，1999。

《十五大以来重要文献选编》（上），人民出版社，2000。

《十五大以来重要文献选编》（中、下），人民出版社，2003。

《十六大以来重要文献选编》（上），中央文献出版社，2005。

《十六大以来重要文献选编》（中），中央文献出版社，2006。

《十六大以来重要文献选编》（下），中央文献出版社，2008。

《十七大以来重要文献选编》（上），中央文献出版社，2009。

《十七大以来重要文献选编》（中），中央文献出版社，2011。

《十七大以来重要文献选编》（下），中央文献出版社，2013。

《十八大以来重要文献选编》（上），中央文献出版社，2014。

《十八大以来重要文献选编》（中），中央文献出版社，2016。

《中国共产党历史 1921－1949》第一卷（上、下），中共党史出版社，2011。

《中国共产党历史 1949－1978》第二卷（上、下），中共党史出版社，2011。

《中国共产党的九十年·新民主主义革命时期》，中共党史出版社，2016。

《中国共产党的九十年·社会主义革命和建设时期》，中共党史出版社，2016。

《中国共产党的九十年·改革开放和社会主义现代化建设新时期》，中共党史出版社，2016。

二　学术著作

（一）国外学术著作

〔美〕亨利·基辛格：《论中国》，胡利平等译，中信出版社，2012。

〔美〕约翰·布莱恩·斯塔尔：《毛泽东的政治哲学》，曹志为等译，中国人民大学出版社，2013。

〔美〕傅高义：《邓小平时代》，冯克利译，三联书店，2013。

〔英〕理查德·伊文思：《邓小平传》，田山译，国际文化出版公司，2013。

〔美〕沈大伟：《中国共产党：收缩与调适》，吕增奎等译，中央编译出版社，2012。

〔美〕费正清：《费正清中国回忆录》，熊文霞译，中信出版社，2013。

〔美〕费正清、赖肖尔：《中国：传统与变革》，陈仲丹等译，江苏人民出版社，2012。

〔美〕费正清：《剑桥中华人民共和国史·革命的中国的兴起：1949-1965年》（上卷），王建朗译，中国社会科学出版社，2007。

〔美〕费正清：《剑桥中华人民共和国史·中国革命内部的革命：1966-1982年》（下卷），王建朗译，中国社会科学出版社，2006。

〔美〕莫里斯·迈斯纳：《马克思主义、毛泽东主义与乌托邦主义》，张宁等译，中国人民大学出版社，2013。

〔美〕杨炳章：《从革命到政治：长征与毛泽东的崛起》，郭伟译，中国人民大学出版社，2013。

〔美〕本杰明·I.史华慈：《中国的共产主义与毛泽东的崛起》，陈玮译，中国人民大学出版社，2013。

〔美〕吉尔伯特·罗兹曼：《中国的现代化》，国家社会科学基金"比较现代化"课题组译，江苏人民出版社，2010。

〔德〕马克斯·韦伯：《新教伦理与资本主义精神》，马奇炎译，北京大学出版社，2012。

〔德〕马克斯·韦伯：《经济与社会》（第二卷），阎克文译，上海人民出版社，2010。

〔美〕查尔斯·蒂利：《信任与统治》，胡位钧译，上海人民出版社，2010。

〔俄〕萨塔罗夫主编《反腐败政策》，郭家申译，社会科学文献出版社，2011。

〔意〕安格鲁·帕尼比昂科：《政党：组织与权力》，周建勇译，上海人民出版社，2013。

〔英〕伯特兰·罗素：《权力论》，吴友三译，商务印书馆，2012。

〔英〕伯特兰·罗素：《权威与个人》，储智勇译，商务印书馆，2012。

〔美〕丹尼斯·朗：《权力论》，陆震纶译，中国社会科学出版社，2001。

〔法〕耶夫·西蒙：《权威的性质与功能》，吴彦译，商务印书馆，2015。

〔法〕卢梭：《社会契约论》，李平沤译，商务印书馆，2011。

〔英〕乔治·拉雷恩：《马克思主义与意识形态：马克思主义意识形态论研究》，张秀琴译，北京师范大学出版社，2013。

〔德〕卡尔·曼海姆：《意识形态与乌托邦》，姚仁权译，中国社会科学出版社，2009。

〔美〕利昂·P.巴拉达特：《大学堂：意识形态起源和影响》，张慧芝等译，世界图书出版公司，2010。

〔法〕托马斯·皮凯蒂：《21世纪资本论》，巴曙松译，中信出版社，2014。

〔英〕艾伦·韦尔：《政党与政党制度》，谢峰译，北京大学出版社，2011。

（二）国内学术著作

顾海良主编《中国特色社会主义理论体系研究》，中国人民大学出版，2009。

顾海良、陈锡喜主编《"中国马克思主义与当代"若干问题研究》，高等教育出版社，2015。

梅荣政主编《马克思主义中国化史》，中国社会科学出版社，2010。

王伟光：《马克思主义中国化的最新成果——习近平治国理政思想研究》，中国社会科学出版社，2016。

高放、李景治、蒲国良主编《科学社会主义的理论与实践》，中国人民大学出版社，2008。

张耀灿主编《中国共产党思想政治工作史论》，高等教育出版社，2008。

许耀桐：《中国政治新特征研究》，人民出版社，2015。

许耀桐：《中国国家治理体系现代化总论》，国家行政学院出版社，2016。

郑传芳主编《邓小平理论和"三个代表"重要思想概论》，高等教育出版社，2005。

李建平：《〈资本论〉第一卷辩证法探索》，社会科学文献出版社，2006。

李建平主编《马克思主义经济学的创新与发展》，社会科学文献出版社，2008。

苏振芳主编《思想政治教育学》，社会科学文献出版社，2006。

苏振芳：《道德教育论》，社会科学文献出版社，2006。

陈永森、蔡华杰：《人的解放与自然的解放（生态社会主义研究）》，学习出版社，2015。

潘玉腾：《推进社会主义核心价值体系大众化研究》，社会科学文献出版社，2012。

郑又贤：《马克思主义中国化之思想方法透视》，社会科学文献出版社，2010。

李方祥、汪炜炜主编《多维视域下的古田会议研究》，社会科学文献出版社,2016。

梁昱庆主编《马克思主义党建理论中国化》,四川大学出版社,2014。

刘先江、韩景云:《马克思的政党观》,解放军出版社,2014。

周仲秋、钟义凡:《恩格斯的政党观》,解放军出版社,2014。

张荣臣:《〈共产党宣言〉与马克思主义党的学说的发展》,北京联合出版公司,2016。

王修智、岳增瑞主编《马克思恩格斯列宁领导理论研究》,人民出版社,2008。

陈浙闽、叶梧西主编《马克思主义执政理论研究》,中共中央党校出版社,2006。

李业杰、王荣栓:《马克思主义建党思想研究——一种新的理论视角》,武汉大学出版社,2015。

王进芬:《列宁共产党执政思想研究》,中共中央党校出版社,2008。

赵纪梅:《列宁苏维埃制度建设思想及其现实意义研究》,中国社会科学出版社,2014。

李宝国:《列宁执政党建设理论新探》,南京师范大学出版社,2015。

何萍:《在社会主义入口处——重读列宁〈国家与革命〉》,人民出版社,2013。

张长立:《领导权威论——兼论马克思主义的领导权》,知识产权出版社,2010。

罗峰:《嵌入、整合与政党权威的重塑》,上海人民出版社,2009。

洪向华:《变动社会中的政党权威》,国家行政学院出版社,2014。

吴家庆:《中国共产党公信力建设研究》,人民出版社,2013。

刘玉瑛:《领导者公信力》,新华出版社,2010。

陈安丽、徐秀春、张秀芬:《中国共产党建政史》,大象出版社,2014。

高新民主编《中国共产党治党理政历史经验》,中共中央党校出版社,2014。

张荣臣:《中国共产党90年群众工作的历史经验》,中共中央党校出版社,2014。

陈建中:《论政党的使命》,中共中央党校出版社,2009。

张启华、张树军主编《中国共产党思想理论发展史》（上下），人民出版社，2011。

刘靖北、周奇主编《执政党建设的新境界》，上海社会科学院出版社，2016。

徐玉生、徐茚：《中国反腐败与执政党建设研究》，中国社会科学出版社，2017。

戴焰军：《执政党建设问题研究》，中共中央党校出版社，2013。

祝灵君：《中国共产党人的党性与党性修养》，人民出版社，2016。

张恒山主编《依法执政：中国共产党执政方式研究》，法律出版社，2012。

葛海彦：《中国共产党执政方式研究》，中央编译出版社，2012。

王炳林主编《全球化视野下党的社会基础研究》，人民出版社，2009。

李晖：《政治的根本问题——执政党的群众基础研究》，湖南人民出版社，2009。

刘宗洪：《中国共产党执政资源新论》，江西人民出版社，2012。

蒯正明、杨新宇：《中国共产党执政资源建设研究》，同济大学出版社，2010。

徐昕：《执政资源论》，中共中央党校出版社，2009。

王冠中：《社会资源与中国共产党执政》，首都师范大学出版社，2011。

李忠杰等：《理论与实践：解读中共执政方略》，外文出版社，2012。

齐卫平：《政党治理与执政能力建设研究》，上海人民出版社，2014。

李向国、李晓红：《主流意识形态建设新论——中国特色社会主义理论体系指导地位研究》，人民出版社，2013。

周新芳：《党内基层民主建设研究》，山东人民出版社，2013。

梅丽红：《建国以来党内民主与人民民主关系的历史考察》，东方出版中心，2011。

卢轶：《人民民主理论与实践研究》，人民出版社，2010。

周敬青等：《党的制度创新与执行成效研究》，人民出版社，2014。

周淑真：《政党和政党制度比较研究》，人民出版社，2013。

刘惠：《中国共产党社会整合研究》，人民出版社，2016。

肖光文、秦明月、赵铁锁等:《江泽民关于党的制度建设科学化的理论与实践研究》,南开大学出版社,2012。

严爱云:《陈云与中国共产党的制度建设》,人民出版社,2015。

蒯正明、付启章:《中国共产党制度建设科学化研究》,中国社会科学出版社,2013。

桑玉成、邓峰、焉波:《制度优化与制度创新——制度自信的基础》,上海人民出版社,2014。

李新生、刘明主编《党的建设与党的建设制度改革》,中共中央党校出版社,2015。

张宏伟:《中国参政党对执政党的民主监督研究》,中央编译出版社,2014。

夏利彪编《中国共产党党章及历次修正案文本汇编(1921-1922)》,法律出版社,2016。

庞仁芝:《当代资本主义基本问题研究》,人民出版社,2015。

蔡志强:《社会动员论》,江苏人民出版社,2015。

吴新叶:《党在基层的执政绩效研究》,东方出版中心,2011。

王建国、王洪江:《社会主义国家执政党建设的历史、理论与实践》,中国社会科学出版社,2008。

柴尚金:《变革中政党:国内外政党建设的经验与教训》,经济科学出版社,2013。

李慎明主编《世界社会主义黄皮书:世界社会主义跟踪研究报告(2015~2016)》,社会科学文献出版社,2016。

闫健:《中国共产党转型与中国的变迁——海外学者视角评析》,中央编译出版社,2013。

郑永年:《中国模式:经验与困局》,浙江人民出版社,2009。

三 报刊论文

(一)报纸文章

栗战书:《坚决维护党中央权威》,《人民日报》2016年11月15日,第 6 版。

陈小林：《邓小平晚年对维护党中央权威的新要求》，《学习时报》2015 年 1 月 12 日，第 A3 版。

刘芳：《核心是与党中央保持高度一致》，《人民日报》2015 年 1 月 20 日，第 7 版。

樊得智：《从三个维度把握核心意识》，《光明日报》2016 年 10 月 9 日，第 6 版。

逄先知：《中国共产党是有独特优势的马克思主义政党》，《人民日报》2016 年 6 月 3 日，第 7 版。

王丹：《推动全面从严治党向纵深发展》，《光明日报》2017 年 3 月 12 日，第 6 版。

罗旭、王昊魁：《全面从严治党：不忘初心 继续前进》，《光明日报》2017 年 3 月 3 日，第 8 版。

赵乐际：《增强党在长期执政条件下自我净化自我完善自我革新自我提高能力》，《人民日报》2016 年 11 月 14 日，第 6 版。

丁晋清：《"四个全面"：中国共产党执政形象的新构建》，《光明日报》2016 年 3 月 27 日，第 6 版。

梅定国：《夯实全面从严治党的制度根基》，《光明日报》2016 年 12 月 22 日，第 16 版。

高长武：《党内生活的四个重要问题》，《学习时报》2016 年 12 月 12 日，第 A5 版。

吴桂韩：《依靠文化自信坚定理想信念》，《学习时报》2017 年 3 月 8 日，第 A2 版。

单兆伟：《善"理"意识形态安全》，《学习时报》2017 年 2 月 20 日，第 A8 版。

廖永安、赵晓薇：《党纪与法律关系的科学逻辑》，《光明日报》2017 年 2 月 6 日，第 11 版。

吕品：《以思想建党与制度治党推进从严治党》，《中国青年报》2017 年 2 月 3 日，第 3 版。

杨德超：《严明党的政治纪律需要着重把握的几个关系》，《光明日报》2013 年 9 月 26 日，第 14 版。

肖露：《严明党的纪律是我党的重要政治法宝》，《光明日报》2016年2月14日，第7版。

刘汉俊：《政治生态关乎党的兴衰存亡》，《人民日报》2015年7月9日，第7版。

韩庆祥、陈曙光：《中华民族伟大复兴的世界意义》，《人民日报》2016年5月5日，第7版。

（二）期刊论文

隋学礼：《马克思恩格斯论权威本质及其现实意义》，《马克思主义研究》2009年第10期。

王绍霞：《列宁关于党的威信思想及其当代启示论析》，《思想理论教育导刊》2016年第2期。

李庆刚：《邓小平关于维护中央权威的思想》，《中共中央党校学报》2015年第1期。

潘锦全：《纯洁性建设与政党权威——以中国共产党的建设为中心》，《广西师范大学学报》2015年第4期。

刘勇：《社会转型进程中的政党权威：分析与建构》，《南京政治学院学报》2012年第2期。

常士䧺、韩正明：《政党权威与制度建设——当代中国的族群政治整合》，《马克思主义与现实》2011年第3期。

洪向华：《试论政党权威的特征和功能》，《科学社会主义》2007年第2期。

张强国：《法理型政党权威视角下政党协商发展问题探讨》，《广西社会科学》2016年第11期。

佟玉华：《社会结构变迁中执政党的政治权威与公民政治参与》，《当代世界与社会主义》2011年第5期。

仰义方：《社会资本视阈下巩固党的执政权威问题探讨》，《理论导刊》2014年第7期。

全燕黎、石碧球：《执政权威与社会主义和谐社会建构》，《理论探讨》2007年第4期。

钱广荣：《自觉维护党的执政权威》，《红旗文稿》2014年第2期。

彭正德：《论马克思恩格斯的政党公信力思想》，《当代世界与社会主义》2012年第5期。

鲍雪松：《西方政党领导经验对提高党的领导科学化水平的启示》，《中共天津市委党校学报》2012年第3期。

郭彦林：《苏共垮台中特权阶层的"自我蜕变"及其警示》，《红旗文稿》2016年第11期。

魏丽、吴琼：《从党群关系看苏共亡党教训对中共从严治党的启示》，《新疆师范大学学报》2016年第1期。

熊辉、谭诗杰、吴晓：《新加坡人民行动党的群众工作经验与启示》，《当代世界与社会主义》2016年第1期。

张大伟、周敬青：《新加坡人民行动党"法治反腐"的实践经验和现实启示》，《东南学术》2015年第6期。

赵付科、季正聚：《新加坡人民行动党廉政建设的基本经验及启示》，《科学社会主义》2013年第1期。

王慧：《新加坡人民行动党形象建设的经验》，《河南师范大学学报》2016年第2期。

吕元礼、黄锐波：《新加坡人民行动党管党治党的经验教训》，《当代世界与社会主义》2016年第5期。

郭绍均、王学俭：《严明党的政治纪律和政治规矩》，《中国特色社会主义研究》2016年第3期。

陶厚勇：《习近平同志执政党纪律建设思想研究》，《毛泽东思想研究》2016年第3期。

任建明：《严明党的纪律和规矩：意义、要义及对策》，《贵州社会科学》2016年第4期。

麻秀荣：《全面从严治党新常态下的反腐败新思考》，《学习与探索》2015年第12期。

陈安杰、丁晓强：《全面从严治党与作风建设常态化机制建构》，《浙江学刊》2016年第1期。

黄百炼：《用优良的作风始终保持党同人民群众的血肉联系》，《科学社会主义》2014年第2期。

齐卫平：《从"存亡"论到"危险"论：党的作风建设的语境转换》，

《河南师范大学学报》2012年第1期。

程洪宝:《互联网时代党的意识形态领导权的实现》,《河南社会科学》2016年第1期。

黄丽萍:《网络舆论场中党的意识形态安全问题研究》,《浙江社会科学》2016年第9期。

许一飞:《网络民意对党的考验及应对策略》,《科学社会主义》2013年第4期。

黄大熹、陈婷:《网络民主背景下党的组织结构发展路径探析》,《湖南社会科学》2013年第2期。

陈秉公:《论国家意识形态"高势位"建设的规律性——30年国家意识形态建设成功经验的理论解读》,《马克思主义研究》2009年第11期。

孔德永:《当代我国主流意识形态认同建构的有效途径》,《马克思主义研究》2012年第6期。

樊浩:《中国社会价值共识的意识形态期待》,《中国社会科学》2014年第7期。

陈冬生:《马克思主义意识形态理论与当代中国意识形态建设研究》,《中共中央党校学报》2011年第4期。

胡潇:《马克思恩格斯关于意识形态的多视角解释》,《中国社会科学》2010年第4期。

肖子良:《提升执政绩效:党防范执政风险的根本路径》,《求实》2014年第1期。

郑有贵:《全面从严治党有利于经济发展》,《红旗文稿》2016年第19期。

张国:《中国经济新常态研究综述——基于概念、成因和特征的研究》,《经济体制改革》2016年第3期。

肖翔:《理性认识经济"新常态"》,《思想理论教育导刊》2016年第5期。

关巍:《"后"金融危机时代世界社会主义运动的前途与命运——基于对第十七届共产党和工人党国际会议的考察》,《社会科学论坛》2016年第10期。

李景治:《世界社会主义运动由高潮转入低潮的几点思考》,《当代世界与社会主义》2016年第1期。

邓超:《论社会主义运动兴衰的体系根源》,《史学理论研究》2016年第3期。

王琳、华中、王灵伦:《西方国家高福利制度的反思》,《宏观经济管理》2012年第10期。

尹广泰:《论中国的民生路与西方的高福利》,《河北师范大学学报》2013年第2期。

岳嵩、邱实:《国家治理现代化视阈下中国共产党执政理念创新》,《南京师大学报》2016年第5期。

袁红:《国家治理体系现代化中党的领导核心地位及体现形式》,《甘肃理论学刊》2016年第1期。

王艳珍、颜俊儒:《国家治理现代化视域下全面从严治党效能提升的路径研究》,《理论探讨》2016年第3期。

肖贵清、王然:《中国共产党对中华民族伟大复兴的历史贡献》,《山东社会科学》2016年第8期。

朱佳木:《中华民族伟大复兴必须坚持中国共产党的领导》,《毛泽东邓小平理论研究》2016年第7期。

韩冰:《全面从严治党视阈下的反特权问题探析》,《中共中央党校学报》2016年第5期。

孙新:《全面从严治党视阈下的党的建设制度改革》,《科学社会主义》2016年第4期。

刘汉峰:《严格党内政治生活》,《中国特色社会主义研究》2016年第1期。

崔建周:《构建党内政治生活正常化支持保障体系的思考》,《马克思主义研究》2015年第4期。

黄建:《依法治国视阈下的依规治党问题研究》,《广西社会科学》2016年第8期。

吴跃东、程水栋:《党的领导与全面依法治国内在关系研究》,《思想教育研究》2016年第6期。

刘焕明、蒋艳:《全面从严治党视域下党内民主完善路径探究》,《贵州社会科学》2016年第4期。

许耀桐:《党内监督论》,《中共天津市委党校学报》2016年第3期。

曲青山:《坚持民主集中制是强化党内监督的核心》,《中共党史研究》2016年第3期。

姚春林、戴玉琴:《论中国共产党先进性实现的重要维度》,《中国青年政治学院学报》2013年第6期。

齐卫平:《党的先进性与执政长期性关系思考——基于政党生命的视角》,《中州学刊》2013年第11期。

王永凤:《论党的纯洁性建设的内化机制——基于态度形成理论的分析》,《中共中央党校学报》2016年第1期。

张士海:《政党纯洁：本质、作用、实现》,《理论探讨》2013年第2期。

杨景:《新的历史条件下加强党的纯洁性建设》,《理论与改革》2012年第3期。

朱继东:《党的纯洁性建设新机制的有效探索》,《马克思主义研究》2012年第10期。

常欣欣、毛德儒:《党内民主与保持党的纯洁性》,《科学社会主义》2012年第2期。

程浩:《完善党的制度体系的思考》,《理论探索》2013年第1期。

张晓燕:《党的建设制度改革顶层设计研究》,《理论学刊》2014年第1期。

刘明:《新形势下思想建党和制度治党融合互动研究》,《求实》2016年第11期。

鞠成伟:《论依规治党的观念前提与制度方法》,《马克思主义与现实》2016年第4期。

潘立魁:《十八大对党的制度建设的梳理与展望》,《探索》2012年第6期。

刘明:《长期执政条件下党密切联系群众的动力研究》,《科学社会主义》2016年第2期。

四 学位论文

林松柏：《中国共产党执政权威问题研究》，山东大学博士学位论文，2008。

李桂秋：《中国共产党执政公信力建设研究》，中共中央党校博士学位论文，2013。

严华：《中国共产党公信力研究——兼论地方党组织公信力的提升》，湖南师范大学博士学位论文，2011。

董一潼：《中国共产党"从严治党"及其创新研究》，吉林大学博士学位论文，2015。

肖新国：《中国共产党党内民主建设路径研究》，湖南师范大学博士学位论文，2011。

周义顺：《中国共产党执政方式现代化研究——以科学执政、民主执政、依法执政为视角的探索与思考》，湖南师范大学博士学位论文，2009。

郭超海：《中国共产党执政能力建设与舆论引导机制研究》，中共中央党校博士学位论文，2010。

厉有国：《中国共产党执政资源建设研究》，陕西师范大学博士学位论文，2009。

张永刚：《中国共产党执政理念研究》，西南交通大学博士学位论文，2011。

罗永宽：《社会阶层结构变迁下中国共产党执政基础研究》，武汉大学博士学位论文，2010。

王艳春：《改革开放以来中国共产党抵御执政风险研究》，中共中央党校博士学位论文，2014。

侯天佐：《当代中国社会转型期党的意识形态认同研究》，中共中央党校博士学位论文，2015。

全家悦：《大众文化影响下党的意识形态传播路径研究》，中共中央党校博士学位论文，2014。

李海洋：《党的制度体系建设研究》，中共中央党校博士学位论文，2012。

朱熙宁:《苏联共产党的执政理论及其实践研究》,南开大学博士学位论文,2014。

卿孟军:《从列宁到戈尔巴乔夫:苏共公信力形成与丧失的逻辑》,湖南师范大学博士学位论文,2011。

五 外文文献

Kerry Brown, Will Hutton, *Friends and Enemies: The Past, Present and Future of the Communist Party of China*, Anthem Press, 2009.

Roderick MacFarquhar, Michael Schoenhals, *Mao's Last revolution*, Harvard University Press, 2006.

Alan Ware, *The Dynamics of Two-party Politics: Party Structures and the Management of Competition*, Oxford University Press, 2009.

Anika Gauja, *The Politics of Party Policy: From Members to Legislators*, Palgrave Macmillan Press, 2013.

Peter Rutland, *The Politics of Economic Stagnation in the Soviet Union: The Role of Local Party Organs in Economic Management*, Cambridge University Press, 2009.

Jing Huang, *Factionalism in the Chinese Communist Party*, Cambridge University Press, 2000.

EzraVogel, *Deng Xiaoping and the Transformation of China*, Cambridge: Harvard University Press, 2011.

Franz Schurmann, *Ideology and Organization in Communist China*, University of California Press, 1971.

后 记

本书是在我的博士学位论文的基础上修改完成的。论文选题则是在我的博士生导师郑传芳教授的指导下确定的。如何寻找一个既符合马克思主义中国化研究的专业方向和学科方向，又能观照到我原有的研究基础的选题，着实使我犯了难。郑老师建议我以《长期执政条件下中国共产党政党权威巩固研究》为专题作一番尝试，对马克思主义政党权威理论进行系统梳理，对中国共产党巩固权威中遇到的考验进行客观分析，从战略考量和策略分析等视角出发提出有针对性的破解路径。经过郑老师的一番点拨，我大有醍醐灌顶的感觉。特别是随着材料收集的增多和探索的深入，我发现政党权威巩固问题研究，对于正带领全国各族人民实现"两个一百年"奋斗目标和中华民族伟大复兴中国梦的中国共产党来说具有非常重要的理论意义和现实意义。更为重要的是，党的十八大以来，以习近平同志为核心的党中央坚定不移地推进全面从严治党的战略布局，提出和突出强调了维护党中央的权威、维护党的团结统一的重要思想。这些都使本课题的研究既有学术价值，又具备强烈的时代感，也增添了我的学术兴趣和研究信心。

然而，正所谓"知易行难"。随着理论研究的不断推进和深入，困难"接踵而至"，特别是自己理论功底薄弱，几度使论文的撰写中断、停摆，思维也变得迟缓，学术思考踌躇不前。非常感激的是，郑老师给予了我极大的鼓舞和帮助，犹如在黑暗之中为我点起一盏明灯，指引我继续前行。导师不但从论文整体布局上为我作了前瞻性的分析，而且在整个框架结构上也提出许多建设性的意见和建议，甚至还在具体行文过程中也字斟句酌告诉我应当如何表述更为合适、妥当、规范、有学理性。导师严谨的学术态度和博大的胸襟深深地感染了我。他不仅教我做学问更教我做人。导师为我所付出的心血让我没齿难忘，终将指引我今后的学术研究之路。

书稿的写作和修改，得到了许多领导、老师的帮助和指点。福建师范大学李建平教授、苏振芳教授、陈永森教授、潘玉腾教授、杨建义教授、李方祥教授、曾盛聪教授、陈桂蓉教授、赵麟斌教授、郑又贤教授、杨立英教授、吴宏洛教授、傅慧芳教授、杨林香教授对我的写作提出了许多宝贵的意见和建议。他们从各自的学科视野，毫不吝惜地提出了非常有启发性的观点，拓展了我的研究思路，使我能够跳出原有狭隘的思维并站在更为开阔的视角去审视政党权威问题，进而博采众长，取长补短，也为我的论文的修改完善提供了十分给力的支持。我十分享受攻博期间的学术氛围，在此致以我最深的谢意和最崇高的敬意！

我要感谢清华大学吴潜涛教授、国家行政学院许耀桐教授！他们作为我博士学位论文答辩时的专家给了我无私的帮助和指导，为我日后进一步完善书稿提出了不少建设性的意见和建议，在此表示深深的谢意！

能够在三年时间完成论文并修改、出版成书，我同样还要感谢我的单位领导、部门同事，特别要感谢中共福建省委党校福建行政学院副院长刘大可教授、原巡视员游龙波教授、原党建部主任李新生教授、原党建部副主任李烈满教授、党建部主任郭为桂教授、党建部张诺夫教授等。他们的理解、支持和包容让我感到十分温暖，他们为我最大可能地减少不必要的事务性工作，使我有相对充裕的时间投入学术创作之中，尤其还在论文的写作当中为我提供了十分有价值的学理养分，使论文得以优化。近年来，校院出台多项鼓励和支持教师学术研究的制度性措施，本人的研究正是受益于这些制度设计的激励。

我还要感谢本书的责任编辑孙燕生和刘翠，他们一丝不苟的工作态度，认真负责的职业精神，为本书增色不少，没有他们高效率的工作，本书不可能较早问世，衷心感谢他们！

书稿即将问世，我有一种前所未有的愉悦感，因为我曾经为这样一个命题踏实、努力地钻研过、挣扎过。它算是对我的一个阶段的学术生涯的小结，并给所有关爱我的师长、同学当然也包括我自己一个学术交代。

行文至此，我想到年逾古稀的父母。常年在外求学、工作，我几乎没有时间完整地陪伴他们游览外面的世界。然而，他们并不计较这些，却时常叮咛嘱咐我，事业追求，尽力就好。感恩双亲在我成长岁月中给予的关爱，我唯有刻苦治学回报他们！还要感谢我的岳父岳母，他们时刻挂念我攻读博士学位的情况，嘘寒问暖，帮助我照顾家庭，照顾孩子，无怨无悔，谨以此书告慰岳父在天之灵！

我的妻子朱毅蓉女士在承担单位繁重工作之余，几乎接管全部家庭事务以及女儿的教育事宜。她兼顾两头，任劳任怨，辛苦操劳，没有她的理解和支持，我很难有充裕的时间做学问。我也为无暇顾及女儿的学习和成长感到内疚和遗憾，谢谢她们母女俩！

尽管如期完成书稿的写作，实现了自己从事教学科研工作以来的一个小目标，但必定存在这样那样的不足。主要原因还是自己的理论根基还不够厚实，学术研究和学术创新能力还有较大的提升空间。特别是在研究问题、分析问题和解决问题的过程中，我总是深感压力巨大。面对这样一个课题，我总有一种心有余而力不足的感觉。我希望能在后续的研究中进一步加深加强对该问题的探索。书中疏漏之处在所难免，恳请学界同行提出宝贵的意见和建议！

刘　明

2018 年 12 月于福州怡景小区

图书在版编目(CIP)数据

长期执政条件下政党权威的巩固 / 刘明著. -- 北京：社会科学文献出版社，2018.12
（海西求是文库）
ISBN 978-7-5097-6505-0

Ⅰ.①长… Ⅱ.①刘… Ⅲ.①中国共产党-党的领导-权威性-研究 Ⅳ.①D25

中国版本图书馆 CIP 数据核字（2018）第 272266 号

·海西求是文库·

长期执政条件下政党权威的巩固

著　　者 / 刘　明

出 版 人 / 谢寿光
项目统筹 / 王　绯
责任编辑 / 孙燕生　刘　翠

出　　版 / 社会科学文献出版社·社会政法分社（010）59367156
　　　　　　地址：北京市北三环中路甲 29 号院华龙大厦　邮编：100029
　　　　　　网址：www.ssap.com.cn
发　　行 / 市场营销中心（010）59367081　59367083
印　　装 / 三河市龙林印务有限公司

规　　格 / 开　本：787mm×1092mm　1/16
　　　　　　印　张：17.25　字　数：280 千字
版　　次 / 2018 年 12 月第 1 版　2018 年 12 月第 1 次印刷
书　　号 / ISBN 978-7-5097-6505-0
定　　价 / 78.00 元

本书如有印装质量问题，请与读者服务中心（010-59367028）联系

▲ 版权所有 翻印必究